普通高等院校“十三五”规划教材
“互联网 +”融媒体系列教材

会计学原理

U0955094

苏亚然 王歆／主编

立信会计出版社
LIXIN ACCOUNTING PUBLISHING HOUSE

图书在版编目(CIP)数据

会计学原理／苏亚然，王歆主编．—上海：立信会计出版社，2020.8(2022.6 重印)
ISBN 978-7-5429-6539-4

Ⅰ.①会… Ⅱ.①苏… ②王… Ⅲ.①会计学—高等学校—教材 Ⅳ.①F230

中国版本图书馆 CIP 数据核字(2020)第 154946 号

策划编辑　赵新民
责任编辑　郭　光
封面设计　南房间

会计学原理
Kuaijixue Yuanli

出版发行	立信会计出版社		
地　　址	上海市中山西路 2230 号	邮政编码	200235
电　　话	(021)64411389	传　　真	(021)64411325
网　　址	www.lixinaph.com	电子邮箱	lixinaph2019@126.com
网上书店	http://lixin.jd.com	http://lxkjcbs.tmall.com	
经　　销	各地新华书店		

印　　刷	上海万卷印刷股份有限公司		
开　　本	787 毫米×1092 毫米	1/16	
印　　张	18		
字　　数	449 千字		
版　　次	2020 年 8 月第 1 版		
印　　次	2022 年 6 月第 2 次		
印　　数	2101—3200		
书　　号	ISBN 978-7-5429-6539-4/F		
定　　价	42.00 元		

前　　言

"会计学原理"是会计学科体系的重要组成部分，也是会计学科的入门课程。其内容包括会计的基本理论、基本核算方法、基本操作技能和基本分析方法，目的是帮助初学者掌握"四基"，为学习后续课程打好基础。

本书共十章：第一章总论，主要介绍会计的概念、基本理论和会计学科体系的构成；第二章介绍了会计的对象——会计要素和会计核算方法的理论依据——会计等式；第三章到第九章介绍了会计核算的方法，即设置账户、复式记账、填制和审核会计凭证、登记账簿、财产清查和编制财务会计报告，其中，第四章企业主要经济业务核算介绍了成本计算的方法，第十章简要介绍了财务报表分析的基本思路和常用方法，为财务报告分析打下基础。

本书参编人员具有多年会计学教学经验，并一直参与相关科研及实践工作，既有扎实的会计学理论功底和实践经验，又能及时了解会计学最新发展动态，在编写过程中，紧紧围绕我国会计改革现状，依据财政部最新修订的《企业会计准则——基本准则》《企业会计准则——应用指南》及42项具体准则，力求做到科学性、系统性、实用性和新颖性相融合，抓住学科重点，突出理论联系实际的特点。因此，本书可用于高等院校经济管理类各专业的会计教学，也可供广大经济管理人员、会计类专业师生和会计工作者作为参考用书。

为了适应会计教学的特点，提高读者分析问题、解决问题的能力，我们针对各章的学习重点和难点，编写了复习思考题和练习题，并结合各章节知识点录制了讲解视频，读者可通过扫描书中二维码进行学习。考虑到各种考试普遍采用的题型，练习题采用了单项选择题、多项选择题、判断题和实务题等题型，还配有真题及解析。我们相信，这些内容能够对读者掌握本书的基本概念、基本原理和核算方法提供一定的帮助。

本书由苏亚然、王歆主编，由李美菊负责拟定全书的编写提纲，由苏亚然、王歆对全书进行修改、总纂和定稿。全书十章的编写具体分工是：第一章、第二章、第三章第一节由陈彦军编写，第三章第二节由陈彦军和苏亚然编写，第三章第三节和第四章由苏亚然编写，第五章、第六章、第七章和第八章由朱艳编写，第九章和第十章由苏亚然和王歆编写。

本书在编写过程中，参阅了许多会计学相关教材和科研成果，在此对有关作者表示感谢。由于编者水平所限，书中难免会有不足和失误，恳请读者批评指正。

编　者

2020年8月

目　录

第一章 总 论

学习目的

本章阐述了会计的基本理论问题，目的是使学生了解会计的产生与发展、会计学的含义、会计学的特点、会计方法等；掌握会计的职能与目标、会计基本假设、会计信息质量要求、会计核算基础等内容；理解会计信息质量要求在会计核算中的运用及其意义。

第一节 会计的产生与发展

一、会计的产生

会计活动有着悠久的历史，它的产生是人类社会在其生存和发展中对物质资料生产过程中劳动消耗和劳动成果管理的必然要求。原始社会时期，人们为了掌握生产成果和安排日常生活，逐步产生了计数和计算的需求，并创造出记录的雏形。人们除了通过用大脑记忆，还采用“垒石计数”“岩画石刻”“结绳记事”“刻竹为书”等手段掌握生产成果和安排生活。这些原始简单的计量、记录行为，都是最初的会计手段。文字出现以后，人们对物质资料的生产与耗费开始有了专门的记载，这种文字与数字相结合的专门记载，就是最初形态的会计。由于生产过程简单，物质资料贫乏，生产规模不大，用来计算生产和耗费的记录也是极为简单和粗糙的，它只是生产者在从事生产活动中的一项附带工作。随着生产力水平的提高、生产规模的日益扩大和复杂化，仅仅靠人们劳动过程中附带地进行计量、计算和记录已无法适应现实需要。为了对劳动成果和劳动耗费进行管理，记录工作逐渐从生产职能中分离出来，成为特殊的、专门委托有关当事人来从事的独立职能。据考证，在奴隶社会的晚期，随着社会剩余产品的增多，出现了一些专门为生产劳动提供辅助工作的阶层，他们采用一定的手段专门记录、报告劳动的过程和结果。这一阶层的出现，标志着会计的诞生。

会计的产生与发展

二、会计的发展

随着社会生产的发展和生产规模的日益扩大，生产、分配、交换和消费活动愈益频繁和错综复杂，会计经历了一个由简单到复杂、由低级到高级的不断发展和完善的过程。通过长期实践及吸收其他学科的理论成果，会计的方法和技术逐渐地统一与规范，会计理论也逐渐地完善起来。整理会计资料的手段从全盘手工逐渐发展到利用机械，直至现在部分或全面地利用电子计算机。

我国会计起源于奴隶社会的西周，“司会”一职便是当时的会计最高官员。春秋战国时期，人们开始使用“入”和“出”作为记账符号，并创立了用于登记会计事项的“簿书”来反映经济收支事项。秦代开始出现会计相关法律。到了汉朝，已形成包括会计账簿设置与分类、会计簿籍的登记方法、会计凭证、会计报告等较完备的会计制度，为我国会计发展奠定了基础。

唐宋时期是封建社会的鼎盛时期，也是我国会计迅速发展的时期。“四柱清册”结算法开始应用，即“旧管（期初结存）＋新收（本期增加）－开除（本期减少）＝实在（期末结存）”，通过这一平衡公式来计算和清算财产物资的来龙去脉，它奠定了我国“收付记账法”的基础。明末清初开始相继出现“龙门账”“四脚账”。“龙门账”把全部的账目划分为“进”（全部收入）、“缴”（全部支出）、“存”（全部资产）、“该”（全部资本及负债）四大类，运用“进－缴＝存－该”的平衡公式，检查账目，计算盈亏，并编制了“进缴表”和“存该表”，在两表上计算得出的盈亏数应当相等，称为“合龙门”，它是我国最早的复式记账法。

随着我国进入半殖民地半封建的社会，在清朝末期开始出现“中式记账”和“西式记账”并存的局面。新中国成立后，两种记账方法逐步趋于统一。

党的十一届三中全会后，随着我国国民经济的迅猛发展，会计事业也进入了大发展时期。1985 年全国人大颁布了《中华人民共和国会计法》（以下简称《会计法》）；1992 年 11 月，财政部颁布了《企业会计准则——基本准则》和《企业财务通则》，标志着我国会计由计划经济模式向市场经济模式转换，实现了我国会计与国际会计惯例的初步协调；2005 年年初，财政部在总结会计改革经验的基础上，对会计提出了顺应中国市场经济发展的新要求，借鉴国际财务报告准则，全面启动了企业会计准则体系建设。经过不断的艰苦努力，目前建成了由 1 项基本准则、42 项具体准则和应用指南组成的企业会计准则体系。

会计在国外也有悠久的发展历史。古代社会已经有原始的记录方法，如巴比伦的泥板、埃及的刻石等。13 世纪到 15 世纪，地中海沿岸的佛罗伦萨、热那亚、威尼斯等城市在对外贸易的推动下，商业和手工业逐步兴旺发达、区域经济繁荣，从而孕育了现代会计的雏形——威尼斯复式簿记，并在意大利迅速发展。1494 年，意大利数学家卢卡·帕乔利（Luca Pacioli）在其所著《算术、几何、比及比例概要》一书中第一次对复式簿记进行了系统地介绍，为复式簿记在全世界的流传奠定了基础，这标志着古代会计时期的结束和现代会计的开始，被誉为会计发展史上第一个里程碑。

随着 16 世纪意大利经济的衰退，复式记账中心由意大利开始向荷兰、德国、法国和英国转移。1854 年，苏格兰成立了世界上第一个会计师协会——爱丁堡会计师协会，标志着会计职业的诞生，被史学家们称为会计发展史上第二个里程碑。

19 世纪 80 年代，美国先后超越德国、法国和英国成为世界经济强国，又使世界会计发展的中心转移到美国。20 世纪 30 年代，美国逐步建立起了完整的会计准则体系。美国会计准则体系对包括中国在内的世界其他多个国家会计准则的发展产生了重要影响。

1952 年，在世界会计师大会上，正式通过了“管理会计”这一概念，从此，管理会计与传统的财务会计正式分离，成为现代会计中的又一分支。许多学者把管理会计的产生称为会计发展史上的第三个里程碑。20 世纪 50 年代至今，运筹学、信息论、控制论、系统论及行为科学等学科体系不断被引入会计学领域，丰富了会计的内容；而计算机技术等先进技术手段的采用又使会计处理的范围与速度大幅提高。

纵观中外历史，会计早已有之，它的发展与一定时期社会的经济发展水平紧密相关，并对社会经济的发展起到重要的促进作用。同时，会计的重要性也逐渐被世人所认识，“经济越发展，会计越重要”这个忠告，已被世界和我国经济发展的实践所证明。

第二节 会计的涵义

一、会计的原始涵义

我国“会计”一词的涵义，是清代焦循根据会计实践，在《孟子正义》一书中解释：“零星算之为计，总合算之为会”。按照这样的解释，“会”与“计”两字连用，组成“会计”一词，其狭义涵义是指计算、记录，与现在所说的记账、算账近似；其广义涵义，除包括计算、记录等核算与理财的经济内容外，还包括管理和考核的内容，揭示了会计在核算部分所具有的连续性和综合性等特点。随着社会的发展和会计活动的变化，会计的内容、形式、方法和技术都有着巨大的进步，因此，现代会计的概念，更是与会计的原始涵义显著不同，仅以简单的字面解释无法概括会计的丰富内涵。

会计的涵义

二、现代会计的概念

现代会计经过五百多年的发展，已经成为一门独立的经济管理科学。所谓现代会计，是指具有自己的特征，运用科学的计量与记录方法的会计。长期以来，中外学者对现代会计的概念进行了广泛、深入的研究，提出了各种会计的定义。人们对会计本质有不同的认识，就出现了不同的会计定义。具有代表性的有以下四种观点：

(1) 管理工具论。有学者认为，会计与数学一样，是一种技术手段，是一种管理工具或方法。按照这种观点，会计被定义为：会计是反映和监督经济活动的一种方法，是一种经济管理工具。

(2) 艺术论。有些国外会计学者认为，会计是科学、技巧和经验相结合的艺术。1941年，美国会计师协会所属会计名词委员会对会计所下定义为：会计是一种艺术，是关于诚实有效和以货币形式记录、分类、汇总具有财务性质的经济业务和会计事项，以及说明其经营成果的艺术。

(3) 管理活动论。我国最早提出会计管理活动论的是杨纪琬、阎达五教授。这种观点认为无论从理论还是从实践看，会计不仅是管理经济的工具，它本身就具有管理的职能。按照这种观点，会计被定义为：会计是经济管理的重要组成部分，它是以货币计量为主要方式，采用专门方法，对企业或其他单位的经济活动进行核算和监督的一种管理活动。这个定义广泛被我国的理论界和实务界所接受，也是本书所采用的会计定义。

(4) 信息系统论。这种观点把会计理解为一个经济信息系统，认为会计工作首先从记录企业或单位的各种经济活动的经济信息开始，然后按照具有内在联系的程序采用特定方法、技术对经济数据和信息进行加工处理，提供给信息需求者。信息系统论思想最早起源于美国会计学家 A. C. 利特尔顿，并得到我国不少学者的认同。

需要指出的是，对会计本质和内涵的理解和认识在中外会计界从来没有统一过，这是一个有待继续研究的会计理论问题。随着社会经济、技术乃至文化的不断发展，人们对会计本质和内涵的理解会越来越深刻。

三、会计的特点

会计的特点

(一) 会计以货币为主要计量单位

现代会计与商品经济紧密联系。在商品经济条件下，货币作为商品的一般等价物，是衡量一般商品价值的共同尺度。为了全面综合地反映经济活动，客观上需要一种统一的作为会计核算的计量尺度。因此，会计就必须以货币为主要计量单位，只有采用货币量度，才能按统一的表现形式来综合计算各种不同的经济活动，取得经济管理上所必需的各种综合核算资料，从而全面说明各种错综复杂的经济活动的过程和结果。当然，会计核算中也会采用实物量计量单位和劳动量计量单位进行计量，但仅作为货币计量的辅助记录，按实物量或劳动量计量和记录的某些经济活动，最后仍须运用货币计量综合加以反映。由此可见，会计所进行的管理是一种价值管理，这就决定了会计提供的信息主要是通过货币来表达的财务信息。

(二) 会计以凭证为基本依据

为了能如实地反映经济活动的真实情况，企业每发生一项经济业务，都必须取得或填制合法的书面证明(凭据)，即会计凭证，在凭证中记载经济业务的过程和应明确的经济责任。会计工作的逻辑起点是“根据审核无误的原始凭证编制记账凭证”。只有根据审核无误的原始凭证编制记账凭证，进而登记账簿，编制财务报告，才能使会计信息具有真实性和可靠性。所以，会计的任何计量和确认都以会计凭证为依据，这一特征也是其他经济活动所不具备的。

(三) 会计以一系列专门方法为手段

为了能正确反映和有效监督企业的经济活动，会计运用一系列科学的专门方法，对经济过程进行连续、系统、全面的计量、记录、分析和检查。会计所运用的一系列专门方法是相互联系、相互配合、各有所用的，构成一套完整的反映和监督经济活动过程和结果的方法体系，这种方法体系是会计所特有的，是其他经济管理活动(如生产管理、质量管理等)所不具备的。

(四) 会计以完整性、连续性和系统性为基本特征

为了全面反映和监督经济活动的过程和结果，会计核算的记录必须是完整的、连续的和系统的，即对属于会计对象的全部经济活动都必须毫不遗漏地加以记录，使其具有完整性；对各项活动还应按其发生的时间顺序不间断地进行记录，使其具有连续性；对各项经济活动既要进行相互联系的记录，也要进行必要的科学分类，使其具有系统性。

四、会计学及其分支

(一) 会计学的概念

会计作为一项经济管理活动，已有几千年的历史。但会计作为一门学科，仅有几百年的历史。1494 年，意大利数学家卢卡·帕乔利在《算术、几何、比及比例概要》一书中，对借贷记账法进行了充分而全面的论述。一般认为，这是会计学(或簿记学)形成的标志，而比较成

熟的会计学的形成，则是距今100多年的事情。

19世纪后半期，资本主义生产规模越来越大，会计越来越重要，因而研究会计的专著陆续出现。20世纪30年代，资本主义经济危机加深，市场竞争剧烈，资本主义企业为了增强竞争能力，保证盈利目标的实现，更需要通过会计加强企业管理。因此，经济管理的强烈需要推动了会计理论研究的发展。

从会计学形成和发展的历史可以看出，会计学是一门经济管理学科。从较大范围看，它是研究社会经济现象规律的一门学科，是广义经济学科的组成部分。当代经济学大体又可分为三类：政治经济学、经济管理学和计量经济学。会计学是经济管理学的一个分支学科。

综上所述，会计学是从会计实践中积累起来的会计知识体系，是专门研究会计的理论、方法与技术，是经济管理学的一个分支学科。

（二）会计学与有关学科的关系

会计学是以许多学科的知识为“元素”而融合形成的一种新的“化合物”。因此，会计学与许多学科都有着密切的关系。

会计学属于经济管理科学，它以社会经济科学为主导、生产经营管理为基础。会计学是建立在经济学理论基础之上，并在辩证唯物主义和历史唯物主义世界观指导下，对会计实践工作进行理论的抽象和概括。如果没有经济管理科学对会计学的渗透与结合，就不可能有现代会计学今天的面貌。以系统论、信息论、控制论为时代特征而建立起来的现代管理理论，必然对会计学的基础理论产生重大影响。

会计学同数学的紧密联系，可以追溯到会计界公认的第一本会计著作——卢卡·帕乔利的“簿记论”，而它是《算术、几何、比及比例概要》中的一部分。在这部庞大的数学著作中，卢卡·帕乔利把当时会计的内容与复式簿记方法作了数学解释，把资产、负债、资本和损益的记录通过复式记账和账户体系联系起来，并用试算表加以证实，从而使簿记成为一个科学严密的计算与记录系统。会计无论是记录过去、控制现在或规划未来，都要以数据为基础，都要研究经济活动的数量关系。因此，数学是会计的方法支柱之一。反映会计发展水平高低的重要因素之一是数学在会计中的应用程度，数学在会计中运用得越成功，结合得越紧密，会计学的领域就越广阔，会计的作用就越大。

从会计学与有关学科的关系可以看出，现代会计学是以多学科为其支柱的。其中，经济学是建立现代会计学的理论支柱；辩证唯物主义与历史唯物主义是现代会计学进行理论抽象和概括的指导思想；现代管理科学与数学是建立现代会计学的方法支柱。

（三）会计学的分支学科

会计学的内容是不断丰富和发展的。由于具体的研究内容不同，会计学形成了不同的分支学科。从会计教育课程设置的角度，会计学的分支学科主要包括会计学原理、财务会计学、成本会计学、财务管理学、审计学、管理会计学和企业特种会计学。

会计学原理主要论述会计的基本理论、基本方法、基本技能及基本知识，主要研究会计的基本概念、核算方法及其运用，它是其他会计分支学科的专业理论基础。

财务会计学是遵循会计基本原理，着重阐明企业在持续经营的正常情况下，如何对各会计要素进行确认、计量和报告的理论与方法。

成本会计学主要研究企业成本核算与管理的基本理论和方法。其内容包括实际成本的计算、成本预测、成本计划、成本决策、成本控制、成本分析以及目标成本的计算等。

财务管理学主要研究企业财务管理的基本理论和基本方法。其内容包括资金筹集、资金运用、利润分配的管理,以及财务预测、财务计划、财务分析与评价等内容。

审计学是专门研究审计理论和方法,探索审计工作规律性的一门学科,财务审计是其基本内容。

管理会计学是以会计基本理论与方法和现代管理科学为基础,以提高经济效益为目的,针对企业的经营活动,研究如何评价过去、控制现在、规划未来的理论与方法。其内容主要包括成本规划与控制、利润规划与控制、资金规划与控制等。

企业特种会计学,是研究企业特殊会计问题的基本理论与方法的一门会计分支学科。

此外,还有会计制度设计、会计理论、比较会计等会计分支学科。

第三节　会计的职能与目标

会计的职能与目标

一、会计的职能

(一) 会计职能的概念

会计的职能是指会计在经济管理中所具有的功能。从会计产生时起,它就具有核算(又称为反映)的职能,随着生产的发展和人们对会计信息的充分利用,它又具备了监督的职能。因此,核算和监督是会计的两项基本职能。随着会计环境的变化,会计的职能不论在内涵上还是在外延上都将有所发展,会计的新职能将不断出现。

(二) 会计的基本职能

1. 核算职能

会计核算职能是指会计以货币为主要计量单位,通过确认、计量、报告等环节,对特定主体已经发生或完成的经济活动实施记账、算账、报账等程序,进而完整、连续、系统地反映经济活动过程和结果,并为有关各方提供会计信息的功能。

会计核算职能是会计最基本的职能,是会计发挥其他职能的基础。其特征如下:

(1) 会计核算主要是利用货币计量,综合反映会计主体的经济活动情况,为经济管理提供可靠的会计信息。

(2) 会计核算具有连续性、完整性和系统性的特性。这是由会计的特点所决定的。

2. 监督职能

会计监督职能是指会计按照一定的目的和要求,利用会计核算所提供的信息,对特定主体的经济活动进行合法性和合理性的审查和控制。其特征如下:

(1) 会计监督具有强制性和严肃性。会计监督是依据国家的财经法律法规和财经纪律来进行的,《会计法》不仅赋予会计机构和会计人员实行监督的权利,而且规定了监督者的法律责任。因此,会计监督以国家的财经法律法规和财经纪律为准绳,具有强制性和严肃性。

(2) 会计监督包括事前监督、事中监督和事后监督。事前监督是指会计部门或会计人员在参与制定各种决策以及相关的各项计划或费用预算时,依据有关政策、法规、准则等的规定对各项经济活动的可行性、合理性、合法性和有效性等进行审查,它是对未来经济活动的指导;事中监督是指在日常会计工作中,随时审查所发生的经济业务,对已发现的问题提出建议或改进意见，促使有关部门或人员采取措施，调整经济活动，使其按照预定的目标和要求进行；事后监督是指以事先制定的目标、标准和要求为依据，利用会计核算取得的资料对已经完成的经济活动进行考核、分析和评价。

3. 核算职能与监督职能的关系

就会计两大基本职能而言，一方面，核算职能是会计最基本职能，是监督职能的基础，没有核算职能提供的可靠、完整的会计核算资料，会计监督就没有了客观依据，也就无法进行会计监督；另一方面，监督职能又是核算职能的保证，是核算职能的延伸，没有监督职能进行控制，就不可能提供真实、可靠的会计信息，会计核算也就失去了存在的价值。

因此，会计的核算职能和监督职能是紧密联系、相辅相成的，同时又是辨证统一的。

（三）会计的其他职能

随着社会的发展、技术的进步，经济关系的复杂化和管理理论的发展，会计的其他职能也得到了不断的发展和完善，新职能不断出现，如分析经济情况、预测经济前景、控制经济过程、参与经济决策等职能。例如，股票上市公司需要编制盈余预测报告、各单位对下期的经济活动需要编制预算等，这些工作所涉及的财务数据和资料需要由会计人员提供，许多工作由会计人员直接参与。

二、会计的目标

会计的目标是指在一定的历史环境下会计所要预期实现和追求的目标。会计的目标指明了会计实践活动的目的和方向，同时也明确了会计在经济管理活动中的使命，是会计发展的导向。《企业会计准则——基本准则》将会计的目标定位于：财务会计报告（又称为财务报告）是向财务会计报告使用者提供与企业财务状况、经营成果和现金流量等有关的会计信息，反映管理层的受托责任履行情况，有助于财务报告使用者作出经济决策。会计目标主要包括以下两个方面的内容。

（一）向财务报告使用者提供对决策有用的信息

企业编制财务报告的主要目的是满足财务报告使用者的信息需要，有助于财务报告使用者作出经济决策。财务报告使用者包括投资者、债权人、政府及其有关部门和社会公众等。财务报告所提供的信息应当如实反映企业拥有或控制的经济资源、对经济资源的要求权以及经济资源要求权的变化情况；如实反映企业的各项收入、费用、利得和损失的金额及其变动情况；如实反映企业各项经营活动、投资活动和筹资活动等所形成的现金流入和流出情况等，从而有助于现有的或者潜在的投资者、债权人以及其他使用者正确、合理地评价企业的资产质量、偿债能力、盈利能力和营运效率等；有助于使用者根据相关会计信息作出理性的投资和信贷决策；有助于使用者评估与投资和信贷有关的未来现金流量的金额、时间和风险等。

（二）反映企业管理层受托责任的履行情况

在所有权和经营权分离的现代公司制度下，企业管理层受委托人之托经营管理企业及其各项资产，负有受托责任。企业投资者和债权人等，需要及时或者经常地了解企业管理层保管、使用资产的情况，以便评价企业管理层受托责任的履行情况和业绩情况，并决定是否需要调整投资或者信贷政策，是否需要加强企业内部控制建设，是否需要更换管理者等。因此，财务报告应当反映企业管理层受托责任的履行情况，有助于评价企业经营管理责任和资源使用的有效性。

第四节 会计的对象

一、会计对象的涵义

会计的对象

会计对象是指会计所核算和监督的内容。会计作为一种管理活动，是在各个企业或行政、事业单位里进行的，一切企业或行政、事业单位都是运用会计管理经济活动的基本环节。但是，由于各个单位的经济活动性质和内容不同，会计的具体对象也不完全相同。为了能准确地把握会计的具体对象，首先应明确会计对象的一般涵义。

马克思关于会计是对“过程的控制和观念的总结”的论述，是对会计对象一般涵义的高度概括，马克思明确指出“过程”是会计所核算和监督的内容。这里所说的“过程”，指的是社会再生产过程。社会再生产过程是由生产、交换、分配和消费四个环节组成，包括多种多样的经济活动。由于会计的主要特点是以货币为主要计量单位，因而会计并不能核算和监督再生产过程中所有的经济活动，而只能核算和监督再生产过程中能以货币表现的各种经济活动。在商品货币经济条件下，再生产过程不仅表现为物资运动过程，而且表现为价值运动过程。再生产过程中发生的，能够用货币表现的经济活动，表现为再生产过程中的资金运动。企业、行政、事业单位是从事社会再生产过程的具体单位，虽然这些单位所进行的经济活动的性质和内容有所不同，但是它们的活动都不同程度地与再生产过程的生产、交换、分配和消费环节有关，都是社会再生产过程的组成部分，因此，它们在会计对象的内涵上又有着共同点，都是核算和监督商品经济中的价值运动。

基于以上分析，从一般意义上讲，会计对象就是社会再生产过程中的资金运动。社会再生产过程的社会总资金运动由个别资金运动所构成，社会再生产中的个别资金运动，是在微观（企业和其他单位）范围内进行的，因此，各个企业和其他单位会计的对象就是社会再生产过程中的个别资金运动。

典型的现代会计是在企业范围内进行的会计，即企业会计。为了进一步说明社会再生产过程中的个别资金运动，明确各个企业会计的具体对象，下面以制造业企业经营资金运动为例进行分析说明。

二、制造业企业的经营资金运动

制造业企业的经营资金运动按其运动的表现形态，可分为静态表现和动态表现。

（一）经营资金运动的静态表现

制造业企业为了能进行经营活动，就必须拥有或控制一定数额的经济资源，作为生产经营的物质基础。企业所拥有或控制的能以货币计量的经济资源，就是企业的资产，如厂房、机器设备、原材料、在产品、产成品及货币资金等。它们是企业经营资金的存在形态，分布或占用在生产经营过程的不同方面。另外，企业生产经营所必需的资产，又都是以一定来源取得的，来源渠道主要有投资者投入的资金和从债权人借入的资金。投资者投入企业的资金，是通过投资各方直接投资或发行股票方式筹集资本金而取得的，形成了所有者权益；企业从债权人借入的资金，主要包括向银行或非银行金融机构取得的借款、发行债券筹集的借款以及在结算过程中临时形成的各种应交应付款项，这些资金形成企业的负债。

从任何一个时点看，企业的经营资金运动总是处于相对的静止状态中。当资金处于相对静止状态时，经营资金就表现为两个相互联系而又互相制约的方面。一方面是资产，表明资金在经营过程中的存在形态；另一方面是负债和所有者权益，表明资金的来源渠道，即债权人和投资者对企业资产的权益。

（二）经营资金运动的动态表现

企业要从事生产经营活动，首先必须具备一定数量的经营资金，这是企业生产经营活动中活劳动和物化劳动消耗的基础。企业以一定的筹资方式取得经营资金并将其用于生产经营，这一过程就是资金的投入阶段。投入企业的资金必须按照生产经营活动的需要合理地加以运用，这一过程就是资金的运用阶段。

制造业企业的生产经营过程分为供应、生产和销售三个阶段。企业的经营资金在生产经营过程中，随着供应、生产和销售过程的进行，不断地改变其形态，表现为资金的循环与周转。

供应过程是生产的准备过程。在这个过程中，为了保证生产的正常进行，企业需要用货币资金购买并储备材料物资等劳动资料和劳动对象，随着采购活动的进行，资金从货币形态转化为储备资金形态。

生产过程既是产品的制造过程，也是资产的耗费过程。在这个过程中，劳动者运用劳动资料作用于劳动对象，生产出产品，既转移了劳动资料、劳动对象的价值，又创造出了新的价值。在这个过程中，资金要发生两次价值形态的变化。首先，随着劳动对象的耗费，资金从储备资金形态转为生产资金形态；随着劳动资料的耗费，固定资金以折旧的形式部分地转化为生产资金；随着劳动者的耗费，货币资金以支付薪酬的形式转化为生产资金。然后，当产品制成后，资金又从生产资金形态转化为成品资金形态。

销售过程是产品价值的实现过程。在这一过程中，企业通过市场将产品销售出去，取得销售收入并收回货款，资金由成品资金形态转化为货币资金形态。

另外，企业也会有一部分资金由于某种原因退出企业的经营过程而不再参加企业资金的周转，如偿还借款、缴纳税金、向投资者分配利润等。

由此可见，企业的经营资金在生产经营过程中，从货币资金出发，依次经过供应、生产和销售过程，分别表现为储备资金、生产资金、成品资金等不同形态，最后又回到货币资金形态。这一资金的运动变化过程，称为资金循环。资金周而复始地不断循环，称为资金周转。

企业经营资金的运动过程，如果从资金形态的变换看，是资金的循环与周转过程；如果从资金价值量的变化看，又是资金的耗费和收回过程。企业在生产经营过程中发生的各种耗费，就是企业的费用，这些耗费有的形成产品的生产成本，有的形成期间费用，如销售费用、管理费用、财务费用；企业通过销售产品或提供劳务而实现收入，收取货币资金，表现为资金的收回。企业收回的资金首先用于补偿耗费的资金，即用企业取得的收入补偿企业发生的费用。收入减去各种费用后的余额，就是企业实现的净利润。按规定，企业实现的净利润，一部分分配给投资者，退出企业的资金周转；一部分则以留存收益的形式留在企业继续参加资金周转。制造业企业资金运动过程如图 1-1 所示。

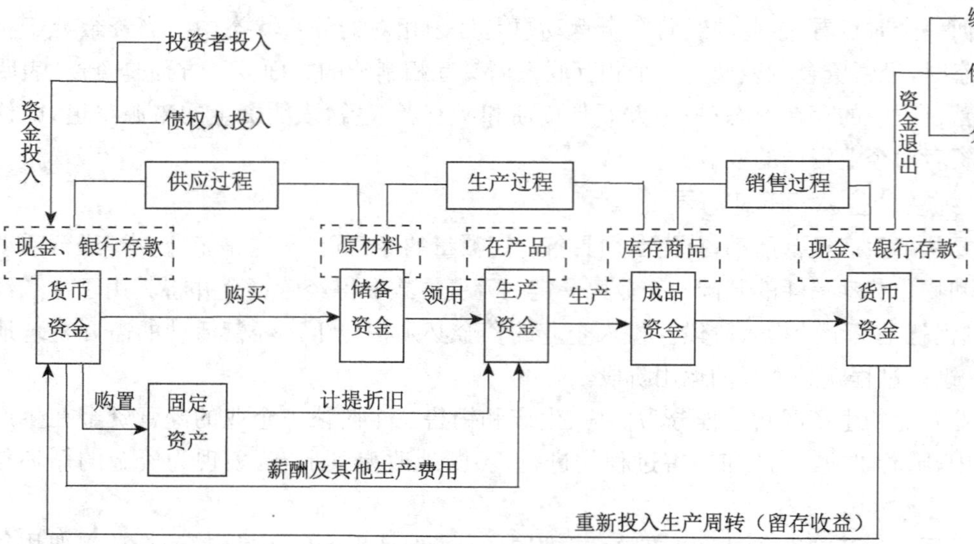

图 1-1　制造业企业资金运动过程

第五节　会计假设与会计基础

会计假设

一、会计假设

会计作为人类管理经济的一项实践活动，处在极为复杂而且变化不定的社会经济环境之中，因此，存在许多不确定的因素。为了正常地进行会计核算工作，会计人员有必要对会计活动所处的经济环境作出合理的判断和假定，这种判断和假定是得到公认的会计核算的必要前提，具有会计公理的性质，构成了会计理论和会计实践赖以存在和发展的基础，是会计工作得以顺利进行的前提条件。

会计假设又称为会计的基本前提，是对会计核算所处时间、空间环境等所作的合理设定，是企业会计确认、计量和报告的前提。只有限定这些会计核算的前提条件，会计核算才得以正常地进行下去，才能据以选择确定会计处理方法。会计假设包括会计主体、持续经营、会计分期和货币计量。

（一）会计主体

会计主体是指会计活动为之服务的特定单位和组织，它限定了企业会计确认、计量和报告的空间范围。为了向财务报告使用者提供对其决策有用的，反映企业财务状况、经营成果和现金流量的信息，会计核算和财务报告的编制应当集中于反映特定对象的活动，并将其与其他经济实体区别开来，才能实现财务报告的目标。

在会计主体假设下，会计应当对其本身发生的交易或事项进行会计确认、计量和报告，反映企业本身所从事的各项经营活动。明确界定会计主体是开展会计确认、计量和报告工作的重要前提。

首先，明确会计主体，才能划定会计所要处理的各项交易或事项的空间范围。在会计工作中，只有那些影响主体本身经济活动的各项交易或事项才能加以确认、计量和报告，而对那些不影响主体本身经济活动的各项交易或事项则不能加以确认。会计工作中通常所讲的资产、负债的确认，收入的实现和费用的发生等，都是针对特定会计主体而言的。

其次，明确会计主体才能将会计主体的交易或事项与会计主体所有者的交易或事项区分开来。例如，企业所有者的经济交易或事项是属于企业所有者主体所发生的，不应纳入企业会计核算的范围，但企业所有者投入企业的资本或者企业向所有者分配的利润，则属于企业主体所发生的交易或事项，应当纳入企业会计核算的范围。

需要特别指出的是，会计主体与法律主体是有区别的。一般说来，法律主体应是会计主体，但会计主体并不一定就是法律主体。例如，总公司与分公司，总公司既是法律主体，也是会计主体，而分公司可以是一个会计主体，但却不是法律主体；再如，在控股经营的情况下，一些集团公司下设很多控股子公司，母公司及其控股子公司均为独立的法律主体，各为一个会计主体，但为全面考核和反映整个集团公司的财务状况、经营成果及现金流量情况，就必须把所有的控股子公司连同母公司作为一个会计主体，由母公司编制合并财务报表。

也就是说，会计主体既可以是独立法人，也可以是非法人（如合伙企业）；既可以是一个企业，也可以是企业内部的某一单位或企业中的一个特定的组成部分（如企业的分公司、企业设立的事业部）；既可以是单一企业，也可以是由几个企业组成的企业集团。

（二）持续经营

持续经营是指在可预见的将来，企业将会按当前的规模和状态持续经营下去，不会停业，也不会大规模削减业务。在持续经营前提下，会计确认、计量和报告应当以企业持续、正常的经营活动为前提。

企业是否持续经营，在会计原则、会计方法的选择上有很大差别。一般情况下，应当假定企业将会按照当前的规模和状态继续经营下去。明确这个假设，就意味着会计主体将按照既定的用途使用资产，按照既定的合约条件清偿债务，会计人员就可以在此基础上选择会计原则和会计方法。例如，如果判断企业会持续经营，就可以假定企业的固定资产会在持续经营的生产经营过程中长期发挥作用，并服务于生产经营过程，固定资产就可以根据历史成本进行记录，并采用折旧的方法，将历史成本分摊到各个会计期间或相关产品的成本中；如果判断企业不会持续经营，固定资产就不应采用历史成本进行记录并按期计提折旧。

如果一个企业不能持续经营时还假定企业能够持续经营，并仍按持续经营假设选择会计确认、计量、报告原则和方法，就不能客观地反映企业的财务状况、经营成果和现金流量，并且会误导会计信息使用者的经济决策。

持续经营假设与会计主体假设有密切联系。它是在会计主体假设的基础上提出的，为会计主体的正常经营活动规定了时间范围。

（三）会计分期

会计分期是指将一个企业持续不断的经营活动划分为若干个相等的期间，它是对持续经营假设的补充，是对会计主体活动的时间范围划分若干期间的限定。会计分期的目的在于通过会计期间的划分，分期结算账目，按期编制财务报告，从而及时向财务报告使用者提供有关企业财务状况、经营成果和现金流量的信息。

根据持续经营假设，一个企业将按当前的规模和状态持续经营下去。但是无论是企业的经营者,还是投资者、债权人要进行决策,都需要及时的信息,都需要将企业持续的经营活动划分为一个个连续的、长短相同的期间,分期确认、计量和报告企业的财务状况、经营成果和现金流量。

在会计分期假设下,企业应当划分会计期间,分期结算账目和编制财务报告。会计期间通常划分为年度和中期。我国以日历年度作为会计年度,即从每年的1月1日至12月31日为一个会计年度。中期是指短于一个完整会计年度的报告期间,包括半年度、季度和月度,按日历确定半年度、季度和月度。

会计分期假设对会计核算产生了重要影响,因此,产生了本期与非本期的区别,产生了权责发生制和收付实现制,使不同类型的会计主体有了记账的基准,进而出现了折旧、摊销等会计处理方法。

(四) 货币计量

货币计量是指会计主体在会计确认、计量和报告时以货币计量,反映会计主体的生产经营活动。它是对会计计量手段和方法的限定。

在会计确认、计量和报告中选择货币计量,是由货币本身属性决定的。货币是商品的一般等价物,是衡量一般商品价值的共同尺度,具有价值尺度、流通手段、贮藏手段和支付手段等特点。其他计量单位,如重量、长度、工时等,只能从一个侧面反映企业的生产经营情况,无法在量上进行汇总和比较,不便于会计计量和经营管理,在会计核算中只能作为辅助计量手段。只有选择货币尺度进行计量,才能充分反映企业生产经营情况。我国有关会计法规规定,会计核算以人民币为记账本位币。业务收支以外币为主的企业,可以按规定选定一种货币作为记账本位币,但编制财务报告时应折算为人民币。

有些情况下,统一采用货币计量也有缺陷,某些影响企业财务状况和经营成果的因素,如企业经营战略、研发能力、市场竞争力等,往往难以用货币来计量,但这些信息对使用者决策来讲也很重要,企业可以在财务报告中补充披露有关非财务信息来弥补上述缺陷。

货币本身也具有价值,它是通过货币的购买力或物价水平表现出来的。在市场经济条件下,物价水平在不断变动,说明币值并不稳定,币值不稳定就不可能准确地计量。因此,必须同时确立币值稳定的假设,假设币值在今后基本上是稳定的,不会有大的波动,才可以用以计量;当出现恶性通货膨胀时,则放弃币值稳定假设,转而采用特殊的会计原则来处理,如物价变动会计。

综上所述,会计假设虽然是人为规定的,但完全是出于客观的需要,有充分的客观必然性。否则,会计核算工作就无法进行。这四项假设缺一不可,共同为会计核算工作奠定了基础。

二、会计基础

会计基础

会计基础有权责发生制和收付实现制两种。

(一) 权责发生制

企业会计的确认、计量和报告应当以权责发生制为基础。凡是本期已经实现的收入和已经发生或应当负担的费用,无论款项是否收到或付出,都应当作为本期的收入和费用,计入利润表;凡是不属于本期的收入和费用,即使款项已在本期收到或付出,也不应当作为本期的收入和费用。

在实务中，企业交易或者事项的发生时间与相关货币收支时间有时并不完全一致。例如，款项已经收到，但销售并未实现；或者款项已经支付，但并不是为本期生产经营活动而发生的。为了更加真实、公允地反映特定会计期间的财务状况和经营成果，《企业会计准则——基本准则》明确规定，企业在会计确认、计量和报告中应当以权责发生制为基础。

（二）收付实现制

收付实现制又称现收现付制，是以款项是否收到或付出作为确认本期收入和费用的依据。采用收付实现制会计处理基础，凡是本期实际收到的款项就确认为本期的收入，凡是本期实际支付的款项就确认为本期的费用，不考虑预收收入和预付费用，也不会产生应计收入和应计费用。

目前，我国行政单位会计（除特殊规定外）采用收付实现制，事业单位会计除经营业务可以采用权责发生制外，其他大多数业务采用收付实现制。

权责发生制与收付实现制的应用比较如表 1-1 所示。

表 1-1　　权责发生制和收付实现制的应用比较

业务举例	权责发生制处理	收付实现制处理
20×1 年 12 月销售商品一批，当月收到货款	确认为 20×1 年 12 月的收入	确认为 20×1 年 12 月的收入
20×1 年 12 月销售商品一批，20×2 年 1 月收到货款	确认为 20×1 年 12 月的收入	确认为 20×2 年 1 月的收入
20×1 年 12 月预收货款，20×2 年 4 月交货	确认为 20×2 年 4 月的为收入	确认为 20×1 年 12 月的收入
20×1 年 12 月预付 20×2 年全年房租	确认为 20×2 年每个月的成本费用	确认为 20×1 年 12 月的成本费用

综上，收付实现制与权责发生制区别很大，在权责发生制下，必须考虑预收、预付、递延和应收、应付等。采用权责发生制核算比较复杂，但反映本期的收入和费用比较合理、真实，所以企业会计准则要求企业核算以权责发生制为基础。

在 1992 年发布的《企业会计准则》中，权责发生制是作为会计核算的一般原则加以规范的。2006 年和 2014 年财政部发布经过修订后的基本准则，都将权责发生制作为会计基础，列入总则中而不是在会计信息质量要求中规定，其原因是权责发生制是相对于收付实现制的会计基础，贯穿于整个企业会计准则体系的总过程，属于会计的基本问题，层次较高，统驭作用强。

第六节　会计信息质量要求

会计信息质量要求是对企业财务报告中所提供会计信息质量的基本要求，是使财务报告中所提供的会计信息对投资者等使用者决策有用应具备的质量特征，包括可靠性、相关性、可理解性、可比性、实质重于形式、重要性、谨慎性和及时性等。其中可靠性、相关性、可理解性和可比性是会计信息的首要质量要求，是企业财务报告中所提供会计信息应具备的基本质量特征；实质重于形式、重要性、谨慎性和及时性是会计信息的次级质量要求，是对可靠性、相关性、可理解性和可比性等首要质量要求的补充和完善。

会计信息质量要求

一、可靠性

可靠性要求企业应当以实际发生的交易或者事项为依据进行确认、计量和报告，如实反映符合确认和计量要求的各项会计要素及其他相关信息，保证会计信息真实可靠，内容完整。

会计信息要有用，必须以可靠性为基础，否则就会给投资者等使用者带来误导，贻误其决策。为了贯彻可靠性要求，企业应当做到：

（1）以实际发生的交易或者事项为依据进行确认、计量，将符合会计要素定义及其确认条件的资产、负债、所有者权益、收入、费用和利润等如实反映在财务报表中，不得根据虚构的、没有发生的或者尚未发生的交易或者事项进行确认、计量和报告。

（2）在符合重要性和成本效益原则的前提下，保证会计信息的完整性，其中包括应当编制的报表及其附注内容等应当保持完整，不能随意遗漏或者减少应予披露的信息，与使用者决策相关的有用信息都应充分披露。

二、相关性

相关性要求企业提供的会计信息应当与投资者等财务报表使用者的经济决策需要相关，有助于投资者等财务报表使用者对企业过去、现在或者未来的情况作出评价或者预测。

会计信息是否有用、是否具有价值，关键是看其与使用者的决策需要是否相关，是否有助于决策或者提高决策水平。相关的会计信息应当能够有助于使用者评价企业过去的决策，证实或者修正过去的有关预测，因而具有反馈价值。相关的会计信息还应当具有预测价值，有助于使用者根据财务报表所提供的会计信息预测企业未来的财务状况、经营成果和现金流量。

会计信息质量的相关性要求，需要企业在确认、计量和报告会计信息的过程中，充分考虑使用者的决策模式和信息需要。但是，相关性是以可靠性为基础的，两者之间并不矛盾，不应将两者对立起来。也就是说，会计信息在可靠性的前提下，要尽可能地做到相关，以满足投资者等财务报表使用者的决策需要。

三、可理解性

可理解性要求企业提供的会计信息应当清晰明了，便于投资者等财务报表使用者的理解和使用。

企业编制财务报表、提供会计信息的目的在于使用，要使使用者有效使用会计信息，应当让其了解会计信息的内涵，弄懂会计信息的内容，这就要求财务报表所提供的会计信息应当清晰明了，易于理解。这样才能提高会计信息的有用性，实现财务报表的目标，满足向投资者等财务报表使用者提供决策有用信息的要求。

会计信息毕竟是一种专业性较强的信息产品，在强调会计信息的可理解性要求的同时，还应假定使用者具有一定的有关企业经营活动和会计方面的知识，并愿意付出努力去研究这些信息。对于某些复杂的信息，如交易本身较为复杂或者会计处理较为复杂，但其与使用者的经济决策相关的，企业就应当在财务报表中予以充分披露。

四、可比性

可比性要求企业提供的会计信息应当是相互可比的。这主要包括两层含义：

(1) 同一企业不同时期可比。为了便于投资者等财务报表使用者了解企业财务状况、经营成果和现金流量的变化趋势，比较企业在不同时期的财务报表信息，全面、客观地评价过去，预测未来，从而作出决策，会计信息质量的可比性要求同一企业不同时期发生的相同或者相似的交易或事项，应当采用一致的会计政策，不得随意变更。但是，满足会计信息可比性要求，并非表明企业不得变更会计政策，如果按照规定或者在会计政策变更后可以提供更可靠、更相关的会计信息的，可以变更会计政策。有关会计政策变更的情况，应当在附注中予以说明。

(2) 不同企业相同会计期间可比。为了便于投资者等财务报表使用者评价不同企业的财务状况、经营成果和现金流量及其变化情况，会计信息质量的可比性要求不同企业同一会计期间发生的相同或者相似的交易或事项，应当采用规定的会计政策，确保会计信息口径一致，相互可比，以使不同企业按照一致的确认、计量和报告要求提供有关会计信息。

五、实质重于形式

实质重于形式要求企业应当按照交易或者事项的经济实质进行会计确认、计量和报告，不应仅以交易或事项的法律形式为依据。

企业发生的交易或者事项在大多数情况下，其经济实质和法律形式是一致的，但在有些情况下也会出现不一致。如果企业仅仅以交易或者事项的法律形式为依据进行会计确认、计量和报告，在经济实质和法律形式不一致时，会导致会计信息失真。为了使会计信息能更加真实地反映客观的经济活动，就必须依据交易或者事项的经济实质而非外在的法律形式进行核算。在这一方面，最典型的例子是对融资租赁租入固定资产的确认与计量，从法律形式上看，该项固定资产的所有权归属出租方，因此不能将其作为企业的固定资产加以核算。但是，由于融资租入固定资产的租赁期限一般超过了固定资产可使用年限的大部分，而且在租赁到期时企业可以以一定的价格购买该固定资产，从经济实质上来看，企业能够控制其创造的未来经济利益。因此，为了正确地反映企业的资产和负债情况，对于融资租入的固定资产一方面应作为企业的固定资产加以核算，另一方面还应作为企业的一项负债加以反映。

六、重要性

重要性要求企业提供的会计信息应当反映与企业财务状况、经营成果和现金流量有关的所有重要交易或事项。

如果财务报表中提供的会计信息的省略或者错报会影响投资者等财务报表使用者据此作出的决策的，该信息就具有重要性。重要性的应用需要依赖职业判断，企业应当根据其所处的环境和实际情况，从项目的性质和金额两个方面加以判断。

七、谨慎性

谨慎性要求企业在对交易或者事项进行会计确认、计量和报告时保持应有的谨慎，不应高估资产或者收益、低估负债或者费用。

在市场经济环境下，企业的生产经营活动必然存在某种风险和不确定性因素，如应收账款的可收回性、固定资产的使用寿命、无形资产的使用寿命、售出存货可能发生的退货或者返修等。会计信息质量的谨慎性要求企业在面临不确定因素时作出的职业判断，应当保持必要的谨慎，充分估计到各种风险和损失，既不高估资产或者收益，也不低估负债或者费用。例如，企业对可能发生的资产减值损失计提资产减值准备、对售出商品可能发生的保修义务等确认预计负债，就体现了会计信息质量的谨慎性要求。

八、及时性

及时性要求企业对于已经发生的交易或者事项，应当及时进行确认、计量和报告，不得提前或者延后。

会计信息的价值在于帮助投资者等财务报告使用者作出经济决策，具有时效性。即使是可靠的、相关的会计信息，如果不及时提供，就失去了时效性，对于使用者的效用就大大降低，甚至不再具有实际意义。在会计确认、计量和报告过程中贯彻及时性，一是及时收集会计信息，即在交易或事项发生后，及时收集整理各种原始凭证；二是及时处理会计信息，即按照会计准则的规定，及时对交易或事项进行确认或者计量，并编制财务报告；三是及时传递会计信息，即按照国家规定的有关时限，及时将编制的财务报告传递给报告使用者，便于其及时使用和作出决策。

在实务中，为了及时提供会计信息，可能需要在有关交易或者事项的信息全部获得之前就进行会计处理，这样就满足了会计信息的及时性要求，但可能会影响会计信息的可靠性；反之，如果企业等到与交易或者事项有关的全部信息获得之后再进行会计处理，这样的信息披露可能会由于时效性问题，对于投资者等财务报告使用者决策的有用性大大降低。这就需要在及时性和可靠性之间作相应权衡，以最好地满足投资者等财务报告使用者的经济决策需要。

第七节　会计的方法

会计方法

会计方法是用来核算和监督会计对象，完成会计目标的一系列专门方法。会计方法是从长期的社会实践中总结出来的，随着会计实践活动的不断发展，会计核算和监督的内容不断丰富，会计方法也在不断改进和发展。很长一段时间，人们一般认为会计方法分为会计核算方法、会计分析方法和会计检查方法，它们都是完成会计目标的技术方法。其中会计核算方法是会计方法中最基本的方法，也是初学会计者必须掌握的基本知识。本节只介绍会计核算方法。

会计核算方法，是指对会计对象进行连续、系统、完整的核算和监督所应用的方法。它主要包括设置账户、复式记账、填制和审核会计凭证、登记账簿、成本计算、财产清查和编制财务会计报告等七种方法。

一、设置账户

设置账户是对会计对象的具体内容进行归类核算和监督的一种专门方法。会计对象的具体内容是复杂多样的，要对会计对象所包含的经济内容进行系统的核算和经常性的监督，就要根据它们的经济内容和经济管理的要求，对其进行科学的分类，以便提供各种不同性质的会计信息。因此，对各项资产、负债、所有者权益、收入、费用和利润的增减变化，规定分类核算的会计科目，并据以设置一定的账户，进行归类核算和监督，是为获得经济管理所需要的各种不同性质的核算指标的基础。

二、复式记账

复式记账是对每一项经济业务，都以相等的金额在相互联系的两个或两个以上的账户中进行记录的一种专门方法。任何一项经济业务的发生，都会引起资金的增减变动，而且这种变动涉及两个或两个以上相互对应的方面。例如，以银行存款购买材料，一方面引起原材料的增加，另一方面引起银行存款的减少，这两方面是相互联系的，都需要分别设置账户进行核算和监督。采用复式记账的方法，就要将每项经济业务用两个或两个以上相互联系的账户进行登记，使每项经济业务所涉及的账户发生对应关系，在对应账户里所记载的金额相等。通过这种账户之间金额相等的平衡关系，了解资金运动的来龙去脉，相互联系地反映资金增减变动的完整内容。

三、填制和审核会计凭证

填制和审核会计凭证是为了保证会计记录完整、可靠以及审查经济业务是否合理合法而采用的一种专门方法。会计凭证是用来记录经济业务发生和完成情况，明确经济责任的书面证明，是登记账簿的依据。对于任何一项经济业务，都要由经办人员或有关单位填制凭证，所有凭证都要经过会计部门和有关部门的审核，只有经过审核无误的凭证，才能作为记账的依据。填制和审核会计凭证，就能为账簿记录提供真实可靠的原始数据，保证会计核算的质量。它既是会计核算的一种方法，也是会计监督的一种方法。

四、登记账簿

账簿是具有一定格式，用来记账的簿籍。登记账簿就是在账簿上全面、系统、连续地记录和反映经济业务的一种专门方法。登记账簿必须以会计凭证为依据，利用账户和复式记账的方法，把经济业务按其发生的时间顺序，分门别类地记入有关账簿，并定期进行结账和对账，为编制财务会计报告提供完整而又系统的会计数据。

五、成本计算

成本计算是指计算与生产经营过程有关的全部费用，并按照一定的对象进行归集与分配，以确定各对象的总成本和单位成本的一种专门方法。在制造业企业生产经营过程的每个阶段，都要用到成本计算这一专门方法，如材料采购成本的计算、产品制造成本的计算、在建工程成本的计算、产品销售成本的计算等。通过成本计算，可以核算和监督生产经营过程中所发生的各项费用是否必要，并据此计算损益。正确地进行成本计算，对于企业降低成本、加强成本管理、提高经济效益具有重要意义。

六、财产清查

财产清查就是通过盘点实物和核对往来款项的方法，以查明各项财产和资金实有数额，查明实存数与其账存数是否相符的一种专门方法。为了提高会计记录的正确性，保证账实相符，加强财产的管理，必须定期或不定期地对各项财产物资和往来款项进行清查。在清查中如果发现账实不符，应查明原因，明确责任，并调整账面记录，使账实相符。

七、编制财务会计报告

财务会计报告是指企业对外提供的反映企业某一特定日期财务状况和某一会计期间经营成果、现金流量的文件。编制财务会计报告是对日常会计核算资料的总结，它将账簿记录的内容定期加以分类、整理和汇总，形成会计信息使用者所需要的各种指标，以便其据此进行决策。财务会计报告提供的各项指标，是考核和分析财务计划和预算执行情况以及编制下期财务计划和预算的重要依据，也是进行国民经济综合平衡所必不可少的资料。编制完成财务会计报告，就意味着这一期间会计核算工作的结束。

上述会计核算的专门方法是相互联系、相互依存的，构成一个完整的方法体系。在会计实务中，必须把这些方法密切配合在一起加以运用。这些方法之间的基本关系是：对于日常发生的所有经济业务，都要填制和审核会计凭证；按照规定的账户对经济业务进行分类，并应用复式记账法记入有关账簿；对于生产经营过程中发生的各项费用，应当进行成本计算，对账簿记录，要定期通过财产清查加以核对；在保证账实相符的基础上，根据账簿记录，编制财务会计报告。七种会计核算方法的关系如图 1-2 所示。

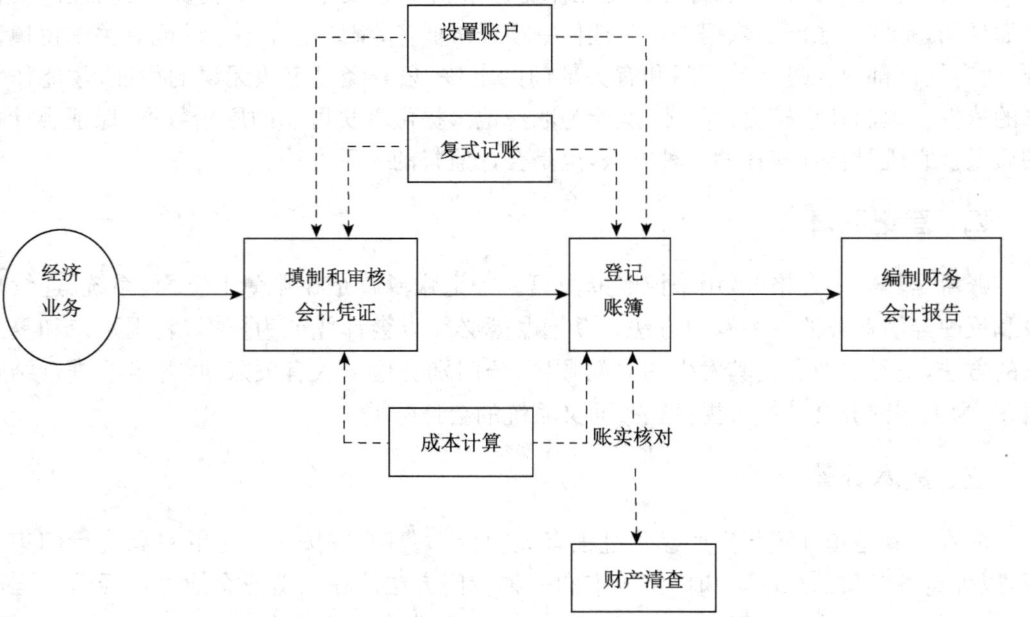

图 1-2　七种会计核算方法关系图

本章小结

1. 会计的产生和发展

会计伴随着人类的生产实践活动而产生并随着生产力水平的提高和经济管理的需要而

不断发展。

2. 现代会计定义和特点

会计是以货币计量为主要方式,采用专门方法,对企业或其他单位的经济活动进行核算和监督的一种管理活动。

会计的四个基本特点是:以货币为主要计量单位;以凭证为基本依据;以一系列专门方法为手段;以完整性、连续性和系统性为基本特征。

3. 会计的职能

会计的基本职能是核算和监督,其中核算是会计的最基本职能。会计的扩展职能包括预测、决策、控制和分析等。

4. 会计的目标

财务会计报告的目标是向财务会计报告使用者提供与企业财务状况、经营成果和现金流量等有关的会计信息,反映管理层的受托责任履行情况,有助于财务报告使用者作出经济决策。

5. 会计的对象

会计对象是指会计所核算和监督的内容,是社会再生产过程中的资金运动。制造业企业会计的具体对象为供应、生产和销售等各阶段的资金运动。

6. 会计的假设

会计基本假设包括会计主体、持续经营、会计分期和货币计量。

7. 会计的基础

会计基础有权责发生制和收付实现制。企业在会计确认、计量和报告中应当以权责发生制为基础。

8. 会计信息质量要求

会计信息质量要求有八个,包括可靠性、相关性、可理解性、可比性、实质重于形式、重要性、谨慎性和及时性等。

9. 会计核算方法

会计核算方法包括设置账户、复式记账、填制和审核凭证、登记账簿、成本计算、财产清查、编制财务会计报告。

复习思考题

1. 为什么说“经济越发展,会计越重要”?
2. 会计对象的具体内容是什么?
3. 会计的职能有哪些?
4. 财务会计报告的目标是什么?
5. 会计对象是什么?
6. 会计基本假设有哪些? 如何理解?
7. 会计基础有哪些?
8. 会计信息质量要求有哪些? 如何理解?
9. 会计核算的基本方法有哪些? 各种专门方法之间的关系如何?

练习题

一、单项选择题

1. 会计的基本职能是(　　)。

A. 核算和控制　B. 核算和监督　C. 分析和监督　D. 反映与核算

2. 会计核算中主要采用的计量单位是(　　)。

A. 货币计量单位　B. 实物量计量单位

C. 劳动量计量单位　D. 混合计量单位

3. 会计的核算职能不具有(　　)。

A. 连续性　B. 主观性　C. 系统性　D. 全面性

4. 会计的一般对象可以概括为(　　)。

A. 生产活动　B. 管理活动

C. 再生产过程中的资金运动　D. 经济活动

5. 确定会计核算工作空间范围的是(　　)。

A. 货币计量　B. 会计分期　C. 持续经营　D. 会计主体

6. 货币计量实际上包含了另外一个重要前提,它是(　　)。

A. 会计分期　B. 清算原则　C. 币值稳定　D. 历史成本

7. 企业应当以实际发生的交易和事项为依据进行会计确认、计量和报告,如实反映财务状况、经营成果和现金流量,这符合(　　)的会计信息质量要求。

A. 谨慎性　B. 可靠性　C. 相关性　D. 重要性

8. 会计信息质量的可比性要求不同企业同一会计期间发生的相同或者相似的交易或事项,应当采用(　　)会计政策,确保会计信息口径一致,相互可比,以使不同企业按照一致的确认、计量和报告要求提供有关会计信息。

A. 同样的　B. 一致的　C. 统一规定的　D. 不变的

9. 会计方法体系的基本环节是(　　)。

A. 会计核算方法　B. 会计分析方法

C. 会计监督方法　D. 会计决策方法

10. 下列各项中,不属于会计核算专门方法的是(　　)。

A. 成本计算与复式记账　B. 错账更正与评估预测

C. 设置账户与填制、审核凭证　D. 登记账簿与编制财务报告

二、多项选择题

1. 下列各项中,不属于会计基本职能的有(　　)。

A. 核算　B. 分析　C. 预测　D. 决策

E. 控制

2. 会计核算可以采用的计量尺度有(　　)。

A. 实物量度　B. 货币量度　C. 劳动量度　D. 工时量度

E. 重量量度

3. 下列说法中,正确的有(　　)。

A. 会计是适应生产活动发展的需要而产生的
B. 会计是生产活动发展到一定阶段的产物
C. 会计从产生、发展到现在经历了一个漫长的发展历史
D. 经济越发展,会计越重要
E. 复式簿记著作的问世是现代会计的一个里程碑

4. 会计核算职能的显著特征有(　　)。
A. 具有客观性
B. 以货币为主要计量单位
C. 具有连续性、系统性和全面性
D. 包括事前核算、事中核算和事后核算
E. 具有超前性

5. 下列说法中,正确的有(　　)。
A. 会计只能核算和监督所在主体的经济业务,不能核算和监督其他主体的经济业务
B. 会计主体可以是企业中的一个特定部分,也可以是几个企业组成的企业集团
C. 会计主体一定是法律主体
D. 法律主体一定是会计主体
E. 会计主体与法律主体是有区别的

6. 下列各项中,可以作为一个会计主体核算的有(　　)。
A. 销售部门　B. 分公司　C. 母公司　D. 企业集团
E. 总公司

7. 按照权责发生制的要求,下列货款不应确认为本月收入的有(　　)。
A. 本月销售的产品,但货款尚未收到
B. 收到上月的销售货款,存入银行
C. 本月预收某客户货款,存入银行
D. 收到本月一条生产线的租金,存入银行
E. 本月销售的产品,本月收到货款

8. 下列各项中,属于会计信息质量要求的有(　　)。
A. 权责发生制　B. 重要性　C. 及时性　D. 收付实现制
E. 实质重于形式

9. 会计信息质量要求的及时性包括(　　)。
A. 及时评价　B. 及时整理　C. 及时传递　D. 及时收集
E. 及时报送

10. 下列方法中,属于会计核算方法的有(　　)。
A. 设置账户与复式记账　B. 填制与审核会计凭证
C. 登记账簿与成本计算　D. 财产清查
E. 编制财务会计报告

三、判断题

1. 会计只能采用货币量度进行核算和监督。(　　)
2. 会计是适应经济管理的需要而产生和发展的。(　　)

3. 会计只能对经济活动进行事后监督。 （ ）
4. 财务报告的目标是向财务报告使用者提供与企业财务状况、经营成果和现金流量等有关的会计信息。 （ ）
5. 我国的行政单位会计(除特殊规定外)采用收付实现制，事业单位会计除经营业务可以采用权责发生制外，其他大多数业务采用收付实现制。 （ ）
6. 会计的对象是社会再生产过程中的资金运动。 （ ）
7. 进行会计确认、计量和报告，应以交易或者事项的法律形式为依据。 （ ）
8. 会计信息质量的重要性具有相对性，并不是同样的业务对不同企业都是重要的或不重要的。 （ ）
9. 会计信息质量的可比性要求同一企业不同时期发生的相同或者相似的交易或事项，应当采用一致的会计政策，不得变更。 （ ）
10. 会计核算的七种方法中有的可以用，有的可以不用，企业可以自由选择。 （ ）

四、实务题

某企业20××年6月发生下列经济业务，请按权责发生制和收付实现制两种会计基础分别计算该企业6月份收入和费用。结果直接填入表1-2中。

(1) 6月5日销售产品取得收入50 000元，货款存入银行。
(2) 6月8日销售产品10 000元，但货款尚未收到。
(3) 6月30日付7～12月租金3 000元。
(4) 6月30日收到购货单位预付的货款40 000元，下月交货。
(5) 本月发生水、电费共4 000元，待下月支付。
(6) 6月30日收到上月应收的销货款20 000元。

表1-2 **20××年6月收入和费用计算表** 单位：元

业务号	权责发生制		收付实现制	
	收入	费用	收入	费用
1				
2				
3				
4				
5				
6				
合 计				

第二章 会计要素与会计等式

学习目的

本章阐述了会计要素和会计等式，目的是使学生在明确会计对象的基础上，掌握各会计要素的定义、特征和分类；理解会计要素的确认条件和计量属性；理解会计等式的基本原理，为深入学习会计的基本方法奠定理论基础。通过本章的学习，应掌握会计对象、会计要素和会计等式的基本内容，以及三者之间的密切联系。

第一节 会 计 要 素

会计要素是对会计对象的基本分类，是会计对象的具体化，是反映会计主体财务状况和经营成果的基本单位。会计要素的划分在会计核算中具有十分重要的作用，它是设置会计科目和会计账户的基本依据，也是构成会计报表的基本框架。根据《企业会计准则——基本准则》，会计要素有六个，即资产、负债、所有者权益、收入、费用和利润。这六个会计要素又可以划分为两类，即反映财务状况的会计要素（又称资产负债表要素）和反映经营成果的会计要素（又称利润表要素）。其中反映财务状况的会计要素包括资产、负债和所有者权益；反映经营成果的会计要素包括收入、费用和利润。会计要素的界定和分类可以使财务会计系统更加科学、严密，为投资者等财务报告使用者提供更加有用的信息。

会计要素

一、资产

（一）资产的概念

资产是指企业过去的交易或事项形成的，由企业拥有或者控制的，预期会给企业带来经济利益的资源。

（二）资产的特征

1. 资产是由过去的交易或事项形成的

资产必须是现实的资产，而不能是预期的资产。只有过去发生的交易或事项才能增加或减少企业的资产，而不能根据谈判中的交易或计划中的经济业务来确认资产。例如，已经发生的固定资产购买交易会形成企业的资产，而计划中的固定资产购买交易则不会形成企业的资产。

2. 资产应为企业所拥有或者控制的资源

企业拥有资产是指企业享有资产的所有权，表明企业能够排他性地从资产中获取经济利益。在有些情况下,资产虽然不为企业所拥有,即企业并不享有其所有权,但是企业控制了这些资产,同样能够排他性地从资产中获取经济利益,符合会计上对资产的定义。如果企业既不拥有也不控制资产所能带来的经济利益,就不能将其作为企业的资产予以确认。例如,对于以融资租赁方式租入的固定资产来说,虽然企业并不拥有其所有权,但是由于租赁合同规定的租赁期相当长,接近于该资产的使用寿命;当租赁期满时,承租企业一般有优先购买该资产的选择权;在租赁期内,承租企业有权支配资产并从中受益。所以,以融资租赁方式租入的固定资产应视为企业的资产。对于以经营租赁方式租入的固定资产来说,由于企业不能控制它,所以不应视为企业的资产。

3. 资产预期会给企业带来经济利益

资产预期会给企业带来经济利益,是指资产直接或者间接导致现金和现金等价物流入企业的潜力。这种潜力可以来自企业日常的生产经营活动,也可以是非日常活动;带来的经济利益可以是现金或者现金等价物本身,还可以是转化为现金或者现金等价物的形式,也可以是减少现金或者现金等价物流出的形式。

资产预期能否会为企业带来经济利益是资产的重要特征。例如,企业采购的原材料、购置的固定资产等可以用于生产经营过程制造商品或者提供劳务,对外出售后收回货款,货款即为企业所获得的经济利益。如果某一项目预期不能给企业带来经济利益,那么就不能将其确认为企业的资产。前期已经确认为资产的项目,如果不能再为企业带来经济利益的,也不能再确认为企业的资产。

(三) 资产的分类

资产一般按其流动性的不同划分为流动资产和非流动资产。

1. 流动资产

流动资产是指可以在一年(含一年)或超过一年的一个营业周期内变现或耗用的资产,主要包括库存现金、银行存款、交易性金融资产、应收及预付款项和存货等。有些企业经营活动比较特殊,经营周期可能长于一年,如造船企业、大型机械制造企业等,其从购买原材料至建造完工,从销售实现到收回货款,周期比较长,往往超过一年,此时,就不能以一年内变现作为流动资产的划分标准,而是将经营周期作为流动资产的划分标准。

库存现金是指企业持有的现款,也称现金。库存现金主要用于支付日常发生的小额、零星的费用或支出。

银行存款是指企业存入开户银行的款项。企业货币资金的收支除用库存现金进行的现金结算外,大多数要通过银行转账结算。

应收及预付款项是指企业在日常生产经营过程中发生的各项债权,包括应收票据、应收账款、其他应收款、预付账款等。

存货是指企业在日常活动中持有以备出售的产成品或商品、处在生产过程中的在产品、在生产过程或提供劳务过程中耗用的材料、物料等,包括库存商品、半成品、在产品以及各种原材料和低值易耗品等。

2. 非流动资产

非流动资产也称长期资产,是指不能在一年或者超过一年的一个营业周期内变现或者耗用的资产,主要包括长期股权投资、固定资产、无形资产等。

长期股权投资是指持有时间准备超过一年(不含一年)的各种股权性质的长期投资。

固定资产是指同时具有下列特征的有形资产：为生产商品提供劳务、出租或经营管理而持有的；使用寿命超过一个会计年度，包括房屋建筑物、机器设备、运输设备和工具器具等。

无形资产是指企业拥有或者控制的没有实物形态的可辨认非货币性资产。无形资产通常包括专利权、非专利技术、商标权、著作权、特许权和土地使用权等。

二、负债

(一) 负债的概念

负债是指企业过去的交易或事项形成的、预期会导致经济利益流出企业的现时义务。

(二) 负债的特征

1. 负债是企业承担的现时义务

负债必须是企业承担的现时义务，它是负债的一个基本特征。其中，现时义务是指企业在现行条件下已承担的义务。未来发生的交易或者事项形成的义务，不属于现时义务，不应当确认为负债。

2. 负债预期会导致经济利益流出企业

预期会导致经济利益流出企业也是负债的一个本质特征，只有企业在履行义务时会导致经济利益流出企业，才符合负债的定义。如果不会导致企业经济利益流出企业的，就不符合负债的定义。在履行现时义务清偿负债时，导致经济利益流出企业的形式多种多样，如用现金偿还或以实物资产形式偿还；以提供劳务形式偿还；部分转移资产、部分提供劳务形式偿还等。

3. 负债是由过去的交易或事项形成的

作为现时义务，负债是过去已经发生的交易或事项所产生的结果。只有过去发生的交易或事项才能增加或减少企业的负债，而不能根据谈判中的交易或事项或计划中的经济业务来确认负债。例如，银行借款是因为企业过去接受了银行的贷款而形成的，如果企业没有接受贷款，则不会发生银行借款这项负债；应付账款是因为企业采用商业信用方式购买商品或接受劳务而形成的，在购买商品或接受劳务之前，相应的应付账款并不存在。

(三) 负债的分类

负债一般按偿付期限的长短来分类，具体分为流动负债和非流动负债。

1. 流动负债

流动负债是指将在一年(含一年)或者超过一年的一个营业周期内偿还的债务，包括短期借款、应付及预收款项、应付职工薪酬、应交税费等。

2. 非流动负债

非流动负债也称长期负债，是指偿还期在一年或者超过一年的一个营业周期以上的债务，包括长期借款、应付债券、长期应付款等。

三、所有者权益

(一) 所有者权益的概念

所有者权益是指企业资产扣除负债后，由所有者享有的剩余权益。对于公司来说，所有者权益又称为股东权益。所有者权益是所有者对企业资产的剩余要求权(又称为索取权)，它是企业资产扣除债权人权益后应由所有者享有的部分，既可反映所有者投入资本的保值增值情况，又体现了保护债权人权益的理念。

（二）所有者权益的特征

（1）除非发生减资、清算，企业不需要偿还所有者权益。

（2）企业清算时，只有在清偿所有的负债后，所有者权益才返还给所有者。

（3）所有者凭借所有者权益能够参与利润的分配。

（三）所有者权益的来源构成

所有者权益的来源包括所有者投入的资本、直接计入所有者权益的利得和损失、留存收益等，通常由实收资本（或股本）、资本公积、盈余公积和未分配利润构成，商业银行等金融企业按照规定在税后利润中提取的一般风险准备，也构成所有者权益。

1. 所有者投入的资本

所有者投入的资本是指所有者实际投入企业的资本部分。它既包括构成企业注册资本或者股本部分的金额，即实收资本（或股本），也包括投入资本超过注册资本或者股本部分的金额，即资本公积。

2. 直接计入所有者权益的利得和损失

直接计入所有者权益的利得和损失是指不应计入当期损益、会导致所有者权益发生增减变动的、与所有者投入资本或者向所有者分配利润无关的利得或者损失。其中，利得是指企业非日常活动所形成的、会导致所有者权益增加的、与所有者投入资本无关的经济利益的流入。损失是指企业非日常活动所形成的、会导致所有者权益减少的、与向所有者分配利润无关的经济利益的流出。

3. 留存收益

留存收益是企业历年实现的净利润留存于企业的部分，主要包括累计计提的盈余公积和未分配利润。

所有者权益反映的是企业所有者对企业资产的要求权，负债反映的是企业债权人对企业资产的要求权，而且通常债权人对企业资产的要求权要优先于所有者对企业资产的要求权，即所有者享有的是企业资产的剩余要求权，两者在性质上有本质区别，因此，企业在会计确认、计量和报告中应当严格区分负债和所有者权益，以如实反映企业的财务状况。在实务中，企业某些交易或者事项可能同时具有负债和所有者权益的特征，在这种情况下，企业应当将属于负债和所有者权益的部分分开核算和列报。例如，企业发行的可转换公司债券，企业应当将其中的负债部分和权益性工具部分进行分拆，分别确认负债和所有者权益。

四、收入

（一）收入的概念

收入是指企业在日常活动中形成的、会导致所有者权益增加的、与所有者投入资本无关的经济利益的总流入。

（二）收入的特征

1. 收入是从企业的日常活动中形成的

日常活动是指企业为完成其经营目标而从事的经常性活动，以及与之相关的其他活动。例如，商业企业从事商品销售活动、商业银行对外贷款、工业企业制造并销售产品、咨询公司提供咨询服务、软件公司为客户开发软件、安装公司提供安装服务、出租公司出租资产等，均属于企业的日常活动。明确界定日常活动是为了将收入与利得相区分，日常活动是确认收入的重要判断标准，凡是日常活动所形成的经济利益的流入应当确认为收入；反之，非日常活动所形成的经济利益的流入不能确认为收入，而应当确认为利得。

2. 收入可能表现为企业资产的增加，或负债的减少，或二者兼而有之

收入为企业带来经济利益的形式多种多样，既可能表现为资产的增加，如增加银行存款、形成应收款项；也可能表现为负债的减少，如减少预收账款；还可能表现为二者的结合，如销售实现时，部分冲减预收的货款，部分增加银行存款。

3. 收入能导致企业所有者权益的增加

与收入相关的经济利益的流入应当会导致所有者权益的增加，不会导致所有者权益增加的经济利益的流入不符合收入的定义，不应确认为收入。例如，企业向银行借入款项，尽管也导致经济利益流入企业，但该流入并不导致所有者权益的增加，反而使企业承担了一项现时义务。企业对于因借入款项所导致的经济利益的增加，不应确认为收入，应当确认为一项负债。

4. 收入是与所有者投入资本无关的经济利益的总流入

收入应当会导致经济利益的流入，从而导致资产的增加。例如，企业销售商品，应当收到现金或者在未来有权收到现金，才表明该交易符合收入的定义。但是，经济利益的流入有时是所有者投入资本的增加所导致的，所有者投入资本的增加不应当确认为收入，应当将其直接确认为所有者权益。

(三) 收入的构成

收入主要包括主营业务收入、其他业务收入和投资收益等。

1. 主营业务收入

主营业务收入是指企业在其基本或主营业务活动中所获得的收入，如工商企业的商品销售收入、服务业的服务收入。

2. 其他业务收入

其他业务收入是主营业务以外的其他日常活动所形成的收入，如制造业企业销售材料、技术使用权的转让、固定资产出租等的收入。

3. 投资收益

投资收益是指企业对外投资所取得的收益减去发生的投资损失后的净额。

应该予以强调的是，前述收入是指狭义的收入，是营业收入。广义的收入还包括直接计入利润的利得，即营业外收入。营业外收入是指企业发生的与其生产经营活动无直接关系的各项收入，包括接受捐赠收入、获得的赔款收入等。

五、费用

(一) 费用的概念

费用是指企业在日常活动中形成的、会导致所有者权益减少的、与向所有者分配利润无关的经济利益的总流出。

(二) 费用的特征

1. 费用是企业在日常活动中形成的

费用必须是企业在其日常活动中所形成的，这些日常活动的界定与收入定义中涉及的日常活动的界定相一致。因日常活动所产生的费用通常包括销售成本(营业成本)、职工薪

酬、折旧费、无形资产摊销费等。将费用界定为日常活动所形成的，目的是为了将其与损失相区分，企业非日常活动所形成的经济利益的流出不能确认为费用，而应当计入损失，如企业支付的税收滞纳金。

2. 费用可能表现为资产的减少，或负债的增加，或二者兼而有之

费用的发生形式多种多样，既可能表现为资产的减少，如购买办公用品支付现金、制造产品耗用存货；也可能表现为负债的增加，如负担长期借款利息；还可能是二者的结合，如支付的水电费，用银行存款支付一部分，同时承担一部分债务。

3. 费用将引起所有者权益的减少

与费用相关的经济利益的流出应当导致所有者权益的减少，不会导致所有者权益减少的经济利益的流出不符合费用的定义，不应确认为费用，如归还银行借款本金不会导致所有者权益减少，会导致企业负债减少，所以不确认为一项费用。

4. 费用是与向所有者分配利润无关的经济利益的总流出

费用的发生应当会导致经济利益的流出，从而导致资产的减少或者负债的增加，其表现形式包括现金或者现金等价物的流出，存货、固定资产和无形资产等的流出或者损耗。企业向所有者分配利润也会导致经济利益的流出，而该经济利益的流出属于投资者投资回报的分配，是所有者权益的直接抵减项目，不应确认为费用，应当将其排除在费用的定义之外。

（三）费用的分类

费用按照与收入的关系，可以分为营业成本和期间费用。

1. 营业成本

营业成本是指销售商品和提供劳务或服务的成本。按照其与主营业务收入和其他业务收入的关系，可以分为主营业务成本和其他业务成本。主营业务成本是为取得主营业务收入而发生的耗费，是已销商品或已提供劳务服务生产成本的结转；其他业务成本是为取得其他业务收入而发生的耗费。

2. 期间费用

期间费用包括管理费用、销售费用和财务费用。管理费用是企业为组织和管理生产经营活动而发生的各种费用；销售费用是企业在销售商品的过程中发生的各项费用；财务费用是企业筹集生产经营所需资金而发生的费用。

同样，前文定义的费用亦是狭义的费用。广义的费用还包括直接计入利润的损失，即营业外支出。营业外支出是指企业发生的与其生产经营活动无直接关系的各项支出，包括非常损失、罚款支出、捐赠支出等。

六、利润

（一）利润的概念

利润是指企业在一定会计期间的经营成果。通常情况下，如果企业实现了利润，表明企业的所有者权益将增加，业绩得到了提升；反之，如果企业发生了亏损（即利润为负数），表明企业的所有者权益将减少，业绩下降。利润是评价企业管理层业绩的指标之一，也是投资者等财务报告使用者进行决策时的重要参考。

（二）利润的来源构成

利润包括收入减去费用后的净额、直接计入当期利润的利得和损失等。其中，收入减去

费用后的净额反映企业日常活动的经营业绩，直接计入当期利润的利得和损失是企业非日常活动取得的。企业应当严格区分收入和利得、费用和损失，以更加全面地反映企业的经营成果。

利润可以分为营业利润、利润总额和净利润三个层次。

1. 营业利润

营业利润是指营业收入减去营业成本、税金及附加、销售费用、管理费用、财务费用、资产减值损失，再加上投资净收益等后的金额。它是狭义收入与狭义费用配比后的结果。

2. 利润总额

利润总额是指营业利润加上营业外收入，减去营业外支出的金额，它既包括日常活动的经营成果，也包括非日常活动的经营成果。

3. 净利润

净利润是指利润总额减去所得税费用后的金额。它是广义收入与广义费用配比后的结果。

第二节　会计要素的确认与计量

会计要素作为会计对象的基本分类，是构成资产负债表和利润表的基本项目，其确认与计量是会计处理的重要环节。

一、会计要素的确认

会计要素的确认是将某一项目作为一项会计要素正式列入某一主体财务报表的过程，它贯穿整个会计工作的始终。

1. 资产的确认

符合资产定义的资源，在同时满足以下条件时，确认为资产：

(1) 与该资源有关的经济利益很可能流入企业。

(2) 该资源的成本或者价值能够可靠地计量。

符合资产定义和资产确认条件的项目，应当列入资产负债表；符合资产定义、但不符合资产确认条件的项目，不应当列入资产负债表，如企业自创的商誉，符合资产定义，但是自创商誉的成本不能够可靠地计量，因此不应当列入资产负债表。

2. 负债的确认

符合负债定义的义务，在同时满足以下条件时，确认为负债：

(1) 与该义务有关的经济利益很可能流出企业。

(2) 未来流出的经济利益的金额能够可靠地计量。

符合负债定义和负债确认条件的项目，应当列入资产负债表；符合负债定义、但不符合负债确认条例的项目，不应当列入资产负债表。

3. 所有者权益的确认

因为所有者权益的金额取决于资产和负债的计量，所以所有者权益的确认依赖于资产和负债的确认。所有者权益项目应当列入资产负债表。

4. 收入的确认

收入只有在经济利益很可能流入从而导致企业资产增加或者负债减少、且经济利益的流入额能够可靠计量时才能予以确认。符合收入定义和收入确认条件的项目,应当列入利润表。

5. 费用的确认

费用只有在经济利益很可能流出从而导致企业资产减少或者负债增加、且经济利益的流出额能够可靠计量时才能予以确认。

企业为生产产品、提供劳务等发生的可归属于产品成本、劳务成本等的费用,应当在确认产品销售收入、劳务收入等时,将已销售产品、已提供劳务的成本等计入当期损益;企业发生的支出不产生经济利益的,或者即使能够产生经济利益但不符合或者不再符合资产确认条件的,应当在发生时确认为费用,计入当期损益。企业发生的交易或者事项导致其承担了一项负债而又不确认为一项资产的,应当在发生时确认为费用,计入当期损益。

符合费用定义和费用确认条件的项目,应当列入利润表。

6. 利润的确认

利润金额取决于收入和费用、直接计入当期利润的利得和损失金额的计量,所以利润的确认依赖于收入和费用的确认、直接计入当期利润的利得和损失的确认。利润项目应当列入利润表。

二、会计要素的计量

企业在将符合确认条件的会计要素登记入账并列报于会计报表及其附注时,应当按照规定的会计计量属性进行计量,确定其金额。会计计量属性主要包括历史成本、重置成本、可变现净值、现值和公允价值。

1. 历史成本

在历史成本计量下,资产按照购置时支付的现金或者现金等价物的金额,或者按照购置资产时所付出的对价的公允价值计量。负债按照因承担现时义务而实际收到的款项或者资产的金额,或者承担现时义务的合同金额,或者按照日常活动中为偿还负债预期需要支付的现金或者现金等价物的金额计量。

2. 重置成本

在重置成本计量下,资产按照现在购买相同或者相似资产所需支付的现金或者现金等价物的金额计量。负债按照现在偿付该项债务所需支付的现金或者现金等价物的金额计量。

3. 可变现净值

在可变现净值计量下,资产按照其正常对外销售所能收到现金或者现金等价物的金额扣减该资产至完工时估计将要发生的成本、估计的销售费用以及相关税费后的金额计量。

4. 现值

在现值计量下,资产按照预计从其持续使用和最终处置中所产生的未来净现金流入量的折现金额计量。负债按照预计期限内需要偿还的未来净现金流出量的折现金额计量。

5. 公允价值

在公允价值计量下,资产和负债按照市场参与者在计量日发生的有序交易中,出售资产所能收到或者转移负债所需支付的价格计量。

企业在对会计要素进行计量时,一般应当采用历史成本,采用重置成本、可变现净值、现值、公允价值计量的，应当保证所确定的会计要素金额能够取得并可靠计量。

第三节　会 计 等 式

会计等式是反映会计对象各要素之间数量关系的表达式，有狭义和广义之分。

会计等式

狭义的会计等式即：

资产＝负债＋所有者权益

该等式也称为会计恒等式、基本会计等式，反映某一时点资产、负债和所有者权益三个会计要素之间的数量关系，是企业的资金运动在一定时点上的静态反映，因此该等式又被称为静态会计等式。

广义会计等式不仅包括狭义会计等式，还包括如下等式：

收入－费用＝利润

资产＋费用＝负债＋所有者权益＋收入

上述等式也被称为扩展会计等式，反映资产、负债、所有者权益、收入、费用、利润六个会计要素之间的数量关系，是企业的资金运动在一段时间内的动态反映，因此又被称为动态会计等式。

一、会计等式的恒等原理

任何企业为了实现其经营目标，都需要拥有或控制一定数量与结构的、能带来未来经济效益的资源，这些资源总称为资产。企业的资产最初的来源渠道无非有两种：一是由债权人提供，二是由所有者提供。既然企业的债权人和所有者为企业提供了全部资产，就应该对企业的资产享有要求权。这种对企业资产的要求权，在会计上称为“权益”。其中属于债权人的部分，称为“债权人权益”，对企业来讲又称为“负债”；属于所有者的部分，称为“所有者权益”。

资产表明企业拥有什么样的经济资源和拥有多少经济资源，权益则表明是谁提供了这些经济资源，谁对这些资源拥有要求权。资产与权益之间是相互依存的关系，没有资产，就没有实际有效的权益，资产是权益的载体；同样，没有权益，也就表明没有资产。而且，从数量上看，有一定数额的资产，必然有相应数额的权益；反之，有一定数额的权益，也必然代表着一定数额的资产。也就是说，一个企业的资产总额与权益总额相等。无论从任何时点来看，二者之间都保持着数量上的平衡关系。这种平衡关系可以表示为：

资产＝权益

或：　　资产＝负债＋所有者权益

随着企业经济活动的进行，在会计期间内，企业在生产经营过程中会不断发生经济业务，如从银行借款、购买材料、销售产品、收回欠款、上缴税金等，企业一方面取得了收入，并因此而增加了资产或减少了负债；另一方面要发生各种各样的费用，并因此而减少了资产或者增加了负债。所以，企业在会计期间内的任一时刻，即未结账之前，企业的会计等式就转化为下面的形式：

资产＝负债＋所有者权益＋(收入－费用)

或：　　　　　　　　资产＋费用＝负债＋所有者权益＋收入

到了会计期末，企业将收入与费用相配比，计算出利润（或亏损），并按规定的程序进行分配，剩余的又全部归入所有者权益项目。这样在会计期末结账之后，会计等式又恢复为：

资产＝负债＋所有者权益

由此可见，会计等式揭示了会计要素之间的联系。它是设置账户、复式记账、试算平衡和编制财务会计报告的理论依据。

二、影响会计等式经济业务的类型

资产和权益的平衡关系是客观存在的，它不受经济业务变化的影响，即在企业生产经营活动中无论资产和权益如何变化，都破坏不了资产与权益之间的平衡关系。

一个企业在经营活动中所发生的经济业务是多种多样的，但引起的资产、权益（包括负债和所有者权益）的增减变动不外乎以下四种类型：

（1）经济业务发生，引起资产项目之间等额此增彼减，平衡关系不变。

（2）经济业务发生，引起权益项目之间等额此增彼减，平衡关系不变。

（3）经济业务发生，引起资产与权益项目同时等额增加，平衡关系不变。

（4）经济业务发生，引起资产与权益项目同时等额减少，平衡关系不变。

但就它们对会计平衡公式的影响来看，可以概括为以下九种情况：

（1）一项资产增加，另一项资产减少。

（2）一项资产增加，一项负债增加。

（3）一项资产增加，一项所有者权益增加。

（4）一项资产减少，一项负债减少。

（5）一项资产减少，一项所有者权益减少。

（6）一项负债增加，另一项负债减少。

（7）一项所有者权益增加，另一项所有者权益减少。

（8）一项负债减少，一项所有者权益增加。

（9）一项负债增加，一项所有者权益减少。

【例 2-1】 假定 A 企业期初资产总额为 800 000 元，负债为 300 000 元，所有者权益为 500 000 元。A 企业在 20××年 2 月份发生以下经济业务。以银行存款购入原材料一批，价值为 2 000 元。

这笔业务引起资产内部一个项目原材料增加 2 000 元，同时又引起资产内部另一个项目银行存款减少 2 000 元。对会计等式的影响表述如下：

资产	＝	负债	＋	所有者权益
800 000	＝	300 000	＋	500 000
（＋2 000）				
（－2 000）				
800 000	＝	300 000	＋	500 000

【例 2-2】 从银行借入短期借款 20 000 元，已存入银行存款账户。

这笔业务引起资产中银行存款增加 20 000 元，同时又引起负债中短期借款增加了 20 000 元。对会计等式的影响表述如下：

资产	=	负债	+	所有者权益
800 000	=	300 000	+	500 000
(＋20 000)		(＋20 000)		
820 000	=	320 000	+	500 000

【例 2-3】 收到投资者投入的资金 100 000 元，存入银行存款账户。

这笔业务引起资产中银行存款增加 100 000 元，同时又引起所有者权益中实收资本增加100 000 元。对会计等式的影响表述如下：

资产	=	负债	+	所有者权益
820 000	=	320 000	+	500 000
(＋100 000)				(＋100 000)
920 000	=	320 000	+	600 000

【例 2-4】 以银行存款偿还短期借款 5 000 元。

这笔业务引起资产中银行存款减少 5 000 元，同时又引起负债中短期借款也减少 5 000 元。对会计等式的影响表述如下：

资产	=	负债	+	所有者权益
920 000	=	320 000	+	600 000
(－5 000)		(－5 000)		
915 000	=	315 000	+	600 000

【例 2-5】 企业以银行存款 10 000 元退还投资者。

这笔业务引起资产中银行存款减少 10 000 元，同时又引起所有者权益中实收资本减少 10 000 元。对会计等式的影响表述如下：

资产	=	负债	+	所有者权益
915 000	=	315 000	+	600 000
(－10 000)				(－10 000)
905 000	=	315 000	+	590 000

【例 2-6】 从银行借款 10 000 元偿还前欠供应单位的货款。

这笔业务引起负债内部一个项目短期借款增加 10 000 元，同时又引起负债内部另一个项目应付账款减少 10 000 元。对会计等式的影响表述如下：

资产	=	负债	+	所有者权益
905 000	=	315 000	+	590 000
		(＋10 000)		
		(－10 000)		
905 000	=	315 000	+	59 0000

【例 2-7】 将 40 000 元的盈余公积转增资本，有关增资手续已办妥。

这笔业务引起所有者权益内部一个项目实收资本增加 40 000 元，同时又引起所有者权益内部另一个项目盈余公积减少 40 000 元。对会计等式的影响表述如下：

资产	=	负债	+	所有者权益
905 000	=	315 000	+	590 000
				(＋40 000)
				(－40 000)
905 000	=	315 000	+	590 000

【例 2-8】 将一笔 50 000 元的长期借款转为投资。

这笔业务引起负债中的长期借款减少 50 000 元，同时又引起所有者权益中实收资本增加 50 000 元。对会计等式的影响表述如下：

资产	=	负债	+	所有者权益
905 000	=	315 000	+	590 000
		(－50 000)		(＋50 000)
905 000	=	265 000	+	640 000

【例 2-9】 联营期限已满，按规定应向投资者退还投资款 80 000 元，但款项尚未支付。

这笔业务引起所有者权益中的实收资本减少 80 000 元，同时又引起负债中的其他应付款增加 80 000 元。对会计等式的影响表述如下：

资产	=	负债	+	所有者权益
905 000	=	265 000	+	640 000
		(＋80 000)		(－80 000)
905 000	=	345 000	+	560 000

根据以上举例可以得出下述结论：

(1) 当发生的经济业务只涉及会计等式一方变动时，不但不会影响资产与负债和所有者权益之间的平衡关系，而且原来的总额也不变动。

(2) 当发生的经济业务涉及会计等式两方变动时，虽然会使资产总额与负债和所有者权益总额发生增减变动，但变动后的双方总额仍然相等，平衡关系不受影响。

由此可知，无论经济业务的发生引起企业的资产、负债及所有者权益发生怎样的增减变动，都不会破坏会计等式的平衡关系。因此，会计等式是设置会计科目与账户、复式记账和编制财务会计报告等会计核算方法建立的理论依据。

本章小结

1. 会计要素

会计要素是对会计对象的科学分类，是会计对象的具体化。企业会计要素划分为：资产、负债、所有者权益、收入、费用和利润。要明确各个会计要素的定义、特征和分类。

2. 会计等式

会计等式是反映会计对象各要素之间数量关系的表达式。

基本会计等式为：资产＝负债＋所有者权益。

经济业务可以分为4种类型，经济业务的发生不会破坏会计等式的平衡关系。

复习思考题

1. 会计的基本要素分为哪几项？
2. 资产、负债、所有者权益的特点各是什么？各包括哪些具体内容？
3. 收入、费用、利润各包括哪些具体内容？
4. 基本会计等式是如何形成的？
5. 影响会计等式的业务类型有哪几种？试举例说明。

练 习 题

一、单项选择题

1. 企业形成的债务一定是由于(　　)。

A. 过去经济活动的结果　　B. 未来经济活动的结果

C. 过去和未来经济活动的结果　　D. 过去、目前和未来经济活动的结果

2. 按照费用与收入的关系，我国企业会计准则规定的费用是指(　　)。

A. 营业成本　　B. 期间费用

C. 营业成本和期间费用　　D. 营业成本、期间费用和营业外支出

3. 反映企业某一特定日期的财务状况的会计要素是(　　)。

A. 资产、所有者权益和收入　　B. 资产、负债和所有者权益

C. 负债、收入和利润　　D. 所有者权益、费用和利润

4. 企业的原材料属于会计要素中的(　　)。

A. 资产　　B. 负债

C. 所有者权益　　D. 权益

5. 企业所拥有的资产从财产权利的归属来看，一部分属于投资者，另一部分属于(　　)。

A. 企业职工　　B. 债权人　　C. 债务人　　D. 企业法人

6. 某企业刚刚建立时，权益总额为80万元，现发生一笔以银行存款10万元偿还银行借款的经济业务，此时，该企业的资产总额为(　　)万元。

A. 80　　B. 90　　C. 100　　D. 70

7. 引起资产有增有减的经济业务是(　　)。

A. 收回欠款，存入银行　　B. 以银行存款偿还银行借款

C. 从银行取得借款　　D. 收到投资者投入的固定资产

8. 下列等式中，错误的是(　　)。

A. 资产＝负债＋所有者权益

B. 资产＝负债＋所有者权益＋利润

C. 资产＋收入＝负债＋所有者权益＋费用

D. 资产＋费用＝负债＋所有者权益＋收入

二、多项选择题

1. 企业资产所具有的特征有(　　)。
   A. 资产必须是企业所拥有或控制的
   B. 资产必须能够给企业带来经济利益
   C. 资产都是企业在过去发生的交易或事项中获得的
   D. 资产是企业过去和当前以及未来发生的交易或事项中获得的
2. 企业的收入具体表现为一定期间(　　)。
   A. 现金的流入　　B. 银行存款的流入
   C. 企业其他资产的增加　　D. 企业负债的减少
3. 下列项目中,能够引起资产和负债同时变动的有(　　)。
   A. 从银行借入长期借款,存入银行　　B. 用银行存款购买原材料
   C. 从国外进口设备,款未付　　D. 用银行存款归还长期借款
4. 下列项目中,属于流动资产的有(　　)。
   A. 厂房和机器　　B. 存放在仓库的材料
   C. 存放在银行的存款　　D. 企业应付的购货款
5. 下列资产和权益项目之间的变动中,符合资金运动规律的有(　　)。
   A. 资产某项目增加与权益某项目减少
   B. 资产某项目减少与权益某项目增加
   C. 资产某项目减少与另一项目增加
   D. 权益某项目减少与另一项目增加
6. 企业以存款偿还债务,会引起的情况有(　　)。
   A. 资产总额减少　　B. 负债总额减少
   C. 负债总额增加　　D. 企业资本金减少

三、判断题

1. 对于一项资产,只有拥有其所有权才能作为企业的资产予以确认。(　　)
2. 若企业在一定期间内发生亏损,则其所有者权益必定减少。(　　)
3. 所有者权益像负债一样需要偿还。(　　)
4. 利得和损失一定会影响当期损益。(　　)
5. 资产、负债与所有者权益的平衡关系是反映企业资金运动的静态,若考虑收入、费用等动态要素,则资产与权益总额的平衡关系必然被破坏。(　　)

四、实务题

1. 练习资产、负债和所有者权益的分类,分清资料内容并将所属项目名称填入表 2-1 中。

表 2-1　　**红星工厂 20××年 5 月 31 日资料**　　单位:元

资　料	项目名称		
	资　产	负　债	所有者权益
(1) 企业拥有的实收资本 28 000 元 (2) 企业接受的投资溢价 41 000 元 (3) 企业提取的盈余公积金 7 700 元			

（续表）

资料	项目名称		
	资产	负债	所有者权益
(4) 企业库存材料价值 29 500 元 (5) 企业购入的专利权价值 5 000 元 (6) 企业的库存现金 8 200 元 (7) 企业向银行借入的短期借款 42 000 元 (8) 企业在银行的存款 24 000 元 (9) 应向外单位收取的货款 3 800 元 (10) 企业的库存商品 12 000 元 (11) 企业的汽车价值 50 000 元 (12) 企业对外单位的长期股权投资 4 000 元 (13) 企业的长期借款 15 000 元 (14) 因销货收到的商业汇票 2 400 元 (15) 应付给外厂的购料款 3 300 元 (16) 企业采购材料开出商业汇票 1 900 元			

2. 根据上题的资料将同一项目金额合计，并将各项金额填入平衡表中，计算合计数是否平衡，填入表 2-2 中。

表 2-2 **红星工厂资产负债表（简式）**

20××年 5 月 31 日 单位：元

资产		负债及所有者权益	
项目	金额	项目	金额
库存现金 银行存款 应收票据 应收账款 库存商品 原材料 长期股权投资 固定资产 无形资产		短期借款 应付票据 应付账款 长期借款 实收资本 资本公积 盈余公积	
合计		合计	

3. 练习经济业务的类型。

资料：某企业发生的经济业务如下：

(1) 用银行存款购买原材料。

(2) 用银行存款支付前欠 A 单位货款。

(3) 经批准以净利润的 40% 向投资者分配股利。

(4) 从银行借入长期借款，存入银行。

(5) 收到投资者投入的设备。

(6) 从国外进口设备,款未付。

(7) 用银行存款归还长期借款。

(8) 企业以固定资产向外单位投资。

(9) 用应付票据归还前欠某单位货款。

(10) 经批准,以银行存款退还出资者的投资款。

(11) 企业与债权人协商将借款转为投资。

(12) 将盈余公积转作资本。

要求:分析上述各项经济业务的类型。

第三章　会计账户与复式记账

学习目的

本章重点介绍会计核算基本方法——设置账户和复式记账。通过本章的学习，学生应掌握会计科目和会计账户的概念、会计账户的分类及复式记账的特点；熟悉本课程所涉及的会计科目；重点掌握会计账户的概念、分类、基本结构，借贷记账法的记账符号、账户结构、记账规则和试算平衡，为以后各章的学习打下坚实的基础。

第一节　会 计 科 目

企业在开展生产经营活动的过程中会发生各种各样的经济业务。这些经济业务的发生，必然会引起会计要素在金额上的变动。例如，从银行提取现金，库存现金增加、银行存款减少，使资产要素的具体组成发生了变化；用银行存款归还前欠货款，则银行存款与应付账款同时减少，又使得资产和负债两要素同时发生变化。借助于会计恒等式，可以反映企业经济活动对会计要素的影响，一方面，会计恒等式所涉及的会计要素较少，不能全面反映各种不同类型经济活动的影响；另一方面，对一个中等或大规模的企业来说，每个会计期间所发生的经济活动数量多、种类繁杂，仅仅借助会计等式来反映很不方便。因此，为了分门别类地反映和监督会计要素的增减变动情况，就必须对会计对象进行科学分类。

会计科目

一、会计科目的概念及意义

会计科目是对会计对象的具体内容进行分类核算的项目，也就是按照经济内容对各个会计要素所作的进一步分类。

为了全面、系统地反映和监督各项会计要素的增减变动情况，分门别类地为经济管理提供会计核算资料，就需要设置会计科目。例如，为了反映和监督各项资产的增减变动，设置了“库存现金”“原材料”“固定资产”等科目；为了反映和监督负债和所有者权益的增减变动，设置了“短期借款”“应付账款”“长期借款”和“实收资本”“资本公积”“盈余公积”等科目；为了反映和监督收入、费用和利润的增减变动，设置了“主营业务收入”“主营业务成本”“本年利润”和“利润分配”等科目。

会计科目是财政部统一制定的，它是设置账户、处理账务所必须遵守的依据，是正确组织会计核算的一个重要条件。

通过设置会计科目，可以对纷繁复杂、性质不同的经济业务进行科学分类；可以将复杂的经济活动变为有规律的、容易识别的经济信息，并为其转换为会计信息准备条件；通过设置会计科目为编制会计凭证、设置账户和登记账簿提供了依据，为编制财务会计报告奠定了基础；通过设置会计科目还可以为企业的管理者、投资者、债权人等各有关会计信息使用人提供全面、系统的会计信息。

二、设置会计科目的原则

会计科目设置的合理与否直接关系着会计信息的科学性、系统性、完整性，从而决定会计工作的质量，进一步决定管理工作的科学性。因此，设置会计科目一般应遵循以下原则：

(1) 设置会计科目必须结合会计对象的特点，全面反映会计对象的内容。会计科目作为对会计对象具体内容进行分类核算的项目，其设置应能够全面、系统地反映会计对象的内容。同时，会计科目的设置必须反映会计对象的特点。除各行各业的共性会计科目外，还应根据行业会计对象的特点设置相应的会计科目。例如，制造业企业的主要经营活动是制造产品，因而必须设置反映生产耗费、成本计算的会计科目“制造费用”和“生产成本”；金融企业要设置反映其经营活动特点的会计科目，如“存放中央银行款项”“利息收入”“保费收入”等。

(2) 设置会计科目既要满足对外报告的要求，又要符合内部经营管理的需要。会计的目标就是向有关方面提供有用的会计信息，即会计核算资料应能满足各方面的需要。例如，满足政府部门加强宏观调控、制定方针政策的需要；满足投资人、债权人及有关方面对企业经营和财务状况作出准确判断的需要；满足企业内部加强经营管理的需要。因此，在设置会计科目时要兼顾对外报告信息和企业内部经营管理的需要，并根据需要提供详细程度不同的数据和信息。

(3) 设置会计科目既要适应经济业务发展的需要，又要保持相对稳定。会计科目不能一成不变，必要时要做相应的变动，使其适应社会经济环境的变化和企业业务发展的需要。例如，随着商业信用的发展，为了反映和监督商品交易中的延期交货或延期付款而形成的债权债务关系，核算中应单独设置“预收账款”和“预付账款”科目，即把预收、预付货款的核算从“应收账款”和“应付账款”科目分离出来。但是，为了便于在不同时期比较、分析和汇总会计核算指标，会计科目的设置应保持相对稳定和规范化，不能经常变动会计科目，使核算指标保持可比性。

(4) 设置会计科目要做到统一性与灵活性相结合。所谓统一性，是指在设置会计科目时，应根据提供会计信息的要求，按照《企业会计准则——基本准则》等的规定，对一些主要会计科目的设置及其核算内容进行统一规定，以保证会计核算指标在一个部门，乃至全国范围内综合汇总，分析利用。所谓灵活性，是指在保证提供统一核算指标前提下，可以根据企业的具体情况和经济管理要求，对统一规定的会计科目作必要的增补或简并。例如，统一规定的会计科目，未设“废品损失”和“停工损失”科目，企业如果需要单独核算“废品损失”和“停工损失”，可以增设“废品损失”和“停工损失”科目。

(5) 会计科目要简明扼要，并要分类、编号。每一个会计科目都应有其特定的核算内容，在设置会计科目时，对每一个科目的特定核算内容必须有严格、明确的界定。会计科目的名称应与其核算的内容相一致，并要含义明确，通俗易懂。科目的数量和详细程度应根据企业规模的大小、业务的繁简和管理的需要而定。同时，为了便于会计科目的分类排列，便于记账、查账和推广使用电子计算机进行会计核算和管理，每个会计科目还应有固定的编码，所有会计科目的编排应程序化。

三、会计科目的分类

会计科目的设置并非是孤立的，就某一个会计主体来说，会计科目是相互联系、相互补充的一个完整的指标体系。按照不同的标准对会计科目进行分类，可以从不同的角度认识会计科目体系，在会计工作中更好地掌握和运用会计科目。

（一）按反映的经济内容分类

会计科目的经济内容是指该科目所反映的具体经济业务。这种分类是最基本的分类，是其他分类的基础。通过这种分类，可以正确地理解会计主体应设置哪些会计科目，建立满足会计主体需要的会计科目体系。

按照会计科目反映的经济内容不同，将其分为六大类。其中，反映企业财务状况的科目是资产类会计科目、负债类会计科目和所有者权益类会计科目；反映企业经营成果的科目是损益类会计科目；计算产品成本和劳务成本的科目是成本类会计科目；既有资产性质又有负债性质的科目是共同类会计科目。表 3-1 列出了财政部《企业会计准则——应用指南》中设置的常用会计科目。

表 3-1　　**会计科目表**

顺序号	科目代码	科目名称	顺序号	科目代码	科目名称
一、资产类			18	1601	固定资产
1	1001	库存现金	19	1602	累计折旧
2	1002	银行存款	20	1604	在建工程
3	1101	交易性金融资产	21	1701	无形资产
4	1121	应收票据	22	1702	累计摊销
5	1122	应收账款	23	1801	长期待摊费用
6	1123	预付账款	24	1901	待处理财产损溢
7	1131	应收股利	二、负债类		
8	1132	应收利息	25	2001	短期借款
9	1221	其他应收款	26	2101	交易性金融负债
10	1231	坏账准备	27	2201	应付票据
11	1401	材料采购	28	2202	应付账款
12	1402	在途物资	29	2203	预收账款
13	1403	原材料	30	2211	应付职工薪酬
14	1404	材料成本差异	31	2221	应交税费
15	1405	库存商品	32	2231	应付利息
16	1471	存货跌价准备	33	2232	应付股利
17	1511	长期股权投资	34	2241	其他应付款

（续表）

顺序号	科目代码	科目名称	顺序号	科目代码	科目名称
35	2501	长期借款	六、损益类		
36	2502	应付债券	47	6001	主营业务收入
37	2701	长期应付款	48	6051	其他业务收入
38	2801	预计负债	49	6111	投资收益
三、共同类(略)			50	6301	营业外收入
四、所有者权益类			51	6401	主营业务成本
39	4001	实收资本	52	6402	其他业务成本
40	4002	资本公积	53	6403	税金及附加
41	4101	盈余公积	54	6601	销售费用
42	4103	本年利润	55	6602	管理费用
43	4104	利润分配	56	6603	财务费用
五、成本类			57	6702	信用减值损失
44	5001	生产成本	58	6701	资产减值损失
45	5101	制造费用	59	6711	营业外支出
46	5201	劳务成本	60	6801	所得税费用
			61	6901	以前年度损益调整

（二）按会计科目提供会计信息的详细程度分类

为了适应企业经营管理的需要，会计核算要求会计科目按照提供信息的详细程度分为总分类科目和明细分类科目。

1. 总分类科目

总分类科目又称总账科目、一级科目，是对会计对象具体内容总括分类的科目，它提供的是总括的会计信息。例如，“原材料”科目就是总分类科目，它核算企业库存各种材料的实际成本或者计划成本。在我国，为了保证会计核算指标口径规范一致，并且具有可比性，总分类科目现在由财政部发布，规定了企业适用的总分类科目。每一个企业都要根据本企业的规模和业务特点，设置若干个总分类科目。

2. 明细分类科目

明细分类科目是对总分类科目按其内容所作的进一步分类，它是反映核算指标的详细具体情况的科目。例如，“应收账款”是一个总括反映企业债权的总分类科目，为了反映每笔债权的偿还情况，还必须按照债务人的名称设置明细分类科目。明细分类科目可以分为若干级次，最末一级的科目必须设置，中间级别可以根据自身经济业务的特点和经营管理的需要来设置。例如，在“应收账款”一级科目下，按债务人设置明细科目为：“应收账款——A公司”“应收账款——B公司”等；再如，在“原材料”一级科目下，按照材料种类设置了三个二级明细，在二级明细科目“原材料——原材料及主要材料”下设置了三个三级科目，以此类推。图3-1是以“原材料”科目为例列示的总分类科目与其各级明细分类科目。

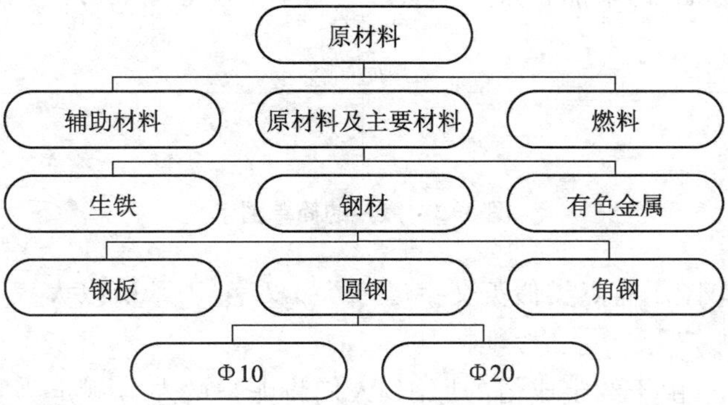

图 3-1　“原材料”各级科目图

第二节　会 计 账 户

企业会发生各种经济业务，从而使会计要素发生增减变动，而会计科目只是对会计对象的具体内容进行分类的项目，不能对会计要素的变动进行核算。为了正确地核算和监督日常经济活动中各会计要素的变化情况，必须根据会计科目开设相应的账户，以便对经济业务进行全面、连续、系统地记录。

会计账户

一、会计账户的概念及意义

会计账户（以下简称账户）是根据会计科目开设的，是分类、连续记录各项经济业务，反映各个会计要素增减变动情况及其结果的一种手段。账户以会计科目作为名称，并具有一定的格式。

通过账户的设置，可以将会计信息系统所接纳的原始数据转化为初级的会计信息。企业的客观经济活动是详尽而且具体的，它可以形成定量化与定性化的数据，在未经确认并按账户进行分类和正式记录之前，这些数据仅仅是数据而已，把数据区分为会计信息与非会计信息的第一道屏障就是账户。数据一旦进入了账户，就转化为以账户为标志的会计信息，与原来的数据产生了本质的区别。

账户设置的另一个重要意义在于可以压缩信息数量、确保质量。人们从经济活动中捕捉到的数据往往是零散、单个、缺乏有机联系的。单个数据必然会割裂价值运动的内在联系。况且，会计信息使用者要求会计提供的是联系、系统、全面的信息，而决不是零碎、重复的数据。为此，需要对这些数据分类，形成既有联系又有区别的信息群，保证会计信息系统的有序性与层次性。

二、会计账户的结构

规定账户结构的目的是为了全面、系统地反映企业发生的经济业务对会计要素在数量上产生的影响。

对于企业发生的各种经济业务，不论其内容多么的不同，但从其数量方面进行观察可以发现，它们对会计要素的影响为两种情况：“增加”与“减少”。因此账户除了其名称之外，都包括两个最基本的方面，即增加和减少。账户的简单图示如图 3-2 所示。

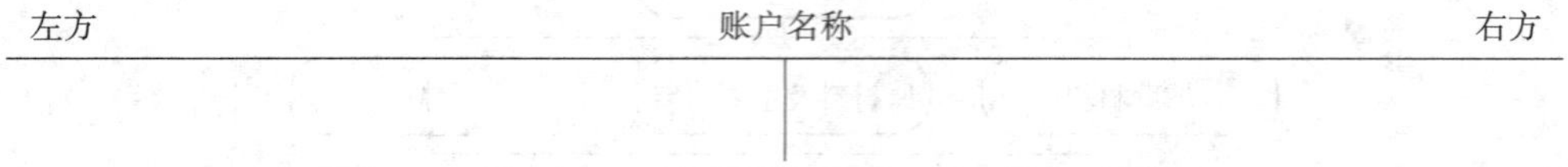

图 3-2　账户的简单图示

由于账户的简单图示有点类似英文字母“T”和汉字“丁”，所以大家习惯上称之为“T 字形账户”或“丁字形账户”。

在借贷记账法下，由于约定成俗的原因，人们将账户的左方规定为“借方”，相应地将账户的右边规定为“贷方”，如图 3-3 所示。借贷记账法的内容，将在第三节进行详细介绍。

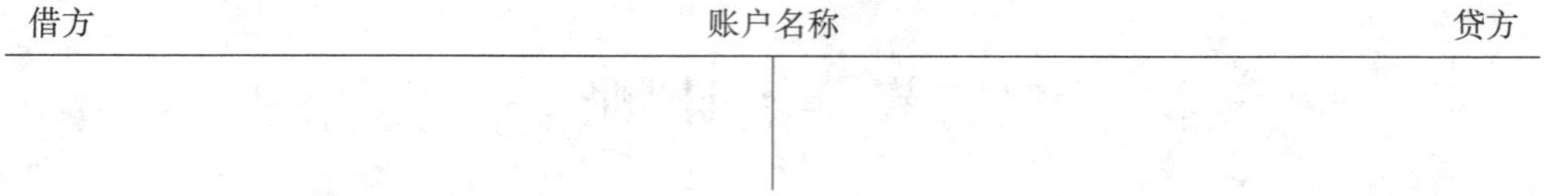

图 3-3　账户结构

每一个账户，左方都是借方，右方都是贷方，分别用来登记增加数或减少数。具体到每一个账户，到底哪一方登记增加数，哪一方登记减少数，取决于经济业务的内容和所涉及的账户的性质。

现以在“左方登记增加数，右方登记减少数”的账户为例，说明账户的基本结构和内容，如图 3-4 所示。

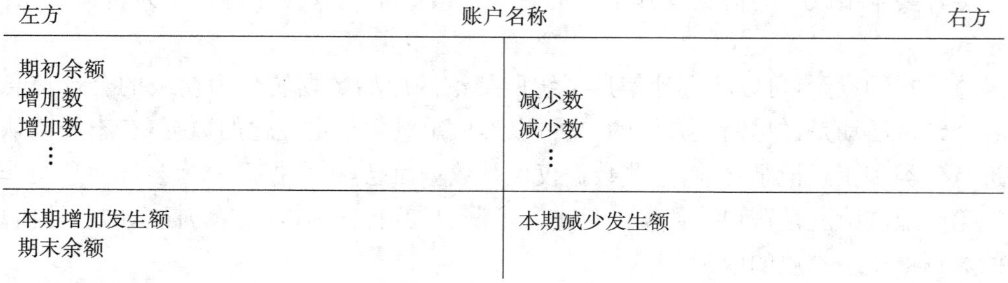

图 3-4　账户的基本结构和内容

本期增加发生额是指在一定时期内账户所登记的增加数的合计数；本期减少发生额是指在一定时期内账户所登记的减少数的合计数；余额是指在一个特定的期间后，将每一个账户的本期增加发生额与减少发生额进行比较以后得到的结果。当然，对于存在余额的账户而言，本期的期末余额即为下期的期初余额，而一旦一个账户存在期初余额，那么计算期末余额时就必须也将期初余额考虑在内。因此，余额意味着在考虑期初余额的基础上，比较本期增加发生额与减少发生额之后的结果。大多数情况下期初余额与期末余额的方向一致，两者在正常情况下应该位于账户中登记本期增加发生额的一方。

本期增加发生额和减少发生额属于动态指标，它反映了有关会计要素的增减变动情况。期初余额与期末余额是静态指标，说明会计要素在某一时点增减变化后的结果。上述四项指标的关系可以用下列等式表示：

期末余额＝期初余额＋本期增加发生额－本期减少发生额

上述账户结构也可以根据实际需要而作相应变化。实际工作中，应用较普遍的账户结构是借贷余三栏式，其结构如表3-2所示。

表3-2　账户名称（会计科目）

年		凭证号数	摘要	借方金额	贷方金额	借或贷	余额
月	日						

在实务工作中，账户一般应包括下列内容：

(1) 账户的名称，即会计科目，规定账户所要记录的经济业务的内容。

(2) 日期，记录经济业务的日期。

(3) 凭证号数，表明账户记录所依据的会计凭证。

(4) 摘要，简要说明经济业务的内容。

(5) 金额，包括增加金额、减少金额和余额。

三、会计账户与会计科目的关系

会计账户与会计科目是两个既有区别、又相互联系的概念。它们都用来分门别类地反映会计对象的具体内容，二者所反映的经济内容是一致的。会计科目是设置账户的依据，是账户的名称；账户是会计科目的具体运用，会计科目所反映的经济内容，就是账户所反映的经济内容，但会计科目只是账户的名称，它只能表明某项经济内容，而账户除了有名称之外，还有一定的格式，可以对会计对象进行连续、系统的记录，以反映某项经济内容的增减变化及其结果。

由于账户按照会计科目命名，两者完全一致，所以在实务工作中，会计科目与会计账户常被作为同义词来理解，相互通用，不加区别。

四、会计账户的分类

（一）会计账户按经济内容分类

账户的经济内容是指账户所反映的会计对象的具体内容。经济内容是账户分类的基础标准和方式，原因在于：第一，通过账户的经济内容，可以了解一个账户核算监督什么，是了解认识一个账户的基础；第二，账户的经济内容规定着账户的本质，只有了解一个账户的经济内容，才能进而把握账户的本质；第三，账户按其他标准建立的体系，都直接或间接地依存于账户的经济内容。

如前所述，企业会计对象的具体内容，可以分为六大会计要素，即资产、负债、所有者权益、收入、费用和利润。与此相适应，账户按经济内容分类，也可以分为资产类账户、负债类账户、所有者权益类账户、收入类账户、费用类账户和利润类账户。由于企业在一定期间实现的利润最终要归属于所有者权益，所以账户按经济内容分类时，可将利润并入所有者权益。又由于许多企业(特别是制造业企业)在计算一定期间的盈亏之前,要进行成本核算,所以有必要专门设置成本类账户。另外,企业在一定期间取得的收入,以及需要从该期收入中直接扣除的费用损失,都直接体现在损益计算中,因此可以将核算损益的收入类和费用类账户归为一类——损益类。这样,账户按经济内容就可以分为资产类账户、负债类账户、所有者权益类账户、成本类账户和损益类账户五大类。将账户按经济内容进行分类,可以明确每个账户核算的具体内容,便于从账户中取得所需的核算资料,有利于正确运用账户,如实反映资金运动的增减变化及其结果。

1. 资产类账户

资产类账户是用来核算和监督企业资产的增减变动及结余情况的账户。按照资产的流动性和经营管理核算的需要,资产类账户又可分为反映流动资产的账户和反映非流动资产的账户。反映流动资产的账户,如"库存现金""银行存款""应收账款""应收票据""预付账款""其他应收款""原材料""库存商品"等账户;反映非流动资产的账户,如"长期股权投资""固定资产""累计折旧""无形资产""在建工程"等账户。

2. 负债类账户

负债类账户是用来核算和监督企业负债的增减变动和结余情况的账户。按照债务偿还期限的长短不同,又可以分为反映流动负债的账户和反映非流动负债的账户。反映流动负债的账户,如"短期借款""应付账款""应付票据""预收账款""其他应付款""应付职工薪酬""应交税费""应付股利"等账户;反映非流动负债的账户,如 "长期借款""应付债券""长期应付款"等账户。

3. 所有者权益类账户

所有者权益类账户是核算和监督企业所有者权益的增减变化及余额情况的账户。按照所有者权益来源的不同,又可分为反映投入资本的账户和反映留存收益的账户。反映投入资本的账户,如"实收资本""资本公积"等账户;反映留存收益的账户,如"盈余公积""本年利润""利润分配"等账户。

4. 成本类账户

成本类账户是用来核算和监督企业生产经营过程中发生的各项耗费并计算产品或劳务成本的账户,如"生产成本""制造费用""劳务成本"等账户。

成本类账户与资产类账户有着密切的联系。资产一经耗用就转化为费用和成本,成本类账户的期末借方余额属于企业的资产,如"生产成本"账户的借方余额为在产品的成本,这些都属于企业的流动资产。从这种意义上说,成本类账户也是资产类账户。

5. 损益类账户

损益类账户是指与经营成果的计算确定直接相关的账户,主要包括用来反映企业收入和费用的账户。损益类账户又可分为反映营业损益和反映非营业损益的账户。反映营业损益的账户,如"主营业务收入""主营业务成本""其他业务收入""其他业务成本""税金及附加""销售费用""管理费用""财务费用"等账户;反映非营业损益的账户,如"营业外收入""营业外支出"等账户。

上述账户的分类是按照各账户核算的经济内容划分的。应该注意的是,有些账户归属的类别并不是唯一的。例如,企业为了管理上的需要设置某些双重性质的账户,如在不设"预付账款"账户的情况下,运用"应付账款"账户反映预付购货款和应付购货款的经济业务,当账户出现贷方余额时，表示应付账款大于预付账款，账户为负债类性质；当账户出现借方余额时，表示预付账款大于应付账款，账户为资产类性质。同样，企业可以设置双重性质的“应收账款”账户反映预收账款和应收账款的情况。因此，要根据账户具体反映的经济内容和余额方向确定其所属类别。

（二）会计账户按提供指标的详细程度分类

账户按照提供指标的详细程度分为总分类账户和明细分类账户，目的便于准确地运用各级账户，提供全方位的核算指标，满足企业经营管理的需要。

1. 总分类账户

总分类账户是根据一级科目设置的账户，是以货币为计量单位，总括反映各会计要素具体项目增减变动及其结果的账户。各组织单位都要根据其特点和统一规定的会计科目，设置所需要的总分类账户。

1）明细分类账户

明细分类账户是根据明细分类科目设置的账户，是以货币或实物量为计量单位，详细反映会计要素具体项目增减变动及其结果的账户。各组织单位根据业务特点，在一级账户下设置所需要的明细分类账户。

盘存账户是用来核算和监督各项财产物资和货币资金的增减变化及其结存情况的账户。属于这类账户的有：“库存现金”“银行存款”“固定资产”“原材料”“库存商品”等账户。

这类账户的结构为：借方登记各项财产物资和货币资金的增加数；贷方登记各项财产物资和货币资金的减少数；期末借方余额表示期末各项财产物资和货币资金的实际结存数。盘存账户的结构如图 3-5 所示。

借方　　　　盘存账户　　　　贷方

期初余额：财产物资或货币资金的期初实有数 发生数：财产物资或货币资金的增加数	发生数：财产物资或货币资金的减少数
发生额合计：本期借方发生数的合计数 期末余额：财产物资或货币资金的期末实有数	发生额合计：本期贷方发生数的合计数

图 3-5　盘存账户结构

盘存账户的特点有：

（1）盘存账户反映的财产物资和货币资金，都是可以通过财产清查的方法（实地盘存或对账）确定其实有数，核对其实际结存数和账面结存数是否相符，检查实存的财产物资和货币资金在管理上和使用上是否存在问题。

（2）除“库存现金”和“银行存款”账户外，如“固定资产”“原材料”“库存商品”等其他盘存账户，通过设置明细账，可以提供实物数量和金额两种指标。

2）结算账户

结算账户是用来核算和监督企业同其他单位或个人之间债权债务结算情况的账户。由于结算业务的性质不同，决定了不同结算账户具有不同的用途和结构。因此，结算账户按其用途和结构的不同，又可以分为债权结算账户、债务结算账户和债权债务结算账户三类。

（1）债权结算账户。债权结算账户亦称资产结算账户，是用来核算和监督企业同其他单位或个人之间债权结算情况的账户。属于这类账户的有："应收账款""预付账款""其他应收款"等账户。这类账户的结构特点包括借方登记各项债权的增加数；贷方登记各项债权的减少数；期末借方余额表示期末尚未收回债权的实有数。债权结算账户的结构如图 3-6 所示。

借方	债权结算账户　　　　　　　　贷方
期初余额：期初尚未结算的应收款项或预付款项的实有数 发生数：本期应收款项或预付款项的增加数	发生数：本期应收款项或预付款项的减少数
发生额合计：本期借方发生数的合计数 期末余额：期末尚未结算的应收款项或预付款项的实有数	发生额合计：本期贷方发生数的合计数

图 3-6　债权结算账户结构

（2）债务结算账户。债务结算账户亦称负债结算账户，是用来核算和监督企业同其他单位或个人之间债务结算情况的账户。属于这类账户的有："应付账款""预收账款""短期借款""长期借款""应付工资""应付职工薪酬""应交税费""应付股利""其他应付款"等账户。这类账户的结构特点包括借方登记各项债务的减少数；贷方登记各项债务的增加数；期末贷方余额表示期末尚未偿还的债务的实有数。债务结算账户的结构如图 3-7 所示。

借方	债务结算账户　　　　　　　　贷方
发生数：本期借入款项、应付款项或预收款项的减少数	期初余额：期初结欠的借入款项、应付款项或尚未结算的预收款项的实有数 发生数：本期应付款项或预收款项的增加数
发生额合计：本期借方发生数的合计数	发生额合计：本期贷方发生数的合计数 期末余额：期末结欠的借入款项、应付款项或尚未结算的预收款项的实有数

图 3-7　债务结算账户结构

（3）债权债务结算账户。债权债务结算账户，即资产负债结算账户或往来结算账户。顾名思义，这类账户既反映债权结算业务，又反映债务结算业务，是双重性质的账户。这类账户的使用基于以下情况：在实际工作中，某些与企业经常发生业务往来的单位，有时是企业的债权人，有时是企业的债务人，如企业向同一个单位销售产品，如果是先发货后收款，发生的应收而尚未收到的款项就构成了企业的债权；如果合同规定购买方先预付货款，企业预收的款项就构成了企业的债务。为集中反映企业向同一个单位发生的债权债务的往来结算，有必要设置和运用这类债权债务的结算账户，用同一个债权结算账户或同一个债务结算账户，反映应收和预收或应付和预付该单位款项的增减变动及其结余情况。这类账户的结构特点是：借方登记各项债权的增加数和债务的减少数；贷方登记各项债务的增加数和债权的减少数；期末借方余额表示期末尚未收回的债权的净额，即尚未收回的债权大于尚未偿付的债务的差额；期末贷方余额表示期末尚未偿付的债务的净额，即尚未偿付的债务大于尚未收回的债权的差额。该账户所属明细账的借方余额之和与贷方余额之和的差额，应当与总账的余额相等。债权债务结算账户的结构如图 3-8 所示。

借方	债权债务结算账户　　　　贷方
期初余额：期初债权大于债务的差额 发生数：(1) 本期债权的增加数 (2) 本期债务的减少数	期初余额：期初债务大于债权的差额 发生数：(1) 本期债务的增加数 (2) 本期债权的减少数
发生额合计：本期借方发生数的合计数 期末余额：期末债权大于债务的差额	发生额合计：本期贷方发生数的合计数 期末余额：期末债务大于债权的差额

图 3-8　债权债务结算账户结构

需要指明的是，债权债务结算总账账户的借方余额或贷方余额只是表示债权、债务增减变动后的差额，并不一定表示企业债权债务的实际余额。这是因为企业与一些企业在某一时点存在债权，同时可能与另外一些企业存在债务。例如，企业本月与甲、乙单位发生的债权债务登账结果如图 3-9 所示。

借方	应收账款总账		贷方
(1) 应从甲单位收取款项	1 000	(2) 预收乙单位款项	500
期末余额：期末应收账款大于预收账款	500		

借方	甲单位应收账款明细账		贷方
(1) 应收甲单位款项	1 000		
期末余额：	1 000		

借方	乙单位应收账款明细账		贷方
		(2) 预收乙单位款项	500
		期末余额：	500

图 3-9　企业发生的债权债务登账结果

根据总账资料显示，企业应收净债权为 500 元，并不表示企业债权总额为 500 元。只能根据以上明细账资料来确定应从甲单位收取的款项为 1 000 元，而对乙单位的负债为 500 元。

3) 跨期摊提账户

跨期摊提账户是用来核算和监督企业发生的应由若干个会计期间共同负担的费用，并将这些费用在各个会计期间进行分摊，以正确计算产品成本和各期损益的账户。属于这类账户的有“应付利息”“长期待摊费用”等。该类账户的特点是：借方登记实际支付的需要跨期摊提的费用；贷方登记各期摊销的金额；期末借方余额表示已支付尚未摊销的费用数；期末贷方余额表示已经计提但尚未支付的费用。跨期摊提账户如图 3-10 所示。

借方	跨期摊提账户 贷方
期初余额：期初已支付尚未摊销的费用 发生数：本期费用的支出数	期初余额：期初已计提尚未支付的费用 发生数：本期费用的摊销数
期末余额：期末已支付尚未摊销的费用	期末余额：期末已计提尚未支付的费用

图 3-10　跨期摊提账户结构

4）资本账户

资本账户亦称所有者投资账户，是用来核算和监督企业所有者投资增减变动及其结存情况的账户。属于这类账户的有："实收资本""资本公积""盈余公积""利润分配"等账户。盈余公积和未分配利润属于企业的留存受益，但最终所有权属于企业的所有者，本质上是所有者对企业的投资，因而将"盈余公积"账户和"利润分配"账户归入所有者投资账户。这类账户的特点包括贷方登记所有者投资的增加数额；借方登记所有者投资的减少数额；期末贷方余额表示期末所有者投资的实有数额。资本账户的结构如图 3-11 所示。

借方	资本账户 贷方
发生数：本期所有者投资的减少数额	期初余额：期初所有者投资的实有数额 发生数：本期所有者投资的增加数额
发生额合计：本期借方发生数的合计数	发生额合计：本期贷方发生数的合计数 期末余额：期末所有者投资的实有数额

图 3-11　资本账户结构

2. 调整账户

调整账户是用来调整被调整账户的余额，以求得被调整账户的实际余额而设置的账户。

在会计核算中，由于管理上的需要或其他方面的原因，对于一些会计要素要求用两种金额从不同的方面进行反映。在这种情况下，就需要设置两种账户，一个用来反映其原始金额，另一个用来反映对原始金额的调整金额，将原始金额和调整金额相加或相减，即可求得调整后的实际金额。

调整账户按其调整方式的不同，可以分为备抵账户、附加账户和备抵附加账户三类。

1）备抵账户

备抵账户是用来抵减被调整账户余额，以求得被调整账户实际余额的账户。其调整方式，可以用下列计算公式表示：

被调整账户余额－调整账户余额＝被调整账户的实际余额

因此，被调整账户的余额与备抵账户的余额一定是在相反的方向：如果被调整账户的余额在借方，则备抵账户的余额一定在贷方；反之亦然。例如，"累计折旧"账户就是"固定资产"账户的备抵账户；"累计摊销"则是"无形资产"的备抵账户。

2）附加账户

附加账户是用来增加被调整账户余额，以求得被调整账户实际余额的账户。其调整方式，可以用下列计算公式表示：

被调整账户余额＋调整账户余额＝被调整账户的实际余额

因此，被调整账户的余额与附加账户的余额一定是在同一方向（借方或贷方）。例如，企业溢价发行债券，发行时按债券面值记入“应付债券——面值”账户贷方，溢价部分记入“应付债券——利息调整”账户贷方。此种情况下“利息调整”明细账户是“面值”明细账户的附加账户，两者期末贷方余额之和，表示该债券的实际余额。

3）备抵附加账户

备抵附加账户是指既可以用来抵减，又可以用来附加被调整账户的余额，以求得被调整账户实际余额的账户。这类账户属于双重性质账户，兼有备抵账户和附加账户的功能，但不能同时具备两种功能。在某一时期执行的是哪一种功能，取决于该账户的余额与被调整账户的余额是在同一方向还是相反方向，如果两者余额在同一方向则为附加账户，如果在相反方向则为备抵账户。例如，企业原材料按计划成本核算时，“材料成本差异”账户就是“原材料”账户的备抵附加账户。

（1）“原材料”账户借方余额（计划成本）	1 200 元
加：“材料成本差异”账户借方余额（超支差异）	200 元
材料实际成本	1 400 元

此时，“材料成本差异”执行的是附加功能。

（2）“原材料”账户借方余额（计划成本）	1 200 元
减：“材料成本差异”账户贷方余额（节约差异）	200 元
材料实际成本	1 000 元

此时，“材料成本差异”执行的是备抵功能。

3. 业务账户

业务账户是用来核算和监督企业在供产销过程中业务活动的账户。业务账户可分为集合分配账户、成本计算账户、损益计算账户和财务成果计算账户等四类。

1）集合分配账户

集合分配账户是用来归集和分配企业生产经营过程中某个阶段所发生的各种费用，核算和监督有关费用计划执行情况以及费用分配情况的账户。属于这类账户的有：“制造费用”等账户。这类账户的特点是：借方登记各种费用的发生数额；贷方登记按照一定标准分配计入各个成本计算对象的费用分配数额；归集在这一类账户借方的费用一般在当期都全部分配出去，所以这类账户期末通常没有余额。集合分配账户具有明显的过渡性质。集合分配账户的结构如图 3-12 所示。

借方　　　　集合分配账户	贷方
发生数：本期各种费用的发生额	发生数：本期各种费用的分配额
发生额合计：本期借方发生数的合计数	发生额合计：本期贷方发生数的合计数

图 3-12　集合分配账户结构

2）成本计算账户

成本计算账户是用来核算和监督企业生产经营过程中某个阶段所发生的、应计入成本的各种费用，并确定各个成本计算对象实际成本的账户。属于这类账户的有：“生产成本”

“材料采购”“在建工程”等账户。这类账户的特点是:借方登记应计入成本的全部费用,包括直接计入各个成本计算对象的全部费用和按照一定标准分配计入各个成本计算对象的费用;贷方登记转出的已完成某一生产经营过程的成本计算对象的实际成本;期末借方余额表示期末尚未完成某一生产经营过程的成本计算对象的实际成本。成本计算账户的结构如图3-13所示。

借方　　　　成本计算账户	贷方
期初余额:期初尚未完成某一生产经营过程的成本计算对象的实际成本 发生数:本期生产经营过程中某个阶段所发生的、应计入成本的各种费用	发生数:本期结转已完成某一生产经营过程的成本计算对象的实际成本
发生额合计:本期借方发生数的合计数 期末余额:期末尚未完成某一生产经营过程的成本计算对象的实际成本	发生额合计:本期贷方发生数的合计数

图3-13　成本计算账户结构

3）损益计算账户

损益计算账户是用来核算和监督影响企业一定会计期间内财务成果的各项收入和费用的账户。它可以分为收入账户和费用账户两类。

(1) 收入账户。收入账户是用来核算和监督企业在一定会计期间内所取得的各种收入的账户。属于这类账户的有:“主营业务收入”“其他业务收入”“投资收益”“营业外收入”等账户。这类账户的特点是:贷方登记本期收入的增加额;借方登记本期收入减少额和期末转入“本年利润”的收入金额;结转后该类账户期末无余额。收入账户的结构如图3-14所示。

借方　　　　收入账户	贷方
发生数:(1) 本期收入减少额 (2) 期末转入“本年利润”的收入金额	发生数:本期收入的增加额
发生额合计:本期借方发生数的合计数	发生额合计:本期贷方发生数的合计数

图3-14　收入账户结构

(2) 费用账户。费用账户是用来核算和监督企业在一定会计期间内所发生的应计入当期损益的各种费用的账户。属于这类账户的有:“主营业务成本”“税金及附加”“其他业务成本”“销售费用”“管理费用”“财务费用”“资产减值损失”“营业外支出”“所得税费用”等账户。这类账户的特点是:借方登记本期费用支出的增加额;贷方登记本期费用支出的减少额和期末转入“本年利润”的费用支出金额;结转后该类账户期末无余额。费用账户的结构如图3-15所示。

借方　　　　费用账户	贷方
发生数:本期费用支出的增加额	发生数:(1) 本期费用支出的减少额 (2) 期末转入“本年利润”的费用支出金额
发生额合计:本期借方发生数的合计数	发生额合计:本期贷方发生数的合计数

图3-15　费用账户的结构

4）财务成果计算账户

财务成果计算账户是用来核算和监督企业在一定会计期间内全部生产经营活动最终成果的账户。属于这类账户的有："本年利润"账户。这类账户的结构特点有：贷方登记期末从各收入账户转入的本期发生的收入数额；借方登记期末从各费用账户转入的本期发生的、与本期收入相配比的各项费用数额；期末贷方余额表示收入大于费用的差额，为企业本期实现的利润；期末借方余额表示费用大于收入的差额，为企业本期发生的亏损金额。年末，本年实现的利润或发生的亏损都要结转记入"利润分配"账户，结转后该账户无余额。由此可以看出这类账户的一个特点：在年度中间，账户的余额（无论是实现的利润还是发生的亏损）不转账，要一直保留在该账户，目的是提供截止本期累计实现的利润或发生的亏损，因而年度中间该账户有余额，可能在贷方，也可能在借方。年终结算，要将本年实现的利润或发生的亏损从"本年利润"账户结转记入"利润分配"账户。因此，年末结转后该账户应无余额。财务成果账户的结构如图 3-16 所示。

借方　　　　财务成果账户	贷方
期初余额：截止上期末累计发生的亏损 发生数：应计入本期损益的各项费用的结转	期初余额：截止上期末累计实现的净利润 发生数：应计入本期损益的各项收入的结转
发生额合计：本期借方发生数的合计数 期末余额：截止本期累计发生的亏损	发生额合计：本期贷方发生数的合计数 期末余额：截止本期累计实现的净利润

图 3-16　财务成果账户结构

第三节　复 式 记 账

一、记账方法的概念和种类

在会计工作中，会计核算是会计工作的基础，而记账又是会计核算的主要工作。要记账就必须有一定的方法。所谓记账方法就是按照一定的规则，使用特定的记账符号，利用文字和数字记录经济业务活动的一种专门方法。

会计的记账方法经过了一个由简单到复杂的过程。最初使用的是单式记账法，随着社会经济的发展和人们的实践与总结，对记账方法逐步改进和完善，会计的记账方法由单式记账法演变为复式记账法。

1. 单式记账法

单式记账法是对发生的经济业务一般只在一个账户中进行单方面登记的方法。这种方法的特征是：企业只设置库存现金、银行存款、应收款和应付款等账户；对于发生的经济业务通常只登记库存现金和银行存款的收付、应收应付款的结算，不登记实物的收发；当企业发生了货币资金与应收、应付款对应业务时，才需要在两个或两个以上账户中进行登记，其他业务只在一个账户中登记或不予登记。例如，企业以银行存款 100 000 元购买固定资产，对于此项经济业务，只反映银行存款减少了 100 000 元，不反映固定资产的增加；又如，企业某车间从仓库领用材料用于产品生产，此业务则不在任何账户中进行反映；再如，企业收到某单位所欠货款 20 000 元，则需要反映银行存款增加了 20 000 元，同时还要反映应收账款减少了 20 000 元。

在单式记账法下，对费用的发生或实物性资产的增加、减少，不设置账户进行核算，所以实物性资产的结存额只能从定期的实地盘存得到；经营损益则由前后两期财产结存数比较求得，即期末资产结存大于期初资产结存的数额为利润；反之，则为亏损。

单式记账法是一种简单的、不完整的记账方法，账户体系设置不完整，不能反映实物资产的增减和收入费用的变动；账户之间无对应关系，无法全面、系统地反映经济业务的来龙去脉，不能正确核算成本和盈亏，不便于检查账户记录的正确性。

2. 复式记账法

复式记账法

复式记账法是对发生的每一项经济业务都以相等的金额同时在两个或两个以上相互联系的账户中进行登记的记账方法。其理论依据是会计等式，因为会计等式反映了各会计要素之间的数量关系，当一个会计要素发生变动时，为了保持会计等式的恒等关系，包括该要素在内的一个或多个会计要素必然会发生变动。

复式记账法是在单式记账法的基础上发展而来的，与单式记账法相比，其主要特征是：

(1) 设置了完整的账户体系。在复式记账法中，除了设置库存现金、银行存款、债权债务账户外，还需要设置实物性资产、无形资产、收入、费用和各种权益类账户。

(2) 全面系统地记录了企业资产、负债和所有者权益的增减变动，以及收入的取得和费用的发生，不再仅仅记录货币资金的收付和债权债务的发生结算。

(3) 对每项经济业务，都需要同时在两个或两个以上的账户中进行等额记录，能够清晰反映经济业务的来龙去脉。

(4) 对一定时期发生的全部经济业务根据会计等式的平衡关系能够进行试算平衡，检查账户记录的正确性。

由于复式记账法具备以上内在特征，具有不可替代的明显优势，因而被世界各国公认为是一种科学的记账方法而被广泛采用。

二、借贷记账法

1. 复式记账法的种类

借贷记账法

在我国的会计实务中，出现过借贷记账法、增减记账法和收付记账法三种复式记账法。

借贷记账法是以“借”和“贷”为记账符号记录经济业务的一种复式记账法。它起源于13世纪的意大利，到15世纪逐渐完善起来，是目前世界各国普遍采用的记账法。

增减记账法是以“增”和“减”为记账符号记录经济业务的一种复式记账法。它产生于我国20世纪60年代，曾主要用于商业企业。

收付记账法是以“收”和“付”为记账符号记录经济业务的一种复式记账法。它在我国的行政事业单位曾广泛应用。

借贷记账法是一种比较成熟、完善的记账方法，又被世界各国普遍采用，为了便于单位之间的横向经济联系及加强国际交往，从20世纪90年代我国在企业、行政事业等单位统一采用借贷记账法，不再使用增减记账法和收付记账法。《企业会计准则——基本准则》规定，企业应当采用借贷记账法记账。

2. 借贷记账法的演变

借贷记账法是以“借”“贷”作为记账符号，反映各项会计要素增减变动的一种复式记账法。

借贷记账法的产生距今已有数百年。它萌生于13世纪的意大利，最早出现在意大利的佛罗伦萨银行的账簿中。当时，意大利沿海城市的商品经济特别是海上贸易已有很大发展，在商品交换中，为了适应借贷资本者的管理需要，逐渐形成了该种记账方法。“借”“贷”两字的涵义，最初是从借贷资本家的角度来解释的。借贷资本家以经营货币资金为主要业务，对于收进来的存款，记在贷主(Creditor)的名下，表示自身的债务即欠款的增加；对于付出去的放款，则记在借主(Debtor)的名下，表示自身债权的增加。这样，“借”“贷”两字分别表示借贷资本家的债权和债务及其增减变化。

随着商品经济的发展，经济活动的内容日趋复杂，会计所记录的经济业务也不再仅限于货币资金的借贷，而逐渐扩展到财产物资、经营损益等。为了求得账簿记录的统一，对于非货币资金的借贷业务，也以“借”和“贷”来记录其增减变动。这样，“借”“贷”两字就逐渐失去了原有的含义，演变为一对单纯的记账符号，用以表明记账的方向。1494年，意大利数学家卢卡·帕乔利所著《算术、几何、比及比例概要》一书中用数学原理对“威尼斯簿记法”作了详细介绍并加以概括，这是借贷记账法形成的标志，同时也标志着现代会计的产生。随后借贷记账法在世界各国传播并不断发展完善，目前已成为世界上绝大多数国家采用的记账方法。

三、借贷记账法的特点

1. 以“借”“贷”作为记账符号

记账符号是会计核算中采用的一种抽象标记，表示经济业务的增减变动和记账方向。借方是指账户的左边，贷方是指账户的右边，对于不同性质的账户，借方和贷方分别表示增加或减少。例如，对于资产类账户，借方表示增加，贷方表示减少；而对于权益类账户，则借方表示减少，而贷方表示增加。借贷双方只有与具体性质的账户相结合，才能表示增加或减少。

2. 以“有借必有贷，借贷必相等”作为记账规则

根据复式记账法的原理，每一项经济业务都要以相等的金额同时在两个或两个以上相互联系的账户中进行登记，即对每一项经济业务，根据账户的性质记入一个或几个账户的借方，同时必然记入另一个或几个账户的贷方，并且记入借方账户与贷方账户的金额一定相等，这就形成了“有借必有贷，借贷必相等”的记账规则。

3. 根据记账规则和会计等式试算平衡

试算平衡是运用借贷记账法的记账规则和会计等式的恒等原理检查验证各个账户记录是否正确的一种方法。由于借贷记账法在处理每一项经济业务时，都必须遵循“有借必有贷，借贷必相等”的记账规则，即记账方向相反，金额相等。因此，在一定时期内，所有账户的借方发生额合计数必然等于贷发生额合计数，这就是发生额试算平衡。在某一时点上所有账户的借方余额之和表示资产的合计数，所有账户的贷方余额之和表示权益的合计数，由于会计等式“资产＝权益”，所以所有账户的借方余额合计数一定等于所有账户贷方余额合计数，这就是余额试算平衡。

4. 可以设置和运用双重性质账户

双重性质账户是指既可以用来核算资产、费用，又可以用来核算负债、收入的账户。在

借贷记账法中将账户按照经济内容分为资产类、负债类、所有者权益类、成本类、损益类(含收入类和费用类两类)等账户;也可以根据管理的需要设置双重性质账户,如"应收账款"账户,既可以用来反映企业在赊销方式下产生的无条件应收购买方货款所形成的资产,也可以用来反映在预售方式下产生的预收购买方货款所产生的负债。企业用"应收账款"账户同时反映企业债权(应收账款)和企业负债(预收账款)的增减变动,这时,"应收账款"就是双重性质账户。双重性质账户的性质不固定,根据其在一定会计期间终了时的余额来判断。如果余额在借方则为资产,如果余额在贷方则为负债;如果借方发生额大于贷方发生额则为费用,如果贷方发生额大于借方发生额则为收入。"应收账款""预收账款(或合同负债)""应付账款""预付账款""其他应收款""其他应付款""投资收益"是较为常用的具有双重性质的账户。由于任何一个双重性质账户都是把原来的两个有关账户合并在一起,并具有合并前两个账户的功能,所以设置双重性质账户,有利于简化会计核算手续。

四、借贷记账法的账户结构

账户结构

在借贷记账法下,任何账户都分为借、贷两方,而且把账户的左方统称为"借方",账户的右方统称为"贷方"。记账时,账户的借贷两方必须作相反方向的记录,即对于每一个账户,如果用借方来登记增加额,则用贷方来登记减少额;如果用借方来登记减少额,则用贷方来登记增加额。在一个会计期间内,借方登记的发生数称为借方发生额;贷方登记的发生数称为贷方发生额。下面分别说明借贷记账法下各类账户的结构。

1. 资产类账户的结构

资产类账户的借方登记资产的增加额,贷方登记资产的减少额;由于资产的减少额一般情况下不可能大于它的期初余额与本期增加额之和,所以这类账户期末如有余额,必定在借方。其一般结构如图 3-17 所示。

借方　　　　资产类账户	贷方
期初余额 本期资产的增加额	本期资产的减少额
本期借方发生额合计 期末余额	本期贷方发生额合计

图 3-17　资产类账户结构

资产类账户的期末余额的计算公式如下:

期末借方余额=期初借方余额+本期借方发生额合计-本期贷方发生额合计

2. 权益类账户的结构

负债和所有者权益统称为权益,代表了企业资金的来源,所以权益类账户包括负债类账户和所有者权益类账户。由会计恒等式"资产=负债+所有者权益"决定,此两类会计要素与资产同增减,由借贷记账法的记账规则决定了权益类账户的结构与资产类账户的结构正好相反,账户的借方登记负债及所有者权益的减少额;账户的贷方登记负债及所有者权益的增加额;期末余额的方向与增加额方向一致,在贷方。其账户一般结构如图 3-18 所示。

借方　　　　　权益类账户	贷方
本期负债、所有者权益的减少额	期初余额 本期负债、所有者权益的增加额
本期借方发生额合计	本期贷方发生额合计 期末余额

图 3-18　权益类账户结构

权益类账户期末余额的计算公式如下：

期末贷方余额＝期初贷方余额＋本期贷方发生额合计－本期借方发生额合计

3. 损益类账户的结构

损益类账户包括收入类账户和费用类账户两类账户。

1) 收入类账户

因为收入的增加直接表现为资产的增加或负债的减少，并导致所有者权益增加，所以收入类账户的结构与所有者权益类账户的结构基本相同，账户的借方登记收入的减少(或转销)额；贷方登记增加额；期末一般通过借方把收入的净增加额转出，所以这类账户通常没有期末余额。其账户结构如图 3-19 所示。

借方　　　　　收入类账户	贷方
本期收入的减少(或转销)额	本期收入的增加额

图 3-19　收入类账户结构

2) 费用类账户

因为费用的增加直接表现为资产的减少或负债的增加，最终导致所有者权益减少，所以与权益类账户结构相反，也与收入类账户相反，账户的借方登记费用的增加额；贷方登记费用的减少(或转销)额；期末一般通过贷方把费用的净增加额转出，所以这类账户通常没有期末余额。其账户结构如图 3-20 所示。

借方　　　　　费用类账户	贷方
本期费用的增加额	本期费用的减少(或转销)额

图 3-20　费用类账户结构

4. 成本类账户的结构

成本是企业为生产产品或提供劳务服务等生产经营活动发生的各种耗费，在收入实现之前，可将其视为一种资产。所以其账户结构与资产类账户结构基本相同，账户的借方登记成本的增加额；贷方登记成本的减少(或转销)额；若有余额则余额在借方。其账户结构如图 3-21 所示。

借方	成本类账户 贷方
期初余额 本期成本的增加额	本期成本的减少(或转销)额
本期借方发生额合计 期末余额	本期贷方发生额合计

图 3-21 成本类账户结构

成本类账户的期末余额的计算公式如下：

期末借方余额=期初借方余额+本期借方发生额合计-本期贷方发生额合计

以上是对各类账户结构的说明，为了能够更好地理解各类账户的结构，现对借贷记账法下各类账户的结构进行归纳，如表 3-3 所示。

表 3-3　借贷记法下各类账户结构

账户类别	借方	贷方	余额方向
资产类	增加	减少	余额在借方
权益类	减少	增加	余额在贷方
收入类	减少(或转销)	增加	一般无余额
费用类	增加	减少(或转销)	一般无余额
成本类	增加	减少(或转销)	余额在借方

通过以上内容可知，借贷记账法下各类账户的期末余额的方向都与记录增加额的方向一致，因此可以根据账户余额所在方向，判断账户的性质，即账户余额若在借方，则为资产类或成本类账户；账户余额若在贷方，则为负债或所有者权益类账户，这是借贷记账法的一个特点。也正因如此，决定了在借贷记账法下可以设置双重性质的账户，并且可以根据账户余额方向判断账户的性质。

五、会计分录和账户对应关系

1. 会计分录的意义

运用借贷记账法记录经济业务时，在分析经济业务的性质及内容基础上，首先确定所涉及的账户类别及具体账户；然后确定增减变动的金额；最后根据账户的结构确定记入账户的方向，即哪个或哪些账户记借方，哪个或哪些账户记贷方。由于会计上设置的账户很多，发生的经济业务十分频繁，为了准确反映出账户的对应关系和发生金额，在每一项经济业务发生后，正式记入账户之前，必须编制会计分录。所谓会计分录就是对每一项经济业务指出其应登记的账户、记账方向与金额的一种记录。会计分录包括三个要素即会计账户，记账符号和发生金额。

编制会计分录是会计工作的初始阶段，在实际工作中，这项工作一般是通过编制记账凭证或登记日记账来完成。编制会计分录，就意味着对经济业务进行会计确认，为经济业务数据记入账户提供依据。

2. 会计分录的分类

会计分录按其反映业务内容的复杂程度，分为简单会计分录和复合会计分录。

简单会计分录是指一项经济业务发生后，只在两个账户中记录相互联系的两个经济因素变化情况的会计分录。这种会计分录通常是“一借一贷”，其科目的对应关系十分明了。

复合会计分录是指一项业务发生后，需要在三个或三个以上账户中记录相互联系的多个经济因素变化情况的会计分录。这种分录往往是“一借多贷”“多借一贷”或“多借多贷”。有的复合会计分录可以分解成几个简单会计分录，有的则不能分解。为了集中反映整个经济业务的全貌，简化记账工作，提高工作效率，如果一笔业务涉及三个或三个以上账户，就可以用复合会计分录来反映该笔经济业务。

财政部在《会计基础规范》中规定记账凭证可以根据每一张原始凭证填制，或者根据若干张同类原始凭证汇总填制，也可以根据原始凭证汇总表填制。但不得将不同内容和类别的原始凭证汇总填制在一张记账凭证上，即一张记账凭证只能填写一笔简单或复合会计分录。

3. 会计分录的编制及账户对应关系

编制会计分录的方法可以概括为十六个字：“借方在前，贷方在后，借方偏左，贷方偏右”，即先写借方的会计科目并偏左排列，前面冠以“借”字，借方金额也偏左；然后再在下一行写贷方科目并偏右排列，前面冠以“贷”字，贷方金额也偏右。要求这样编写会计分录的主要目的是为了在会计工作中形成良好习惯，防止记账时发生错误。

【例 3-1】 甲公司签发现金支票从银行提取现金 6 000 元。

这笔业务使得资产类账户“库存现金”增加 6 000 元，应记入其借方。同时，资产类账户“银行存款”减少 6 000 元，应记入其贷方，可编制简单会计分录如下：

借：库存现金	6 000	
贷：银行存款		6 000

【例 3-2】 甲公司归还欠乙公司货款 45 200 元，其中 200 元通过现金支付，45 000 元通过银行转账支付。

这笔业务使得负债类账户“应付账款——乙公司”减少 45 200 元，应记入借方；同时，资产类账户“库存现金”减少 200 元，“银行存款”减少 45 000 元，均应记入贷方，应编制一借二贷的复合会计分录。

借：应付账款——乙公司	45 200	
贷：库存现金		200
银行存款		45 000

【例 3-3】 甲公司收回 A 单位所欠货款 5 000 元，其中收到银行转账支票 4 500 元，收到现金 500 元。

这笔业务使资产类账户“应收账款”减少 5 000 元，应记入贷方；同时，资产类账户“库存现金”增加 500 元，“银行存款”增加 4 500 元，均应记入借方。应编制二借一贷的复合会计分录。

借：库存现金	500	
银行存款	4 500	
贷：应收账款——A 单位		5 000

通过以上内容可知，在运用借贷记账法处理经济业务时，根据“有借必有贷，借贷必相等”的记账规则，有关账户之间就会产生应借、应贷的相互关系，账户之间的这种相互关系叫做账户的对应关系，产生对应关系的账户叫做对应账户。账户的对应关系有以下两点作用：

(1) 通过账户的对应关系，可以了解经济业务的内容。例如，记入“原材料”账户借方 1 000 元和“银行存款”账户贷方 1 000 元。通过这两个账户的对应关系，就可以知道，企业的原材料增加，银行存款减少，即企业发生了一笔以银行存款购买原材料的经济业务。

(2) 通过账户的对应关系，可以发现对经济业务的处理是否符合有关经济法规和财务会计制度的规定。例如，记入“库存现金”账户借方 50 000 元和“应收账款”账户贷方 50 000 元。这两个账户的对应关系表明企业收到外单位以前所欠账款。从对应关系可以看出该笔经济业务的账务处理并无错误，但该项经济业务却违反了国家现金管理制度的规定。因为单位之间收付大额的账款，必须通过银行转账结算，不得直接以现金收付。

六、借贷记账法应用举例

1. 会计分录的编制

下面以甲公司 20××年 1 月份的业务为例来说明借贷记账法的运用。

【例 3-4】 假设甲公司 20××年 1 月 31 日的资产、负债及所有者权益的情况如表 3-4 所示。

表 3-4　　甲公司资产、负债及所有者权益表　　单位：元

资产	金额	负债及所有者权益	金额
库存现金	3 700	短期借款	20 000
银行存款	68 500	应付账款	30 000
应收账款	20 000	应付职工薪酬	25 000
其他应收款	300	应付股利	6 000
库存商品	100 000	实收资本	611 500
固定资产	500 000		
合计	692 500	合计	692 500

2 月份，甲公司发生如下业务：

(1) 公司签发现金支票从银行提取现金 20 000 元，作为日常备用金。

该业务使企业资产类账户“库存现金”增加 20 000 元，同时资产类账户“银行存款”减少 20 000 元，两账户一增一减，增减金额相同。

借：库存现金　　20 000
　　贷：银行存款　　20 000

(2) 通过银行转账发放工资，共计 25 000 元。

企业发放工资，资产类账户“银行存款 ”减少 25 000 元，同时负债类账户“应付职工薪酬”也减少 25 000 元，两者同时减少，减少金额相等。

借：应付职工薪酬　　25 000
　　贷：银行存款　　25 000

(3) 收到某企业转账支票偿还以前所欠货款 10 000 元。

该业务的发生使企业资产类账户“银行存款”增加 10 000 元，同时资产类账户“应收账款”减少 10 000 元。两账户一增一减，增减金额相等。

借：银行存款　　10 000
　　贷：应收账款　　10 000

(4) 某行政管理人员出差，预借差旅费 500 元，以现金支付。

该业务使企业资产类账户“库存现金”减少 500 元，同时资产类账户“其他应收款”增加 500 元，两账户一增一减，增减金额相等。

借：其他应收款　　500
　　贷：库存现金　　500

(5) 以现金支付行政部门办公费用 800 元。

该业务使企业资产类账户“库存现金”减少 800 元，同时费用类账户“管理费用”增加 800 元。两账户一增一减，增减金额相等。

借：管理费用　　800
　　贷：库存现金　　800

(6) 购买机器设备一台，价值 6 000 元，通过银行转账支付。

该业务使企业资产类账户“固定资产”增加 6 000 元，同时资产类账户“银行存款”减少 6 000 元。两账户一增一减，增减金额相等。

借：固定资产　　6 000
　　贷：银行存款　　6 000

(7) 以银行存款归还到期短期借款 10 000 元。

该业务使企业资产账户“银行存款”减少 10 000 元，负债类账户“短期借款”也减少 10 000 元，两账户同时减少，减少金额相等。

借：短期借款　　10 000
　　贷：银行存款　　10 000

(8) 归还前欠某单位的货款 20 000 元，通过银行转账支付。

该业务使企业资产账户“银行存款”减少 20 000 元，负债账户“应付账款”也减少 20 000 元。两账户同时减少，减少金额相等。

借：应付账款　　20 000
　　贷：银行存款　　20 000

(9) 某企业对本企业投入资金 50 000 元，存入银行。

该业务使企业资产类账户“银行存款”增加 50 000 元，同时所有者权益类账户“实收资本”也增加 50 000 元，两账户同时增加，增加金额相等。

借：银行存款　　50 000
　　贷：实收资本　　50 000

2. 账簿登记

在借贷记账法下，为了对经济业务进行分析，编制完会计分录后，要把会计分录的内容抄写记入有关的账户，这一过程称为“记账”或“过账”。账簿登记后，一般要在月末计算各账户本期发生额合计及余额，现将以上业务的会计分录过入各自的账户，如图 3-22 所示。

库存现金

借方		贷方	
期初余额	3 700		
①	20 000	④	500
		⑤	800
本期发生额合计	20 000	本期发生额合计	1 300
期末余额	22 400		

银行存款

借方		贷方	
期初余额	68 500		
③	10 000	①	20 000
⑨	50 000	②	25 000
		⑥	6 000
		⑦	10 000
		⑧	20 000
本期发生额合计	60 000	本期发生额合计	81 000
期末余额	47 500		

应收账款

借方		贷方	
期初余额	20 000		
		③	10 000
本期发生额合计	—	本期发生额合计	10 000
期末余额	10 000		

其他应收款

借方		贷方	
期初余额	300		
④	500		
本期发生额合计	500	本期发生额合计	—
期末余额	800		

库存商品

借方		贷方	
期初余额	100 000		
本期发生额合计	—	本期发生额合计	—
期末余额	100 000		

管理费用

借方		贷方	
期初余额	—		
⑤	800		
本期发生额合计	800	本期发生额合计	—
期末余额	800		

借方	固定资产		贷方
期初余额	500 000		
⑥	6 000		
本期发生额合计	6 000	本期发生额合计	—
期末余额	506 000		

借方	短期借款		贷方
		期初余额	20 000
⑦	10 000		
本期发生额合计	10 000	本期发生额合计	—
		期末余额	10 000

借方	应付账款		贷方
		期初余额	30 000
⑧	20 000		
本期发生额合计	20 000	本期发生额合计	—
		期末余额	10 000

借方	应付职工薪酬		贷方
		期初余额	25 000
②	25 000		
本期发生额合计	25 000	本期发生额合计	—
		期末余额	—

借方	应付股利		贷方
		期初余额	6 000
本期发生额合计	—	本期发生额合计	—
		期末余额	6 000

借方	实收资本		贷方
		期初余额	611 500
		⑨	50 000
本期发生额合计	—	本期发生额合计	50 000
		期末余额	661 500

图 3-22　过账结果

3. 试算平衡

账簿登记完成之后，在结账之前为了检查记账是否正确，需要进行试算平衡。因为在借贷记账法下，如果出现错误可能使借贷双方的金额出现不平衡。如果借贷不平衡，不仅表明账户记录出现错误，还会导致以账户记录为依据而编制的财务报表出现错误。借贷记账法的试算平衡有发生额试算平衡法和余额试算平衡法两种。这两种方法通常是在月末结出各账户本期发生额合计和期末余额后，通过编制试算平衡表来进行的。

1）发生额试算平衡法

发生额试算平衡法是用来检查全部账户的借贷方发生额合计是否相等的方法。其计算公式如下：

全部账户的借方发生额合计＝全部账户的贷方发生额合计

在实际工作中，当反映各项经济业务的会计分录全部登记入账后，可以根据各个总分类账户的本期发生额合计，编制余额试算平衡表。

2）余额试算平衡法

余额试算平衡法是用来检查所有账户借方期末余额合计和贷方期末余额合计是否相等的方法。其计算公式如下：

全部账户借方余额合计＝全部账户贷方余额合计

在实务工作中，会计分录全部登记入账后，可以根据各个总分类账户的本期发生额合计和余额，通过编制“总分类账户发生额及余额试算平衡表”进行试算平衡，如表3-5所示。

表3-5　　甲公司总分类账户发生额及余额试算平衡表　　单位：元

会计科目	期初余额		本期发生额合计		期末余额	
	借方	贷方	借方	贷方	借方	贷方
库存现金	3 700		20 000	1 300	22 400	
银行存款	68 500		60 000	81 000	47 500	
应收账款	20 000		0	10 000	10 000	
其他应收款	300		500	0	800	
库存商品	100 000		0	0	100 000	
管理费用			800	0	800	
固定资产	500 000		6 000	0	506 000	
短期借款		20 000	10 000	0		10 000
应付账款		30 000	20 000	0		10 000
应付职工薪酬		25 000	25 000	0		0
应付股利		6 000	0	0		6 000
实收资本		611 500	0	50 000		661 500
合计	692 500	692 500	142 300	142 300	687 500	687 500

试算结果如果不平衡则证明记账一定有错，应查找原因，及时更正；试算结果平衡说明账户记录基本正确，但不一定绝对正确。因为试算平衡是最简单最基本的一种查错方法，只能查出影响借贷平衡的错误。有许多错误对于借贷双方的平衡并不产生影响，因而不能通过试算平衡来发现。例如，一笔经济业务的会计分录全部漏记或重记；在编制会计分录时，一笔经济业务的借贷双方在金额上发生了同样的错误；在编制会计分录时，一笔经济业务应

借应贷账户互相颠倒，或错用了账户的名称；会计分录双方或一方，在记账时金额发生错误，但借方或贷方发生错误金额偶然一多一少，恰好互相抵消。由于账户记录可能存在上述不能由试算平衡发现的错误，所以还需要对会计记录进行日常和定期的审核，以保证账户记录的正确性。在使用财务软件的情况下一般不会出现试算不平衡的错误。

本章小结

1. 会计科目

会计科目是对会计要素的进一步分类而形成的项目。会计科目按照经济内容可分为资产类、负债类、共同类、所有者权益类、成本类和损益类六大类；按反映会计信息的详细程度可分为总分类科目和明细分类科目。

2. 会计账户

会计账户是根据会计科目开设的，用来分类、连续记录各项经济业务变动情况及结果的手段。账户具有一定的结构。账户中四项金额的关系是：期末余额＝期初余额＋本期增加发生额－本期减少发生额。

3. 账户按经济内容分类

账户按反映的经济内容，分为资产类、负债类、所有者权益类、成本类和损益类五大类。

4. 账户按用途和结构分类

账户按用途和结构，分为基本账户、调整账户和业务账户三大类。其中，基本账户又有盘存账户、结算账户、跨期摊提账户和资本账户四小类；调整账户有备抵、附加、备抵附加三种调整方式；业务账户有集合分配账户、成本计算账户、损益计算账户和财务成果计算账户四小类。

5. 复式记账法

复式记账法是对发生的每一项经济业务都以相等的金额同时在两个或两个以上相互联系的账户中进行登记的记账方法。其理论依据是会计等式：资产＝负债＋所有者权益。

6. 借贷记账法

借贷记账法是一种复式记账法。它以“借”和“贷”作为记账符号，以“有借必有贷，借贷必相等”为记账规则，可以按平衡公式进行试算平衡，并且可以设置和运用双重性质的账户。在借贷记账法下，对资产、成本和费用账户来说，借方登记增加，贷方登记减少；对权益和收入账户则相反。

复习思考题

1. 什么是会计科目？设置会计科目的意义和原则是什么？会计科目在内容和级次方面有哪些要求？
2. 什么是会计账户？会计账户与会计科目是什么关系？
3. 会计账户的基本结构是什么？它们之间有什么样的关系？
4. 账户按经济内容可以分为哪几类？为什么说账户按经济内容分类是账户分类的基础？
5. 什么是账户的用途和结构？账户按用途和结构的基本分类如何？

6. 什么是债务结算账户？为什么在核算中要设置债权债务结算账户？举例说明。
7. 什么是调整账户？举例说明。为什么在核算中要设置调整账户？调整方式有哪几种？
8. 什么是复式记账？
9. 什么是借贷记账法？如何理解“借”“贷”的含义？
10. 借贷记账法的特点是什么？
11. 各类账户的本期发生额合计、期末余额如何计算？
12. 什么是会计分录？为什么要编制会计分录？一般的表达形式是什么？
13. 试算平衡有几种方法？如何进行试算平衡？试算的结果意味着什么？

练 习 题

一、单项选择题

1. 企业的会计科目必须反映(　　)的特点。
   A. 会计对象　B. 会计职能　C. 会计本质　D. 会计定义
2. 设置会计科目要保持(　　)。
   A. 永久性　B. 相对稳定性　C. 适用性　D. 固定性
3. 会计科目是(　　)。
   A. 会计要素的名称　B. 报表的项目
   C. 账簿的名称　D. 会计账户的名称
4. 会计账户的结构一般分为(　　)。
   A. 左右两方　B. 上下两部分
   C. 发生额和余额两部分　D. 前后两部分
5. 复式记账法对每一项经济业务都以相等的金额在(　　)。
   A. 一个账户中进行登记　B. 两个账户中进行登记
   C. 全部账户中进行登记　D. 两个或两个以上账户中进行登记
6. 权益类账户的期末余额一般(　　)。
   A. 在借方　B. 在贷方　C. 在借方或贷方　D. 无余额
7. 存在对应关系的账户称为(　　)。
   A. 对应账户　B. 平行账户　C. 总分账户　D. 联系账户
8. 双重性质的账户期末如有余额，下列说法正确的是(　　)。
   A. 一定在借方　B. 一定在贷方
   C. 与期初余额方向一定一致　D. 可能与期初余额方向相反
9. 借贷记账法的余额试算平衡公式是(　　)。
   A. 每个账户的借方发生额＝每个账户的贷方发生额
   B. 全部账户本期借方发生额合计＝全部账户本期贷方发生额合计
   C. 全部账户期末借方余额合计＝全部账户期末贷方余额合计
   D. 部分账户的期末借方余额合计＝部分账户的期末贷方余额合计
10. 应收账款账户的期初余额为借方 2 000 元，本期借方发生额为 8 000 元，本期贷方发生额为6 000 元，该账户的期末余额为(　　)。

A. 借方 4 000 元　　B. 贷方 8 000 元
C. 借方 2 000 元　　D. 贷方 4 000 元

11. 在借贷记账法下,资产类账户的期末余额等于(　　)。
A. 期初借方余额＋本期借方发生额合计－本期贷方发生额合计
B. 期初贷方余额＋本期贷方发生额合计－本期借方发生额合计
C. 期初贷方余额＋本期借方发生额合计－本期贷方发生额合计
D. 期初借方余额＋本期贷方发生额合计－本期借方发生额合计

二、多项选择题

1. 下列项目中,属于会计科目的有(　　)。
A. 库存商品　　B. 未完工产品
C. 生产成本　　D. 月末在产品成本

2. 设置会计科目应遵循的原则有(　　)。
A. 设置会计科目要结合会计对象的特点
B. 设置会计科目要满足经济管理的要求
C. 设置会计科目的名称应简明扼要、通俗易懂
D. 设置会计科目要保持相对稳定性

3. 会计账户一般应包括(　　)要素。
A. 会计账户名称　　B. 日期和摘要
C. 凭证号数　　D. 金额

4. 会计账户一般可以提供的金额指标有(　　)。
A. 期初余额　　B. 本期减少发生额
C. 本期增加发生额　　D. 期末余额

5. 会计账户中各项金额的关系可以用(　　)表示。
A. 本期期末余额＝期初余额＋本期增加发生额－本期减少发生额
B. 本期期末余额＋本期减少发生额＝期初余额＋本期增加发生额
C. 本期期末余额＝本期增加发生额＋本期减少发生额
D. 本期期末余额＝本期期初余额

6. 账户中哪一方登记减少,哪一方登记增加,取决于(　　)。
A. 所记录的经济业务内容　　B. 所采用的记账手段
C. 所采用的记账方法　　D. 反映会计指标的详细程度

7. 在借贷记账法下,期末结账后,一般有余额的账户有(　　)。
A. 损益类账户　　B. 资产类账户
C. 权益类账户　　D. 成本类账户

8. 借贷记账法下账户的贷方登记(　　)。
A. 资产的减少　　B. 费用的增加
C. 权益的增加　　D. 收入的增加

9. 会计分录必须具备的要素包括(　　)。
A. 会计科目　　B. 记账符号
C. 记账手段　　D. 记账金额

10. 下列记账错误中,不能够通过试算平衡查找的有(　　)。
A. 重记经济业务　　B. 漏记经济业务
C. 借贷方向相反　　D. 借贷金额不等
11. 复式记账法的优点包括(　　)。
A. 可以进行试算平衡,检查账户记录的正确性
B. 了解经济业务的来龙去脉
C. 可以简化账簿登记工作
D. 可以设置和运用双重性质账户
12. 复合会计分录包括(　　)。
A. 一借一贷的分录　　B. 一借多贷的分录
C. 一贷多借的分录　　D. 多借多贷的分录

三、判断题

1. 会计科目是对会计要素分类所形成的项目。(　　)
2. 会计账户上期期末的余额转入本期即为本期的期初余额。(　　)
3. 所有会计账户的左边都记录增加额,右边都记录减少额。(　　)
4. 一般而言,各类会计账户的期末余额与记录增加发生额的一方在同一方向。(　　)
5. "借""贷"不仅作为记账符号,也应考虑其本身的涵义。(　　)
6. 定期汇总的全部账户发生额借贷方合计数平衡说明账户记录完全正确。(　　)
7. 成本类与费用类账户结构完全相同。(　　)
8. "有借必有贷,借贷必相等"是借贷记账法的记账规则。(　　)
9. 企业支付银行存款购买材料的业务,使得其资产总额减少。(　　)
10. 借贷记账法下账户的基本结构是:每个账户的左边均为借方,右边均为贷方。(　　)

四、实务题

1. 某企业20××年3月1日有关资金内容及金额如下:
(1) 出纳人员保管的现金1 000元。
(2) 存放在银行的款项300 000元。
(3) 库存的各种材料800 000元。
(4) 尚未验收入库的原材料19 000元。
(5) 生产用机器设备900 000元。
(6) 投资者投入的资本1 755 000元。
(7) 预付供货方的货款80 000元。
(8) 从银行借入的半年期借款120 000元。
(9) 库存的完工产品50 000元。
(10) 应付供货方的货款350 000元。
(11) 企业留存的盈余公积金75 000元。
(12) 尚未生产完工的产品150 000元。
要求:根据所给资料,利用所给表格说明每一项资金内容应属于资产、负债和所有者权益哪一类会计要素,具体应归属于哪一个会计科目,计算合计数并填入表3-6中。

表 3-6　　某企业资产、负债和所有者权益分析计算表　　单位:元

资料序号	属于会计要素类别及金额			应归属会计科目
	资产	负债	所有者权益	
合计				—

2. 某企业20××年3月31日有关会计账户的期初余额和本期发生额情况如表3-7所示。

表 3-7　　某企业会计账户的期初余额和本期发生额情况表　　单位:元

账户名称	期初余额	本期增加发生额	本期减少发生额	期末余额
银行存款	200 000	②30 000	①10 000　③ 1 000 ⑤20 000　⑥80 000	(　　)
应付账款	40 000	④50 000　⑧60 000	⑥80 000	(　　)
原 材 料	25 000	①10 000　④50 000		(　　)
短期借款	10 000	②30 000	⑤20 000	(　　)
销售费用	0	③1 000	⑦1 000	(　　)
本年利润	50 000		⑦1 000	(　　)
固定资产	300 000	⑧60 000		(　　)

要求:根据会计账户期初余额、本期发生额和期末余额的计算方法,计算并填列表中括号内的数字。

3. 练习借贷记账法下会计分录的编制。

资料:

(1) 将库存现金3 000元存入银行。

(2) 从银行借入短期借款50 000元。

(3) 签发转账支票,金额70 000元,归还所欠某单位的采购材料款。

(4) 购入机器设备一台,价值100 000元,其中80 000元已支付,其余款项尚未支付。

(5) 以库存现金支付行政办公费500元。

(6) 企业行政管理人员出差回来报销差旅费600元,曾预借1 000元,并退回多余现金400元。

(7) 通过银行转账支付职工薪酬 50 000 元。

要求：根据上述资料编制相应会计分录。

4. 练习试算平衡。

资料：金盛公司 20××年 1 月末各账户余额如表 3-8 所示。

表 3-8 **账户余额** 单位：元

资产	金额	负债及所有者权益	金额
库存现金	600	负债：	
银行存款	200 000	短期借款	30 000
应收账款	40 000	应付账款	60 800
其他应收款	200	所有者权益：	
原材料	10 000	实收资本	900 000
固定资产	900 000	资本公积	160 000
合计	1 150 800	合计	1 150 800

金盛公司 2 月份发生业务如下：

(1) 归还欠某单位的货款 15 000 元。

(2) 用银行存款归还到期的短期借款 20 000 元。

(3) 接受所有者投资 100 000 元，存入银行。

(4) 公司行政管理人员出差预借差旅费 500 元。

(5) 生产产品领用材料价值 4 000 元。

(6) 收到某单位所欠货款 30 000 元，存入银行。

(7) 购入设备一台，价值 10 000 元，货款未付。

要求：根据上述资料编制相应会计分录，开设账户并登记期初余额、本期发生额合计，计算期末余额，并编制试算平衡表。

第四章　企业主要经济业务核算

学习目的

本章以制造业企业的主要经济业务核算为例，进一步阐述设置账户和复式记账法的实际应用，目的是使初学者了解制造业企业的生产经营过程，提高应用上述两种会计核算方法的能力。学生学习本章，应掌握制造业企业资金筹集、生产准备、生产过程、销售过程以及财务成果核算的内容；熟练运用设置的账户和复式记账法对企业各种经济业务进行账务处理。

第一节　企业资金筹集过程核算

一、企业资金筹集过程核算的主要内容

企业为了满足生产经营的需要，就必须通过适当的渠道，筹集一定数额的资金，用于购建厂房、机器设备，购买原材料，支付职工薪酬，偿还各种到期债务等。企业筹集的资金按照筹集方式不同，分为自有资金和借入资金。前者是企业所有者权益的基本组成部分，后者形成企业负债。因此，资金筹集过程核算的主要内容包括自有资金筹集核算和债务资金筹集核算。

二、自有资金筹集核算

（一）自有资金

企业要进行生产经营，必须要有一定的“本钱”，即设立企业必须有法定的资本金。为此企业可以通过发行股票、吸收直接投资或内部积累等方式来筹集资金，从而构成企业的所有者权益。通过这种方式筹集到的资金一般不用归还，因而称之为自有资金。

注册资本是企业在登记管理机构登记的出资额，是各方投资者以实现盈利为目的，用以进行生产经营、承担民事责任而投入的资金。投资者可以用货币资金、实物资产、无形资产等向企业进行投资。

有限责任公司采用注册资本认缴制。《中华人民共和国公司法》(以下简称《公司法》)第二十六条规定有限责任公司的注册资本为在公司登记机关登记的全体股东认缴的出资额，也就是说认缴出资额的出资方式、出资期限等，可以在《公司法》许可范围内由公司股东在章

程中自主约定。

(二) 自有资金筹集核算应设置的账户

为了反映和监督自有资金筹集的情况,在会计核算中应当设置“实收资本”“资本公积”等账户。

1. “实收资本”账户(股份公司用“股本”账户)

它属于所有者权益账户,用以核算企业所有者投入资本的增减变动情况。贷方登记收到投资者投入资本的实际数额以及资本公积、盈余公积转入的金额;借方登记按规定程序减少注册资本的数额;期末贷方余额反映企业实际收到的资本数额。该账户应按投资者设置明细分类账,进行明细核算,其结构如图 4-1 所示。

借方　　　　实收资本　　　　贷方

本期发生额:本期实收资本的减少数	期初余额:期初实收资本的实有数 本期发生额:本期实收资本的增加数
	期末余额:期末实收资本的实有数

图 4-1 “实收资本”账户结构

2. “资本公积”账户

它属于所有者权益账户,用以核算企业收到投资者出资额超出其在注册资本或股本中所占的份额。贷方登记企业因资本溢价(股份公司为股本溢价)等原因而增加的资本公积数额;借方登记按法定程序转增注册资本等原因而减少的资本公积数额;期末贷方余额反映企业资本公积的结余数。该账户应按“资本溢价”或“股本溢价”“其他资本公积”设置明细分类账,进行明细核算,其结构如图 4-2 所示。

借方　　　　资本公积　　　　贷方

本期发生额:本期资本公积的减少数	期初余额:期初资本公积的实有数 本期发生额:本期资本公积的增加数
	期末余额:期末资本公积的实有数

图 4-2 “资本公积”账户结构

(三) 自有资金筹集业务核算举例

20××年 12 月,ABC 公司在筹资过程中发生了以下经济业务,假定不考虑相关税费:

【例 4-1】 12 月 1 日,收到股东红星公司货币资金投资 250 000 元,款项已存入银行。

该项经济业务表明,企业收到股东出资款 250 000 元,应记入“实收资本”账户的贷方;同时银行存款增加 250 000 元,应记入“银行存款”账户的借方。其会计分录如下:

借:银行存款	250 000	
贷:实收资本——红星公司		250 000

【例 4-2】 12 月 1 日,收到股东东方公司投入设备一台,出资协议确认的价值为 250 000 元。

该项经济业务表明，企业收到股东实物资产出资 250 000 元，应记入“实收资本”账户的贷方；同时固定资产增加 250 000 元，应记入“固定资产”账户的借方。其会计分录如下：

借：固定资产　　250 000
　　贷：实收资本——东方公司　　250 000

【例 4-3】 12 月 10 日，收到股东格润公司一项专利技术，出资协议确认的价值为 300 000 元，格润公司在注册资本中所占的份额为 250 000 元。

该项经济业务表明，企业收到股东无形资产出资 300 000 元，其中属于注册资本部分应记入“实收资本”账户的贷方，超过注册资本部分即 50 000 元为资本溢价，应记入“资本公积”账户的贷方；同时无形资产增加，应记入“无形资产”的借方。其会计分录如下：

借：无形资产　　300 000
　　贷：实收资本——东方公司　　250 000
　　　　资本公积——资本溢价　　50 000

【例 4-4】 12 月 31 日，按规定减少注册资金 100 000 元，并向股东支付了银行存款。

该项经济业务表明，“实收资本”减少了 100 000 元，记入其贷方；同时“银行存款”减少了 100 000 元，记入其贷方。其会计分录如下：

借：实收资本　　100 000
　　贷：银行存款　　100 000

【例 4-5】 12 月 31 日，经批准将企业的资本公积 50 000 元转增注册资本。

该项经济业务表明，将企业的资本公积 50 000 元转增注册资本，使得资本公积减少 50 000 元，应记入“资本公积”账户的借方，同时实收资本增加 50 000 元，记入“实收资本”账户的贷方。其会计分录如下：

借：资本公积　　50 000
　　贷：实收资本　　50 000

三、债务资金筹集核算

(一) 债务资金

企业除了筹集的自有资金外，还可以通过向银行借款、发行债券等方式筹集资金，这部分资金构成了企业的负债。以负债方式筹集的资金需要到期偿还本金，除此之外还要支付使用资金的利息。因此债务资金的借入，支付利息，确认利息费用，归还本金构成债务资金筹集核算的内容。

债务资金筹集的核算-1

(二) 债务资金筹集核算应设置的账户

为了监督和核算债务资金及其变动情况，企业应当设置“短期借款”“长期借款”“财务费用”“应付利息”等账户。

1. “短期借款”账户

它属于负债类账户，用以核算企业向银行或其他金融机构等借入期限在 1 年以下(含 1 年)的各种借款。贷方登记本期借入的短期借款；借方登记本期偿还的短期借款；期末贷方余额反映企业尚未偿还的短期借款。该账户按债权人设置明细分类账，进行明细核算。其结构如图 4-3 所示。

借方	短期借款　　　　　　　　　　　　贷方
本期发生额:本期偿还的短期借款	期初余额:期初尚未偿还的短期借款 本期发生额:本期借入的短期借款
	期末余额:期末尚未偿还的短期借款

图 4-3 “短期借款”账户结构

2. “长期借款”账户

它属于负债类账户,用以核算企业向银行或其他金融机构借入的期限在 1 年以上(不含 1 年)的各种款项。贷方登记本期借入的长期借款本金及支付期超过 1 年的应计利息;借方登记本期偿还的长期借款;期末贷方余额反映企业尚未偿还的长期借款本金及应计利息。该账户应当按照贷款单位和贷款种类,分别对“本金”“利息调整”“应计利息”等进行明细核算。其结构如图 4-4 所示。

借方	长期借款　　　　　　　　　　　　贷方
本期发生额:本期偿还的长期借款	期初余额:期初尚未偿还的长期借款 本期发生额:本期借入的长期借款及应计利息
	期末余额:期末尚未偿还的长期借款

图 4-4 “长期借款”账户结构

3. “财务费用”账户

它属于损益类账户,用以核算企业为筹集生产经营所需资金等而发生的筹资费用,包括利息支出(减利息收入)、汇兑差额以及相关的手续费、企业发生的现金折扣或收到的现金折扣等。为购建或生产满足资本化条件的资产发生的应予资本化借款费用,在“在建工程”“制造费用”等账户核算,不在该账户核算。借方登记企业发生的各项筹资费用;贷方登记期末转入“本年利润”的财务费用;结转后该账户应无余额。其结构如图 4-5 所示。

借方	财务费用　　　　　　　　　　　　贷方
本期发生额:本期发生的各项筹资费用	本期发生额: 转入“本年利润”的金额

图 4-5 “财务费用”账户结构

4. “应付利息”账户

它属于负债类账户,用以核算企业按照合同约定应支付的利息,包括吸收存款、分期付息到期还本的长期借款、企业债券等应支付的利息。该账户借方登记本期已偿还的借款利息;贷方登记本期发生的借款利息;期末贷方余额反映企业尚未归还的借款利息。其结构如

图 4-6 所示。

借方	应付利息　　　　　　贷方
本期发生额：本期已偿还的借款利息	期初余额：期初尚未支付的借款利息 本期发生额：本期发生的借款利息
	期末余额：期末尚未支付的借款利息

图 4-6　“应付利息”账户结构

(三) 债务资金筹集业务核算举例

【例 4-6】　20××年 12 月 1 日，ABC 公司从银行借入期限为 6 个月的短期借款150 000 元，年利率为 6%，到期一次还本付息。款项已存入银行。

债务资金筹集的核算-2

该项经济业务表明，企业取得短期借款 150 000 元，应记入“短期借款”账户的贷方；同时银行存款增加 150 000 元，应记入“银行存款”账户的借方。其会计分录如下：

借：银行存款　　　　150 000
　贷：短期借款　　　　150 000

该笔借款尽管是到期一次性支付利息，但根据权责发生制要求需要按月预提利息，每月预提利息时使得费用类账户“财务费用”增加，记入其借方；同时负债类账户“应付利息”增加，记入其贷方。每月计提利息为：

月利息＝本金×利率×期限＝150 000×6%×1/12＝750(元)

其会计分录如下：

借：财务费用　　　　750
　贷：应付利息　　　　750

下一年 6 月 1 日到期还本付息时，“短期借款”和“应付利息”减少，记入其借方；同时“银行存款”也减少，记入其贷方。其会计分录如下：

借：短期借款　　　　150 000
　应付利息　　　　4 500
　贷：银行存款　　　　154 500

【例 4-7】　20××年 1 月 1 日，东方世纪公司取得 3 年期银行借款 800 000 元用于生产经营，款项已存入银行，年利率为 12%，到期一次还本付息。

(1) 取得借款时，“银行存款”增加记入其借方；同时“长期借款”增加记入其贷方。其会计分录如下：

借：银行存款　　　　800 000
　贷：长期借款——本金　　　　800 000

(2) 按照权责发生制每月月末预提利息时，“财务费用”增加，由于该借款是到期一次付息，付款期限超过了 1 年，所以预提的利息应记入“长期借款”的贷方。每月计提利息为：

月利息＝800 000×12%×1/12＝8 000(元)

其会计分录如下：

借：财务费用　　8 000
　贷：长期借款——应计利息　　8 000

(3) 第3年年末还本付息时，第1、2年和第3年前11个月合计计提利息280 000元，第3年12月的利息为8 000元。其会计分录如下：

借：财务费用　　8 000
　长期借款——应计利息　　280 000
　长期借款——本金　　800 000
　贷：银行存款　　1 088 000

ABC公司资金筹集的总分类核算以“T”形账户格式表示，如图4-7所示。

银行存款

借方	贷方
(1) 250 000 (6) 150 000	(4) 100 000

短期借款

借方	贷方
	(6) 150 000

固定资产

借方	贷方
(2) 250 000	

应付利息

借方	贷方
	(6) 750

无形资产

借方	贷方
(3) 300 000	

资本公积

借方	贷方
(5) 50 000	(3) 50 000

财务费用

借方	贷方
(6) 750	

实收资本

借方	贷方
(4) 100 000	(1) 250 000 (2) 250 000 (3) 250 000 (5) 50 000

图4-7　资金筹集过程总分类核算“T”形账户

第二节　企业生产准备过程核算

一、企业生产准备过程核算内容

企业为了开展正常的生产经营活动，除应具备与所生产产品相适应的厂房、机器设备等固定资产外，还要有一定品种和数量的材料物资，如原材料、燃料、包装物、低值易耗品等，所以企业生产准备过程核算的内容包括固定资产的购建和生产经营所需各种物资的采购供应。

在物资采购及固定资产购建中，企业除需要核算其成本外，还要核算增值税。

二、增值税

增值税是指以商品（含应税劳务、服务）在流转过程中产生的增值额作为计税依据而征收的一种流转税。在中华人民共和国境内销售货物或者加工、修理修配劳务，销售服务、无形资产、不动产以及进口货物的单位和个人，为增值税的纳税人。按照纳税人的年应税销售额及会计核算的健全程度，把增值税纳税义务人分为一般纳税人和小规模纳税人。年应税销售额超过小规模纳税人标准（自 2018 年 5 月 1 日起增值税小规模纳税人标准为年应征增值税销售额 500 万元及以下）的纳税人是一般纳税人；年应税销售额在规定标准及以下，且会计核算不健全，不能按规定报送有关税务资料的纳税人是小规模纳税人；而年应税销售额未超过规定标准且会计核算健全，能够提供准确税务资料的纳税人，可以是小规模纳税人，也可以申请成为一般纳税人。

1. 应纳增值税额的计算

一般纳税人和小规模纳税人在计算应纳增值税额时采用的方法不一样，一般纳税人原则上采用一般计税方法，满足条件时可以采用简易计税方法，小规模纳税人采用简易计税方法。

增值税的核算-1

1）一般计税方法下应纳增值税额的计算

应纳增值税额＝当期销项税额－进项税额

其中销项税额是指纳税人销售货物、劳务、服务、无形资产、不动产（称为应税销售行为）按照销售额和规定的税率计算收取的增值税额。销项税额的计算公式为：

销项税额＝销售额×增值税税率

从 2019 年 4 月 1 日起，增值税税率为 13％、9％、6％和 0。

进项税额是指纳税人购进货物、劳务、服务、无形资产、不动产支付或者负担的增值税额，例如，从销售方取得的增值税专用发票上注明的允许抵扣的增值税额是进项税额。

【例 4-8】　某企业为增值税一般纳税人，采用一般计税方法。20××年 10 月购入商品一批，取得增值税专用发票上注明的价款为 10 万元，增值税税率为 13％，增值税额为 1.3 万元，用转账支票支付货款与税款共计 11.3 万元。同月销售了该批商品，适用的增值税税率为 13％，收取货款 15 万元，增值税额为 1.95 万元，共计 16.95 万元，存入银行。

增值税的核算-2

该企业 10 月因销售商品收取的增值税为 1.95 万元，为销项税额，因购买商品支付的增值税 1.3 万元，为进项税额，则该企业 10 月份应缴纳的增值税额为：

应纳增值税额＝19 500－13 000＝6 500(元)

不考虑其他因素该商品的增值额为5万元(15万元－10万元)，在增值税税率为13%的情况下，增值税额为6 500元(50 000×13%)，等于上述公式的计算结果，但是在实际税务工作中商品的增值额很难被准确计算和验证，所以一般纳税人通过当期销项税额减去当期进项税额来计算应缴纳的增值税额。

2) 简易计税方法下应纳增值税额的计算

应纳增值税额＝销售额×征收率

从2016年5月1日起即营业税全面改征增值税之后征收率主要有3%和5%两档。

【例4-9】 在[例4-8]中，假设该企业为小规模纳税人，增值税征收率为3%，收取货款150 000元，增值税额4 500元，共计154 500元，存入银行。该企业10月份应缴纳的增值税额为：

应纳增值税额＝150 000×3%＝4 500(元)

注意：增值税是价外税，所以在计算增值税额时使用的销售额是不含增值税额的，如果销售额中含有增值税额，就需要通过下列公式换算成不含增值税的销售额：

$$\text{不含税销售额}=\frac{\text{含税销售额}}{1+\text{增值税税率(或征收率)}}$$

假设[例4-9]中小规模纳税人收到含增值税的销售额15万元。则：

$$\text{不含税销售额}=\frac{150\ 000}{1+3\%}=145\ 631.07(\text{元})$$

应纳增值税额＝145 631.07×3%＝4 368.93(元)

增值税的核算-3

2. 增值税核算设置的账户

为了核算和监督增值税的增减变动情况，应设置“应交税费——应交增值税”“应交税费——未交增值税”等二级明细账户。

(1) “应交税费——应交增值税”属于负债类账户，对于小规模纳税人来说该账户贷方登记应交增值税的增加额；借方登记实际缴纳的增值税；期末贷方余额表示应交未交的增值税额。由于小规模纳税人采用简易计税方法计算应该缴纳的增值税额，计算简单，所以除了转让金融商品和代扣代缴增值税两种情况外，只设置“应交增值税”二级明细科目核算增值税的结算及缴纳情况，其结构如图4-8所示。

借方　　应交税费——应交增值税	贷方
本期发生额：实际缴纳的增值税	期初余额：未交增值税 本期发生额：纳税义务发生时应交的增值税
	期末余额：应交未交的增值税

图4-8 “应交税费——应交增值税”账户结构

在[例4-9]中小规模纳税人销售商品时的会计分录为：

借：银行存款　　154 500

　　贷：主营业务收入　　150 000

　　　　应交税费——应交增值税　　4 500

一般纳税人在"应交税费——应交增值税"二级明细账户下设置"进项税额""已交税金""转出未交增值税""销项税额""转出多交增值税"等专栏。其中,"进项税额"是借方专栏,记录一般纳税人购进货物、加工修理修配劳务、服务、无形资产或不动产而支付或负担的、准予从当期销项税额中抵扣的增值税额,进项税额会导致企业实际交纳的增值税减少,所以登记在借方;"销项税额"是贷方专栏,记录一般纳税人销售货物、加工修理修配劳务、服务、无形资产或不动产应收取的增值税额,销项税额使企业应交纳的增值税增加,所以登记在贷方;"已交税金"是借方专栏,记录一般纳税人当月已交纳的应交增值税额;"转出未交增值税"和"转出多交增值税"专栏,分别记录一般纳税人月度终了转出当月应交未交或多交的增值税额。

月度终了如果当月的未交增值税额大于已交税金,则形成应交未交增值税,通过"转出未交增值税"借方转出到"应交税费——未交增值税"的贷方,结转之后该二级账户无余额;如果当月的未交增值税额小于已交税金,则形成多交增值税,通过"转出多交增值税"贷方转出到"应交税费——未交增值税"的借方,结转之后该二级账户无余额。一般纳税人设置的"应交税费——应交增值税"结构如图 4-9 所示。

借方　　　　应交税费——	应交增值税　　　　贷方
期初余额:留抵税额 本期发生额:已交税金 本期进项税额 转出未交增值税	本期发生额:本期销项税额 转出多交增值税

图 4-9　"应交税费——应交增值税"账户结构

如果当月进项税额与期初留抵税额之和大于当月销项税额则形成期末留抵税额,不结转,作为该二级明细账户的借方余额,留待以后进行抵扣。

(2)"应交税费——未交增值税"属于负债类账户,核算一般纳税人月度终了从"应交增值税""预缴增值税"明细科目转入当月应交未交、多交或预缴的增值税额,以及当月交纳以前期间未交的增值税额。借方登记实际交纳的上期增值税或转入的多交增值税和预缴增值税;贷方登记转入的应交未交的增值税;期末如果余额在贷方表示应交未交的增值税,如果余额在借方表示多交的增值税。一般纳税人设置的"应交税费——未交增值税"账户结构如图 4-11 所示。

借方　　　　应交税费——	未交增值税　　　　贷方
期初余额:多交增值税 本期发生额:交纳以前期间的增值税 转入多交或预缴增值税	期初余额:未交增值税 本期发生额:转入未交增值税
期末余额:多交增值税	期末余额:应交未交的增值税

图 4-11　"应交税费——未交增值税"账户结构

在[例4-8]中一般纳税人采购商品时的会计分录为：

借：库存商品　　100 000
　　应交税费——应交增值税(进项税额)　　13 000
　　贷：银行存款　　113 000

销售商品时会计分录：

借：银行存款　　169 500
　　贷：主营业务收入　　150 000
　　　　应交税费——应交增值税(销项税额)　　19 500

期末把应交未交的增值税6 500元(19 500－13 000)转入“应交税费——未交增值税”账户。

借：应交税费——应交增值税(转出未交增值税)　　6 500
　　贷：应交税费——未交增值税　　6 500

20××年11月10日，该企业缴纳10月份未交增值税6 500元。

借：应交税费——未交增值税　　6 500
　　贷：银行存款　　6 500

三、固定资产

固定资产是指同时具有以下特征的有形资产：一是为生产商品、提供劳务、出租或经营管理而持有；二是使用寿命超过一个会计年度。

固定资产应按成本进行初始计量。外购固定资产的成本，包括购买价款、相关税费、固定资产达到预定可使用状态前发生的可归属于该项资产的运输费、装卸费、安装费和专业人员服务费等。

固定资产由于长期使用，必然会产生磨损并减少其价值。固定资产由于不断磨损而转移到产品中去的那一部分价值称为折旧。企业应采用合理的折旧方法，将固定资产价值逐步分摊计入各期成本和费用，从本期实现的收入中得到补偿。企业一般应当按月提取折旧，并根据用途计入相关资产的成本或当期损益。企业应按月初应提折旧的固定资产总值计提折旧，即当月增加的固定资产当月不计提折旧，从下月起计提折旧；当月减少的固定资产当月照提折旧，从下月起不再计提折旧。

(一) 固定资产核算应设置的账户

为了总括地核算和监督企业固定资产增减变动和结存情况，一般应设置“固定资产”和“在建工程”等账户。

1. “固定资产”账户

它属于资产类账户，用以核算企业持有的固定资产的原价。其借方登记企业固定资产增加的账面原价；贷方登记因出售、报废、毁损而减少的固定资产的账面原价；期末借方余额反映企业期末固定资产的账面原价。该账户应按固定资产类别设置明细分类账，进行明细分类核算，其结构如图4-12所示。

借方	固定资产　　　　　　　　　　贷方
期初余额：期初固定资产的原价 本期发生额：本期新增固定资产的原价	本期发生额：本期减少固定资产的原价
期末余额：期末固定资产原价	

图 4-12　“固定资产”账户结构

2. “在建工程”账户

它属于资产类账户，用以核算企业基建、更新改造等各项工程发生的支出，包括需要安装设备的价值。该账户借方登记企业自营建造、大修理和安装等工程发生的各项支出，包括出包工程的价款等；贷方登记已经验收交付使用的固定资产的实际成本；期末借方余额表示尚未完工工程的实际成本。该账户按工程项目设置明细分类账，进行明细分类核算，其结构如图 4-13 所示。

借方	在建工程　　　　　　　　　　贷方
期初余额：期初在建工程价值 本期发生额：本期新增在建工程价值	本期发生额：本期转入固定资产的在建工程价值
期末余额：期末在建工程价值	

图 4-13　“在建工程”账户结构

（二）固定资产的核算

企业购入的固定资产有两种情况：一是购入的固定资产不需安装就可以直接交付使用，按实际支付的价款、运杂费等，借记“固定资产”“应交税费——应交增值税（进项税额）”等账户，贷记“银行存款”等账户；二是购入的固定资产需要经过安装以后才能交付使用，企业购入固定资产时支付的价款、运杂费以及发生的安装费等，均应先通过“在建工程”账户核算，待安装完毕交付使用时，再由“在建工程”账户转入“固定资产”账户。

【例 4-10】 ABC 公司于 20××年 12 月 10 日购入不需安装的设备 1 台，增值税专用发票上注明买价为 60 000 元，增值税额为 7 800 元，另外发生运输费 900 元，全部款项尚未支付。

该笔经济业务的发生使固定资产增加 60 900 元，应记入“固定资产”账户的借方，需要支付的增值税应记入“应交税费——应交增值税（进项税额）”借方，由于全部款项尚未支付，故形成企业一项负债，应记入“应付账款”账户的贷方。其会计分录如下：

借：固定资产	60 900	
应交税费——应交增值税（进项税额）	7 800	
贷：应付账款		68 700

【例 4-11】 ABC 公司 20××年 12 月 15 日购入需要安装的车床 1 台，买价为 50 000 元，增值税额 6 500 元，用银行存款支付。安装车床时，领用的材料价值 1 500 元，应支付工资 2 500 元。

企业购入需安装的固定资产，需先将购入时实际支付的价款记入“在建工程”账户借方，支付的增值税记入“应交税费——应交增值税(进项税额)”借方，并将安装过程中发生的所有合理支出也记入“在建工程”账户借方，待安装完毕交付使用时，再由“在建工程”账户贷方转入“固定资产”账户借方。

(1) 购入时，其会计分录如下：

借：在建工程	50 000	
应交税费——应交增值税(进项税额)	6 500	
贷：银行存款		56 500

(2) 安装设备时，领用安装材料、支付工资等费用4 000元。其会计分录如下：

借：在建工程	4 000	
贷：原材料		1 500
应付职工薪酬——工资		2 500

(3) 该设备安装完毕交付使用时，按其全部成本54 000元作为固定资产的原始价值。其会计分录如下：

借：固定资产	54 000	
贷：在建工程		54 000

四、物资采购

物资采购过程包括两个方面：一方面是企业从供应单位购进各种材料物资；另一方面是企业要支付材料的买价、增值税和各种采购费用，并与供应单位发生结算关系。企业购进的材料，经验收入库后即变为可供生产领用的库存材料。

材料的采购成本包括以下三项内容：

(1) 购买价款。购买价款是指企业购入材料的发票账单上列明的价款，但不包括按规定可以抵扣的增值税额。

(2) 相关税费。相关税费是指企业购买材料发生的进口关税、消费税、资源税和不能抵扣的增值税等应计入采购成本的税费。

(3) 其他可归属于采购成本的费用。其他可归属于采购成本的费用是指采购成本中除上述各项以外的可归属于材料采购成本的费用，如在材料采购过程中发生的仓储费、包装费、运输途中的合理损耗、入库前的挑选整理费用等。企业同时采购两种及以上材料时，这些费用能分清负担对象的，应直接计入材料的采购成本；不能分清负担对象的，应选择合理的分配标准和分配方法，分配计入有关材料的采购成本，可选择的分配标准有材料的重量、体积或采购价格等。

企业物资采购业务的日常核算，可以按实际成本计价核算，也可按计划成本核算。具体采用哪一种方法，由企业根据具体情况自行决定。

(一) 物资采购按实际成本计价核算

1. 实际成本计价法应设置的账户

物资采购
的核算-1

物资采购按实际成本计价核算时，无论是按总分类核算还是明细分类核算，均按实际成本计价，应设置“在途物资”“原材料”“应付账款”“应交税费”“预付账款”等账户。

1）“在途物资”账户

它属于资产类账户，用以核算企业采用实际成本（或进价）进行材料（或商品）日常核算，货款已付尚未验收入库的购入材料或商品的采购成本。借方登记购入物资的实际采购成本；贷方登记已验收入库在途物资的实际成本；期末借方余额反映在途材料、商品等物资的采购成本。该账户结构如图 4-14 所示。

借方　　　　在途物资	贷方
期初余额：期初在途物资成本 本期发生额：本期购入物资的实际采购成本	本期发生额：本期已验收入库在途物资的实际成本
期末余额：期末在途物资的采购成本	

图 4-14　“在途物资”账户结构

2）“原材料”账户

它属于资产类账户，用以核算企业库存的各种材料，包括原料及主要材料、辅助材料、外购半成品（外购件）、修理用备件（备品备件）、包装材料、燃料等的实际成本。借方登记入库材料的实际成本；贷方登记发出材料的实际成本；期末借方余额反映库存材料的实际成本。该账户应按材料的品种、规格设置明细分类账，进行明细分类核算，其结构如图 4-15 所示。

借方　　　　原材料	贷方
期初余额：期初库存材料实际成本 本期发生额：本期入库材料的实际成本	本期发生额：本期发出材料的实际成本
期末余额：期末库存材料实际成本	

图 4-15　“原材料”账户结构

3）“应付账款”账户

它属于负债类账户，用以核算企业因购买材料、商品和接受劳务供应等经营活动应支付的款项。贷方登记应支付但尚未支付的款项；借方登记已偿还的款项；期末贷方余额反映企业尚未支付的应付账款。该账户应按供应单位设置明细分类账，进行明细分类核算，其结构如图 4-16 所示。

借方　　　　应付账款	贷方
本期发生额：本期实际偿付的款项	期初余额：期初未付的购货款项 本期发生额：本期应付账款的增加数
	期末余额：期末尚未偿付的款项

图 4-16　“应付账款”账户结构

4）“应交税费”账户

它属于负债类账户，用以核算企业按照税法规定计算应交纳的各种税费，包括增值税、消费税、所得税、资源税、城市维护建设税、房产税、土地使用税、车船使用税、教育费附加等。该账户贷方登记应缴纳的各种税费；借方登记已缴纳的税费；期末贷方余额反映企业尚未缴纳的各种税费；期末借方余额反映企业多缴或尚未抵扣的税费。其结构如图4-17所示。

借方　　　　　　　　　　应交税费	贷方
期初余额：期初多缴或尚未抵扣的税费 本期发生额：本期实际缴纳的税费	期初余额：期初尚未缴纳的税费 本期发生额：应缴纳的各种税费
期末余额：期末多缴或尚未抵扣的税费	期末余额：期末尚未缴纳的税费

图 4-17 “应交税费”账户结构

5）“预付账款”账户

它属于资产类账户，用以核算企业按照购货合同规定预付给供应单位的款项。借方登记企业因购货而预付给供应单位的款项；收到所购物资时，根据发票账单等列明的应计入物资采购成本的金额和按增值税专用发票上注明的增值税额计入贷方；期末借方余额反映企业实际预付但还没有结算的款项；期末贷方余额反映企业尚未补付的款项。该账户应按供应单位设置明细分类账，进行明细分类核算。其结构如图4-18所示。

借方　　　　　　　　　　预付账款	贷方
期初余额：期初尚未结算的预付款项 本期发生额：本期预付给供应单位的款项	本期发生额：本期结算款项的金额
期末余额：期末尚未结算的预付款项	

图 4-18 “预付账款”账户结构

物资采购的核算-2

2. 实际成本计价法的账务处理

以下为ABC公司20××年12月发生的材料采购业务。

【例4-12】 12月3日，ABC公司从鸿运公司采购丙材料一批，取得增值税专用发票上注明的价款100 000元，增值税额为13 000元，价税款以银行存款支付，材料已到并验收入库。

材料已验收入库，企业库存材料增加，应记入“原材料”账户的借方，支付的增值税记入“应交税费——应交增值税(进项税额)”借方，同时记入“银行存款”的贷方。其会计分录如下：

借：原材料——丙材料	100 000	
应交税费——应交增值税(进项税额)	13 000	
贷：银行存款		113 000

【例4-13】 12月8日，ABC公司从太阳公司采购甲材料10 000千克，增值税专用发票所列单价为2.00元，进项税额为2 600元；乙材料200 000千克，增值税专用发票所列单价为1.50元，进项税额为39 000元；款项尚未支付，材料未到。

企业购入材料，货款虽未支付，但物资采购成本已经发生，由于材料未到，应记入“在途物资”账户的借方；尚未支付的款项，是企业对供应单位的债务，应记入“应付账款”账户的贷方。其会计分录如下：

借：在途物资——甲材料　　20 000
　　　　　　——乙材料　　300 000
　　应交税费——应交增值税（进项税额）　　41 600
　　贷：应付账款——太阳公司　　361 600

【例 4-14】 12 月 9 日，以银行存款支付上述材料的运杂费 4 200 元，按甲、乙材料重量比例分配该运杂费。

$$\text{运杂费分配率}=\frac{\text{运杂费}}{\text{甲、乙材料重量之和}}=\frac{4\ 200}{10\ 000+200\ 000}=0.02(\text{元}/\text{千克})$$

甲材料应分配的运杂费＝10 000×0.02＝200（元）

乙材料应分配的运杂费＝200 000×0.02＝4 000（元）

材料物资的运杂费使其采购成本增加，应记入“在途物资”的借方，会计分录如下：

借：在途物资——甲材料　　200
　　　　　　——乙材料　　4 000
　　贷：银行存款　　4 200

【例 4-15】 12 月 10 日，上述材料到达并验收入库，结转其实际成本。

根据“在途物资”明细分类账资料，计算甲、乙材料的实际成本，如表 4-1 所示。

表 4-1　　物资采购成本计算表　　单位：元

成本项目	甲材料（10 000 千克）		乙材料（200 000 千克）	
	总成本	单位成本	总成本	单位成本
买价	20 000	2.00	300 000	1.50
采购费用	200	0.02	4 000	0.02
采购成本	20 200	2.02	304 000	1.52

材料验收入库后，根据以上计算结果，从“在途物资”账户贷方转入“原材料”账户借方。其会计分录如下：

借：原材料——甲材料　　20 200
　　　　　——乙材料　　304 000
　　贷：在途物资——甲材料　　20 200
　　　　　　　　——乙材料　　304 000

【例 4-16】 12 月 11 日以银行存款偿还太阳公司货款 361 600 元。

该笔经济业务的发生，使银行存款和应付账款均减少 361 600 元，应记入“银行存款”账户的贷方和“应付账款”账户的借方。其会计分录如下：

借：应付账款——太阳公司　　361 600
　　贷：银行存款　　361 600

【例 4-17】 12 月 12 日，以银行存款 200 000 预付南海公司采购甲材料的货款。

该笔经济业务的发生，使银行存款减少 200 000 元，同时预付账款增加 200 000 元，应记入“银行存款”账户的贷方和“预付账款”账户的借方。其会计分录如下：

借：预付账款——南海公司　　200 000

　贷：银行存款　　200 000

【例 4-18】 12 月 20 日，南海公司按合同发货，增值税发票所列货款 400 000 元，增值税 52 000 元，材料验收入库。其会计分录如下：

借：原材料——甲材料　　400 000

　应交税费——应交增值税(进项税额)　　52 000

　贷：预付账款——南海公司　　452 000

【例 4-19】 12 月 25 日，以银行存款 252 000 元补付南海公司货款。其会计分录如下：

借：预付账款——南海公司　　252 000

　贷：银行存款　　252 000

【例 4-20】 华普公司为增值税小规模纳税人，20××年 3 月购入材料一批，以转账支票支付价款 10 000 元，增值税额 1 300 元，共计 11 300 元，材料已收并验收入库。

小规模纳税人采用简易计税方法计算应缴纳的增值税额，不抵扣进项税，所以支付或负担的增值税额构成材料的采购成本，该项业务使“原材料”账户增加 11 300 元记入其借方，银行存款减少记入其贷方。其会计分录如下：

借：原材料　　11 300

　贷：银行存款　　11 300

(二) 物资采购按计划成本计价核算

1. 计划成本计价法应设置的账户

物资采购按计划成本计价核算时，材料的收发及结存，无论总分类核算还是明细分类核算，均按计划成本计价，应当设置“材料采购”“材料成本差异”“原材料”等账户。“原材料”账户借方登记入库材料的计划成本；贷方登记发出材料的计划成本；期末借方余额反映库存材料的计划成本。

1) “材料采购”账户

它属于资产类账户，用以核算企业采用计划成本进行材料日常核算而购入材料的采购成本。借方登记购入材料的实际采购成本；贷方登记已验收入库材料的实际成本；期末借方余额反映在途物资的实际采购成本。该账户应按供应单位或物资品种设置明细分类账，进行明细分类核算，其结构如图 4-19 所示。

借方　　材料采购	贷方
期初余额：期初在途材料采购成本 本期发生额：材料采购的实际成本	本期发生额：已验收入库材料的实际成本
期末余额：期末在途物资的实际采购成本	

图 4-19 “材料采购”账户结构

2）“材料成本差异”账户

它属于资产类账户，用以核算企业采用计划成本进行材料日常核算的购入材料实际成本与计划成本的差异。借方登记已验收入库材料实际成本大于计划成本的超支差异和发出材料结转的节约差异；贷方登记已验收入库材料实际成本小于计划成本的节约差异和发出材料结转的超支差异；期末借方余额反映库存材料的实际成本大于计划成本的超支差异；期末贷方余额反映实际成本小于计划成本的节约差异。该账户可以分别对“原材料”“周转材料”等按照材料类别或品种进行明细分类核算，其结构如图 4-20 所示。

借方 材料成本差异	贷方
期初余额：实际成本大于计划成本的差异 本期发生额：已验收入库材料实际成本大于计划成本的超支差异 发出材料负担的节约差异	期初余额：实际成本小于计划成本的差异 本期发生额：已验收入库材料实际成本小于计划成本的节约差异 发出材料负担的超支差异
期末余额：实际成本大于计划成本的差异	期末余额：实际成本小于计划成本的差异

图 4-20 “材料成本差异”账户结构

2. 计划成本计价法下账务处理

1）材料采购核算

企业支付或应付材料价款和运杂费时，按应计入材料采购成本的实际金额借记“材料采购”账户，按可抵扣的增值税额借记“应交税费——应交增值税(进项税额)”账户，按实际支付或应付的款项贷记“银行存款”“应付账款”“应付票据”等账户。

2）原材料入库核算

原材料验收入库时，按计划成本，借记“原材料”账户，按实际成本贷记“材料采购”账户，按计划成本与实际成本的差异借记或贷记“材料成本差异”科目。

【例 4-21】 12 月 5 日，东方世纪公司购入 M 材料 10 吨，取得的增值税专用发票上注明材料价款为 48 000 元，增值税额为 6 240 元，材料已验收入库，发票账单已到，款项已通过银行支付。M 材料的单位计划成本为 5 000 元/吨，该批材料的计划成本为 50 000 元。

企业进行材料采购时，银行存款减少应记入“银行存款”账户的贷方，购入 M 材料按实际成本 48 000 元，记入“材料采购”账户的借方；验收入库时，按计划成本 50 000 元记入“原材料”账户的借方，按实际成本贷记“材料采购”账户，实际成本小于计划成本的节约差异 2 000 元记入“材料成本差异”账户的贷方。其会计分录如下：

(1) 采购时，

借：材料采购——M 材料	48 000	
应交税费——应交增值税(进项税额)	6 240	
贷：银行存款		54 240

(2) 入库时，

借：原材料——M 材料	50 000	
贷：材料采购——M 材料		48 000
材料成本差异——M 材料		2 000

3）计划成本计价法下发出原材料的核算

原材料采用计划成本进行计价核算时，日常领用、发出均按计划成本记账。月份终了，按照发出各种原材料的计划成本，根据原材料的用途借记“生产成本”“管理费用”“销售费用”等账户，贷记“原材料”账户。

【例 4-22】 东方世纪公司 12 月领用 M 材料 8 吨，计划成本共计 40 000 元。其中，生产车间领用 30 000 元，车间管理部门领用 6 000 元，公司管理部门领用 4 000 元。其会计分录如下：

借：生产成本	30 000	
制造费用	6 000	
管理费用	4 000	
贷：原材料		40 000

发出材料应当负担相应的材料成本差异，把记入相关成本费用的计划成本转变为实际成本。发出材料应负担的成本差异通过材料成本差异率来计算。

$$本月材料成本差异率=\frac{期初结存材料成本差异+本期入库材料成本差异}{期初结存材料计划成本+本期入库材料计划成本}\times 100\%$$

发出材料应负担的成本差异＝发出材料的计划成本×材料成本差异率

发出材料的实际成本＝发出材料的计划成本±材料成本差异

【例 4-23】 12 月初东方世纪公司 M 材料的库存为 2 吨，计划成本为 10 000 元，材料成本差异为超支 800 元。则：

$$本月材料成本差异率=\frac{800-2\,000}{10\,000+50\,000}\times 100\%=-2\%$$

本月发出 M 材料应负担的成本差异：40 000×（－2%）＝－800（元）

其中，生产成本应负担的差异：30 000×（－2%）＝－600（元）

　　制造费用应负担的差异：6 000×（－2%）＝－120（元）

　　管理费用应负担的差异：4 000×（－2%）＝－80（元）

　　本月发出 M 材料的实际成本：40 000－800＝39 200（元）

东方世纪公司发出材料应负担的节约差异使得“生产成本”“制造费用”“管理费用”账户分别减少了 600 元、120 元、80 元，记入其贷方，同时把结转的节约差异记入“材料成本差异”的借方，其会计分录如下：

借：材料成本差异——M 材料	800	
贷：生产成本		600
制造费用		120
管理费用		80

期末“材料成本差异”账户余额如图 4-21 所示。

借方　　　　　　材料成本差异	贷方
期初余额：　800 本期发生额：800	本期发生额：2 000
	期末余额：　400

图 4-21　“材料成本差异”账户结构

期末库存材料的计划成本＝(2＋10－8)×5 000＝20 000(元)

期末库存材料的实际成本＝20 000－400＝19 600(元)

ABC公司生产准备过程核算总分类核算以“T”形账户格式表示，如图4-22所示。

借方	银行存款	贷方
	(11) 56 500	
	(12) 113 000	
	(14) 4 200	
	(16) 361 600	
	(17) 200 000	
	(19) 252 000	

借方	应付账款	贷方
(16) 361 600	(10) 68 700	
	(13) 361 600	

借方	预付账款	贷方
(17) 200 000	(18) 452 000	
(19) 252 000		

借方	应交税费	贷方
(10) 7 800		
(11) 6 500		
(12) 13 000		
(13) 41 600		
(18) 52 000		

借方	在途物资	贷方
(13) 320 000	(15) 324 200	
(14) 4 200		

借方	应付职工薪酬	贷方
	(11) 2 500	

借方	原材料	贷方
(12) 100 000	(11) 1 500	
(15) 324 200		
(18) 400 000		

借方	固定资产	贷方
(10) 60 900		
(11) 54 000		

借方	在建工程	贷方
(11) 50 000	(11) 54 000	
(11) 4 000		

图4-22　生产准备过程总分类核算“T”形账户

第三节 企业生产过程的核算

一、生产过程核算的内容

工业企业的主要经营活动之一是生产产品,生产过程既是产品的加工过程,也是生产耗费的过程。企业在一定时期内发生的、用货币表现的与生产产品有关的耗费称为生产费用。生产费用按经济用途分为直接材料、直接人工、制造费用等成本项目,直接材料、直接人工和制造费用构成了产品的生产成本(也称为制造成本),需要在本期完工产品和在产品之间进行分配。

企业在生产过程中发生的与生产产品没有直接关系的,与生产经营期间有关的费用称为期间费用。期间费用按经济用途分为管理费用、销售费用、财务费用,是以发生费用的期间为对象,直接计入当期损益,并从当期实现的收入中直接得到补偿。因此,生产过程中生产费用和期间费用的发生、归集和分配结转,以及产品成本的形成,构成了产品生产过程业务核算的主要内容。

二、生产过程核算应设置的账户

为了正确、合理地归集和分配各项生产费用,及时地计算各种产品生产成本,正确核算期间费用,在生产过程中应设置"生产成本""制造费用""库存商品""应付职工薪酬""累计折旧""累计摊销""管理费用""其他应收款"等账户。

1.“生产成本”账户

它属于成本类账户,用以核算企业进行工业性生产发生的各项生产费用,包括生产各种产品(包括产成品、自制半成品等)、自制材料、自制工具、自制设备等。借方登记应计入产品生产成本的各项生产费用,包括直接计入产品生产成本的直接材料、直接人工和其他直接费用,以及分配计入产品生产成本的制造费用;贷方登记企业已完工并验收入库的产成品成本;期末借方余额反映企业尚未加工完成的各项在产品的成本。该账户应当按照基本生产成本和辅助生产成本进行明细核算,其结构如图 4-23 所示。

借方　　　　生产成本	贷方
期初余额:期初在产品成本 本期发生额:直接材料 直接人工 其他直接支出 制造费用	本期发生额:结转完工并验收入库 产成品的实际成本
期末余额:期末在产品成本	

图 4-23 "生产成本"账户结构

2.“制造费用”账户

它属于成本类账户,用以核算企业生产车间、部门为生产产品和提供劳务而发生的各项间接费用。借方登记实际发生的各项间接费用，间接费用包括生产车间发生的有机物料消耗、车间管理人员的薪酬、车间计提的固定资产折旧、车间支付的办公费和水电费等；贷方登记期末分配计入产品成本的间接费用；期末一般无余额(季节性生产企业有时有余额)。该账户应按照不同的生产车间、部门和费用项目进行明细核算，其结构如图 4-24 所示。

借方　　　　　　　　制造费用	贷方
本期发生额：本月发生的各项制造费用	本期发生额：分配转入“生产成本”账户数额

图 4-24　“制造费用”账户结构

3. “库存商品”账户

它属于资产类账户，用以核算企业库存的各种商品的成本，包括库存产成品、外购商品、存放在门市部准备出售的商品、发出展览的商品以及寄存在外的商品等。对于工业企业来说，借方登记完工并已验收入库的产成品的实际成本；贷方登记发出产成品的实际成本；期末借方余额表示企业各种库存产成品的实际成本。该账户应按产成品的种类、规格设置明细分类账进行明细分类核算，其结构如图 4-25 所示。

借方　　　　　　　　库存商品	贷方
期初余额：期初库存商品成本 本期发生额：本期结转入库产成品的成本	本期发生额：本期发出产成品的成本
期末余额：期末库存商品成本	

图 4-25　“库存商品”账户结构

4. “应付职工薪酬”账户

它属于负债类账户，用以核算企业根据有关规定应付给职工的各种薪酬。职工薪酬包括短期薪酬、离职后福利、辞退福利和其他长期职工福利。该账户应当按照“工资”“职工福利”“社会保险费”“住房公积金”“工会经费”“职工教育经费”“解除职工劳动关系补偿”“股份支付”等应付职工薪酬项目进行明细核算。贷方登记实际发生的计入成本、费用的应付给职工的各种薪酬；借方登记实际已支付职工的各种薪酬和代扣代缴的款项；期末贷方余额反映期末职工尚未领取或尚未发放的薪酬额，其结构如图 4-26 所示。

借方　　　　　　　　应付职工薪酬	贷方
本期发生额：本期实际支付各种薪酬、代扣代缴的款项	期初余额：期初欠发的薪酬额 本期发生额：本期薪酬分配数
	期末余额：期末欠发职工的薪酬额

图 4-26　“应付职工薪酬”账户结构

5. “累计折旧”账户

它属于资产类账户，但属于资产类的备抵账户，用以核算企业对固定资产计提的累计折旧额。贷方登记企业按月计提的固定资产折旧额；借方登记因出售、报废和毁损等原因减少的固定资产已提折旧额；期末贷方余额反映现有固定资产已提取的累计折旧额。该账户只进行总分类核算，不进行明细分类核算，其结构如图 4-27 所示。

借方 累计折旧	贷方
本期发生额：减少的固定资产已提折旧额	期初余额：期初固定资产的累计折旧额 本期发生额：固定资产折旧的增加数
	期末余额：期末固定资产的累计折旧额

图 4-27 “累计折旧”账户结构

6. “累计摊销”账户

它属于资产类账户，但属于资产类的备抵账户，用以核算企业对使用寿命有限的无形资产计提的累计摊销额。贷方登记企业按月计提的无形资产摊销额；借方登记出售、报废和毁损的无形资产累计已摊销额；期末贷方余额反映企业无形资产累计摊销额。该账户应按无形资产项目进行明细核算，其结构如图 4-28 所示。

借方 累计摊销	贷方
本期发生额：减少的无形资产已提摊销额或转销数	期初余额：期初无形资产的累计摊销额 本期发生额：无形资产摊销额的增加数
	期末余额：期末无形资产的累计摊销额

图 4-28 “累计摊销”账户结构

7. “管理费用”账户

它属于损益类中的费用账户，用以核算企业为组织和管理企业生产经营所发生的费用，包括企业在筹建期间内发生的开办费、董事会和行政管理部门在企业的经营管理中发生的或者应由企业统一负担的公司经费(包括行政管理部门职工薪酬、物料消耗、低值易耗品摊销、办公费和差旅费等)、董事会费(包括董事会成员津贴、会议费和差旅费等)、聘请中介机构费、咨询费(含顾问费)、诉讼费、业务招待费、技术转让费、研究费用、排污费等。借方登记企业发生的各项管理费用；贷方登记期末转入“本年利润”的管理费用；结转后该账户应无余额，其结构如图 4-29 所示。

借方 管理费用	贷方
本期发生额：本期发生的各项管理费用	本期发生额：转入“本年利润”账户的数额

图 4-29 “管理费用”账户结构

8. “其他应收款”账户

它属于资产类账户，用以核算企业除存出保证金、应收票据、应收账款、预付账款、应收股利、应收利息、长期应收款等以外的其他各种应收、暂付的款项。借方登记发生的各种其他应收款项；贷方登记收回的各种其他应收款项；期末借方余额反映企业尚未收回的其他应收款。该账户应按债务人设置明细分类账，进行明细分类核算，其结构如图 4-30 所示。

借方	其他应收款　贷方
期初余额：期初尚未收回的其他应收款 本期发生额：本期发生的其他应收款	本期发生额：实际收回或结算的其他应收款
期末余额：期末尚未收回的其他应收款	

图 4-30　“其他应收款”账户结构

三、生产过程核算举例

【例 4-24】 ABC 公司 20××年 12 月发生的与生产产品相关的业务，其生产领用材料及用途如表 4-2 所示。

表 4-2　　生产领用材料汇总表　　单位：元

用途	甲种材料			乙种材料			合计
	数量（千克）	单价	金额	数量（千克）	单价	金额	
生产产品耗用	10 000		20 000	120 000		180 000	200 000
其中：A 产品	6 000	2	12 000	88 000	1.5	132 000	144 000
B 产品	4 000	2	8 000	32 000	1.5	48 000	56 000
车间消耗	500	2	1 000				1 000
管理部门耗费	1 500	2	3 000				3 000
合计	12 000		24 000	120 000		180 000	204 000

仓库发出材料使库存材料减少，应记入“原材料”账户贷方；A 产品、B 产品直接消耗的原材料部分为直接费用，应记入“生产成本”账户的借方；车间消耗材料为间接费用，应记入“制造费用”账户的借方；管理部门耗费材料为期间费用，记入“管理费用”账户的借方。其会计分录如下：

借：生产成本——A 产品　　144 000
　　　　　　——B 产品　　56 000
　　制造费用　　1 000
　　管理费用　　3 000
　　贷：原材料——甲材料　　24 000
　　　　　　　——乙材料　　180 000

【例 4-25】 12 月 28 日，ABC 公司计算工资费用如下：A 产品生产工人工资为 120 000 元，B 产品生产工人工资为 80 000 元，车间管理人员工资为 10 000 元，公司总部管理人员工资为 30 000 元，上述工资尚未发放。

在生产经营活动中，发生的人工费用应按工资的用途进行分配。生产工人工资是直接费用，应直接计入产品“生产成本”账户的借方；车间管理人员工资是间接费用，应先记入“制造费用”账户借方；公司总部管理人员工资直接记入“管理费用”账户的借方。通常企业计算工资费用与实际发放工资的时间是不一致的，往往是先计算本期应负担的工资费用，而实际发放工资时间滞后。所以，计算出工资费用时，就形成企业对职工的负债。因此工资费用在计入上述账户的同时，应记入“应付职工薪酬”账户贷方。

上述经济业务的会计分录如下：

借：生产成本——A产品　　120 000
　　　　　　——B产品　　80 000
　　制造费用　　10 000
　　管理费用　　30 000
　　贷：应付职工薪酬——工资　　240 000

【例4-26】 12月28日，ABC公司根据本月职工福利计划，以银行存款支付职工福利费7 980元。

该项经济业务的发生使银行存款减少7 980元，应记入“银行存款”账户的贷方，同时记入“应付职工薪酬——职工福利”账户的借方。其会计分录如下：

借：应付职工薪酬——职工福利　　7 980
　　贷：银行存款　　7 980

【例4-27】 12月28日，ABC公司根据本月职工提供服务的受益对象，对发生的职工福利费进行的分配如下：A产品生产工人福利费为4 900元；B产品生产工人福利费为1 400元；车间管理人员福利费为560元；公司总部管理人员福利费为1 120元。其会计分录如下：

借：生产成本——A产品　　4 900
　　　　　　——B产品　　1 400
　　制造费用　　560
　　管理费用　　1 120
　　贷：应付职工薪酬——职工福利　　7 980

【例4-28】 12月31日，ABC公司用银行存款发放本月职工工资240 000元。

用银行存款发放职工工资使“应付职工薪酬——工资”和“银行存款”均减少240 000元，应记入“应付职工薪酬——工资”账户的借方和“银行存款”账户的贷方。其会计分录如下：

借：应付职工薪酬——工资　　240 000
　　贷：银行存款　　240 000

【例4-29】 12月31日ABC公司计提本月折旧74 000元。其中，生产车间应提固定资产折旧60 000元，公司总部应提固定资产折旧14 000元。

该项经济业务中计提的生产车间固定资产折旧费应计入企业的“制造费用”账户的借方；计提的公司总部固定资产折旧费应记入“管理费用”账户的借方；本月计提固定资产折旧总额记入“累计折旧”账户贷方。其会计分录如下：

借：制造费用　　60 000
　　管理费用　　14 000
　　贷：累计折旧　　74 000

【例 4-30】 12 月 31 日，摊销无形资产 1 500 元。

无形资产摊销费应记入“管理费用”账户的借方及“累计摊销”账户的贷方。其会计分录如下：

借：管理费用　　1 500
　贷：累计摊销　　1 500

【例 4-31】 12 月 31 日，以库存现金购买办公用品 1 000 元，其中生产车间办公用品 400 元，公司总部办公用品 600 元。

该笔经济业务发生，一方面库存现金减少，应记入“库存现金”账户的贷方；另一方面费用增加，公司总部办公用品 600 元属于期间费用，应记入“管理费用”账户的借方；生产车间办公用品 400 元属于间接费用，应记入“制造费用”账户的借方。其会计分录如下：

借：制造费用　　400
　管理费用　　600
　贷：库存现金　　1 000

【例 4-32】 12 月 31 日，公司人力资源部王小彬出差，预借差旅费 3 000 元，以库存现金付讫。

该笔经济业务的发生，使库存现金减少 3 000 元，应记入“库存现金”账户的贷方；同时使其他应收款增加 3 000 元，应记入“其他应收款”账户的借方。其会计分录如下：

借：其他应收款——王小彬　　3 000
　贷：库存现金　　3 000

【例 4-33】 12 月 31 日，董事会秘书王强报销董事会费 2 500 元，以库存现金付讫。

该笔经济业务的发生，使库存现金减少 2 500 元，应记入“库存现金”账户的贷方；同时管理费用增加 2 500 元，应记入“管理费用”账户的借方。其会计分录如下：

借：管理费用　　2 500
　贷：库存现金　　2 500

【例 4-34】 12 月 31 日，用银行存款 10 000 元支付咨询费。

该笔经济业务的发生，使银行存款减少 10 000 元，应记入“银行存款”账户的贷方；同时增加管理费 10 000 元，应记入“管理费用”账户的借方。其会计分录如下：

借：管理费用　　10 000
　贷：银行存款　　10 000

【例 4-35】 12 月 31 日，按生产工人工资比例分配本月制造费用 71 960 元。

本月生产 A 产品、B 产品过程中的各种共同费用，在费用发生时已记入“制造费用”账户的借方。月末，应将汇集在“制造费用”账户借方的共同费用，按适当的标准分配记入各种产品的“生产成本”账户。分配的标准有：生产工人工时、生产工人工资和机器工时等。企业在选用分配制造费用的标准时，应考虑分配标准与制造费用的负担有没有因果关系，以保证分配结果的合理性。

制造费用
的核算

制造费用分配率公式为：

制造费用分配率＝制造费用总额÷选用的分配费用标准合计

则：　制造费用分配率＝71 960÷(120 000＋80 000)＝0.359 8

A产品应分配的制造费用＝120 000×0.359 8＝43 176(元)

B产品应分配的制造费用＝80 000×0.359 8＝28 784(元)

其会计分录如下：

借：生产成本——A产品　　43 176

　　　　　——B产品　　28 784

　贷：制造费用　　71 960

【例4-36】 12月31日，本月投产的A产品为15 000件，B产品为6 000件，均已完工并已验收入库，没有期初和期末在产品。计算本月完工产品的生产成本。

产品生产成本，又称产品制造成本，是指制造企业为生产一定种类、一定数量的产品所支出的各种生产费用总和。在计算产品生产成本时，如果成本计算期与生产周期一致，则期末所有的产品都是完工产品，不存在完工产品与期末在产品的费用分配问题；如果成本计算期与生产周期不一致，则期末既可能有完工产品又可能有期末在产品，此时要计算完工产品成本就必须将生产费用在完工产品与期末在产品之间进行分配。本例中ABC公司没有期初在产品，本月投产的A、B产品均已完工，所以也没有期末在产品。A产品、B产品的成本计算过程如表4-3所示。

表4-3　产品生产成本计算单　　单位：元

成本项目	A产品(15 000件)		B产品(6 000件)	
	总成本	单位成本	总成本	单位成本
直接材料	144 000	9.60	56 000	9.33
直接人工	124 900	8.33	81 400	13.57
制造费用	43 176	2.88	28 784	4.80
产品生产成本	312 076	20.81	166 184	27.70

这项业务的发生，一方面使库存商品增加，应记入“库存商品”账户的借方；另一方面使产品生产成本减少，应记入“生产成本”账户的贷方。其会计分录如下：

借：库存商品——A产品　　312 076

　　　　　——B产品　　166 184

　贷：生产成本——A产品　　312 076

　　　　　　——B产品　　166 184

ABC公司生产过程核算总分类核算以“T”形账户格式表示，如图4-31所示。

借方	库存现金	贷方
	(29)	1 000
	(30)	3 000
	(31)	2 500

制造费用

借方		贷方	
(22)	1 000	(33)	71 960
(23)	10 000		

应付职工薪酬

借方		贷方	
(25)	560	(23)	240 000
(27)	60 000	(25)	7 980
(29)	400		

银行存款

借方		贷方	
		(24)	7 980
		(26)	240 000
		(32)	10 000

生产成本

借方		贷方	
(22)	200 000	(34)	478 260
(23)	200 000		
(25)	6 300		
(33)	71 960		

累计折旧

借方		贷方	
		(27)	74 000

累计摊销

借方		贷方	
		(28)	1 500

库存商品

借方		贷方	
(34)	478 260		

原材料

借方		贷方	
		(22)	204 000

其他应收款

借方		贷方	
(30)	3 000		

管理费用

借方		贷方	
(22)	3 000		
(23)	30 000		
(25)	1 120		
(27)	14 000		
(28)	1 500		
(29)	600		
(31)	2 500		
(32)	10 000		

图 4-31　生产过程总分类核算"T"形账户

第四节　企业销售过程核算

一、企业销售过程核算的内容

销售过程是商品价值的实现过程。在这一过程中，产品从生产领域退出，进入流通领域，企业一方面将产品销售给购货方，确认主营业务收入，同时交付相应的产品，并结转相关产品的主营业务成本；另一方面，要按售价收取货款并按照规定的税率计算收取增值税额。这时，企业的经营资金就从产成品资金形态转化为货币资金形态，完成了一次资金循环。企业在取得主营业务收入时，应按国家税法规定的税率计算并结转税金及附加，如消费税、资源税、城市建设维护税、教育费附加等。企业除取得主营业务收入以外，可能还会取得材料销售、代购代销、包装物出售及出租等其他业务收入，同时也应结转与其相关的其他业务成本。此外，企业应结转在销售过程中发生的如运输费、包装费、广告费、保险费以及为销售本企业产品而专设的销售机构（含销售网点、售后服务网点等）的职工薪酬、业务费、折旧费等经营费用。

综上所述，企业销售过程核算的主要内容包括：销售产品并办理货款结算，确认主营业务收入和其他业务收入；还要确认并结转主营业务成本、税金及附加、其他业务成本、销售费用等。

二、收入的确认

收入的确认

收入是指企业在日常活动中形成的、会导致所有者权益增加的、与所有者投入资本无关的经济利益的总流入，包括销售商品收入、提供劳务收入、让渡资产使用权收入等，但不包括为第三方或客户代收的款项。

按企业经营业务的主次划分，可将收入分为主营业务收入和其他业务收入。不同行业的企业，主营业务收入所包括的内容不同。制造业企业的主营业务收入主要包括销售商品、自制半成品、提供工业性劳务等取得的收入。

销售商品收入核算的一个重要问题就是销售商品收入的确认，即销售商品收入何时入账的问题。《企业会计准则第 14 号——收入》(2017 年修订)规定，企业应当在履行了合同中的履约义务，即在客户取得相关商品控制权时确认收入。取得相关商品控制权，是指能够主导该商品的使用并从中获得几乎全部的经济利益。

当企业与客户之间的合同同时满足下列条件时，企业应当在客户取得相关商品控制权时确认收入：

(1) 合同各方已批准该合同并承诺将履行各自义务。

(2) 该合同明确了合同各方与所转让商品或提供劳务相关的权利和义务。

(3) 该合同有明确的与所转让商品相关的支付条款。

(4) 该合同具有商业实质，即履行该合同将改变企业未来现金流量的风险、时间分布或金额。

(5) 企业因向客户转让商品而有权取得的对价很可能收回。

三、企业销售过程核算应设置的账户

核算销售过程中所发生的经济业务，一般应设置“主营业务收入”“主营业务成本”“其他业务收入”“其他业务成本”“税金及附加”“销售费用”“应收账款”“应收票据”“预收账款（或合同负债）”“坏账准备”“信用减值损失”“资产减值损失”等账户。

1.“主营业务收入”账户

它属于损益类账户，用以核算企业根据收入准则确认的销售商品、提供劳务等主营业务的收入。销售商品的收入应按企业与购货方签订的合同或协议金额或双方接受的金额确定。贷方登记实现的主营业务收入，借方登记销售退回以及期末转入“本年利润”账户的主营业务收入；结转后该账户期末无余额。该账户应按销售产品品种或类别设置明细分类账，进行明细分类核算，其结构如图 4-32 所示。

借方　　主营业务收入	贷方
本期发生额：转入“本年利润”账户的主营业务收入数额	本期发生额：本期实现的主营业务收入数额

图 4-32　“主营业务收入”账户结构

2.“主营业务成本”账户

它属于损益类账户，用以核算企业根据收入准则确认销售商品、提供劳务等主营业务收入时应结转的成本。借方登记已销售商品、提供劳务的实际成本；贷方登记销售退回应冲减销售成本和期末转入“本年利润”账户的销售成本；结转后该账户期末无余额。该账户应按主营业务的种类设置明细分类账，进行明细分类核算，其结构如图 4-33 所示。

借方　　主营业务成本	贷方
本期发生额：结转已销商品或劳务的实际成本	本期发生额：转入“本年利润”账户的数额

图 4-33　“主营业务成本”账户结构

3.“其他业务收入”账户

它属于损益类账户，用以核算企业根据收入准则确认的除主营业务以外的其他经营活动实现的收入，包括出租固定资产、出租无形资产、出租包装物和商品、销售材料、用材料进行非货币性交换（在非货币性资产交换具有商业实质且公允价值能够可靠计量的情况下）或债务重组等实现的收入。贷方登记实现的其他业务收入，借方登记月末转入“本年利润”账户的其他业务收入；结转后该账户期末无余额。该账户应按其他业务的种类设置明细分类账，进行明细分类核算，其结构如图 4-34 所示。

借方　　其他业务收入	贷方
本期发生额：转入“本年利润”账户的其他业务收入数额	本期发生额：本期发生的其他业务收入数额

图 4-34　“其他业务收入”账户结构

4."其他业务成本"账户

它属于损益类账户,用以核算企业除主营业务活动以外的其他经营活动所发生的支出,包括销售材料的成本、出租固定资产的累计折旧、出租无形资产的累计摊销、出租包装物的成本或摊销额、采用成本模式计量的投资性房地产的累计折旧等。借方登记企业在月末因实现其他业务收入而结转的实际成本、费用以及相关税金及附加等;贷方登记期末转入"本年利润"账户的金额;结转后期末应无余额。该账户应按其他业务的种类设置明细分类账,进行明细分类核算,其结构如图 4-35 所示。

借方　　　　　其他业务成本	贷方
本期发生额:本期发生的其他业务成本数额	本期发生额:转入"本年利润"账户的数额

图 4-35 "其他业务成本"账户结构

5."税金及附加"账户

它属于损益类账户,用以核算企业经营活动发生的消费税、城市维护建设税、印花税、房产税、城镇土地使用税、资源税和教育费附加等相关税费。借方登记企业按照规定计算的应缴纳的各种税费;贷方登记期末转入"本年利润"账户的金额;结转后该账户期末无余额,其结构如图 4-36 所示。

借方　　　　　税金及附加	贷方
本期发生额:本期按照规定计算的应缴纳的各种税费	本期发生额:转入"本年利润"账户的数额

图 4-36 "税金及附加"账户结构

6."销售费用"账户

它属于损益类账户,用以核算企业销售商品和材料、提供劳务的过程中发生的各种费用,包括保险费、包装费、展览费和广告费、商品维修费、预计产品质量保证损失、运输费、装卸费等以及为销售本企业商品而专设的销售机构(含销售网点、售后服务网点等)的职工薪酬、业务费、折旧费等经营费用。借方登记企业在销售商品过程中发生的各项费用;贷方登记期末转入"本年利润"账户的金额;结转后该账户期末应无余额。该账户应按费用项目设置明细分类账,进行明细核算,其结构如图 4-37 所示。

借方　　　　　销售费用	贷方
本期发生额:本期发生的各项销售费用	本期发生额:结转记入"本年利润"账户的数额

图 4-37 "销售费用"账户结构

7."应收账款"账户

它属于资产类账户,用以核算企业因销售商品、产品、提供劳务等取得的无条件收取货款的权利。无条件收款权利是指仅取决于时间流逝因素的收款权利。不单独设置"预收账款"账户的企业,预收的账款也在该账户核算。借方登记发生的应收账款;贷方登记企业已经收回的应收账款；期末借方余额反映企业尚未收回的应收账款，其结构如图 4-38 所示。

借方　应收账款	贷方
期初余额：期初未收的货款 本期发生额：本期发生的无条件收款权利	本期发生额：本期实际收回的货款
期末余额：期末尚未收回的货款	

图 4-38　“应收账款”账户结构

8. “应收票据”账户

它属于资产类账户，用以核算企业因销售商品、产品、提供劳务等而收到的商业汇票，包括银行承兑汇票和商业承兑汇票。借方登记应收票据的增加；贷方登记因应收票据的兑付、贴现、转让等减少的金额；期末借方余额反映企业持有的商业汇票的票面金额。该账户应按开出、承兑商业汇票的单位设置明细分类账进行明细核算。企业还应设置“应收票据备查簿”，逐笔登记每一张应收票据的种类、票号和出票日期、票面金额等详细资料，应收票据到期结清票款后，应在备查簿中逐笔注销，其结构如图 4-39 所示。

借方　应收票据	贷方
期初余额：期初持有的商业汇票金额 本期发生额：本期收到的商业汇票金额	本期发生额：商业汇票减少的金额
期末余额：期末持有的商业汇票金额	

图 4-39　“应收票据”账户结构

9. “预收账款（或合同负债）”账户

它属于负债类账户，用以核算企业按照合同规定向购货单位预收的款项。预收账款情况不多的，也可将预收的款项直接记入“应收账款”账户。贷方登记企业向购货单位预收的款项；借方登记企业销售实现时应冲销数额；期末贷方余额表示企业向购货单位预收的款项；期末借方余额表示企业应由购货单位补付的款项。该账户应按购货单位设置明细分类账，进行明细核算，其结构如图 4-40 所示。

借方　预收账款	贷方
本期发生额：本期预收账款减少数	期初余额：期初预收账款实有数 本期发生额：本期预收账款增加数
	期末余额：期末预收账款实有数

图 4-40　“预收账款”账户结构

10. “坏账准备”账户

它属于资产类备抵账户，是“应收账款”和“其他应收款”等应收款项账户的抵减账户，用以核算企业以摊余成本计量的应收款项等发生减值时计提的减值准备。贷方登记以预期信用损失为基础提取的坏账准备以及重新收回已转销的坏账；借方登记实际发生的坏账损失以及按规定应转销的坏账准备;期末贷方余额表示已经提取但尚未冲销的坏账准备。该账户按应收款项的类别设置明细分类账户,进行明细核算,其结构如图 4-41 所示。

借方	坏账准备 贷方
本期发生额:本期实际发生的坏账损失	期初余额:上期已经提取但尚未冲销的坏账准备 本期发生额:本期提取的坏账准备或重新收回已转销的坏账数
	期末余额:期末已经提取但尚未冲销的坏账准备

图 4-41 "坏账准备"账户结构

11."信用减值损失"账户

它属于损益类账户,用以核算企业计提的各项金融工具减值准备所形成的预期信用损失。借方登记本期计提的信用减值损失的金额,期末从贷方转入"本年利润"账户,结转后无余额。该账户按减值的项目设置明细分类账,进行明细核算,其结构如图 4-42 所示。

借方	信用减值损失 贷方
本期发生额:本期计提的信用减值损失的金额	本期发生额:结转记入"本年利润"账户的数额

图 4-42 "信用减值损失"账户结构

12."资产减值损失"账户

它属于损益类账户,用以核算企业计提除金融工具之外的资产减值所形成的损失。借方登记本期计提的各项资产减值准备的金额,期末从贷方转入"本年利润"账户,结转后无余额。该账户按资产减值的项目设置明细分类账,进行明细核算,其结构如图 4-43 所示。

借方	资产减值损失 贷方
本期发生额:本期计提的各项资产减值准备的金额	本期发生额:结转记入"本年利润"账户的数额

图 4-43 "资产减值损失"账户结构

四、企业销售过程核算举例

20××年 12 月,ABC 公司在销售过程中发生如下经济业务:

【例 4-37】 12 月 3 日,销售给长华工厂 A 产品 5 000 件,增值税专用发票所列的单价为 32 元,价款为 160 000 元,增值税额为 20 800 元,款项已收到并存入银行。

该项业务的发生一方面增加企业银行存款,另一方面销售商品增加企业收入,增加企业的主营业务收入和应交增值税(销项税额)。其会计分录如下:

借:银行存款	180 800	
贷:主营业务收入——A 产品		160 000
应交税费——应交增值税(销项税额)		20 800

【例 4-38】 12 月 3 日,销售给东南公司 B 产品 1 200 件,增值税专用发票上所列的单

价为 37.5 元，货款为 45 000 元，增值税额为 5 850 元，收到对方开出的承兑期为 3 个月的银行承兑汇票。

该项经济业务与上例基本相同，但收到的货款不是现款而是应收票据。其会计分录如下：

借：应收票据——东南公司　　50 850
　　贷：主营业务收入——B 产品　　45 000
　　　　应交税费——应交增值税（销项税额）　　5 850

【例 4-39】 12 月 4 日，销售给南海公司 A 产品 2 000 件，增值税专用发票上所列的单价为 30 元，货款为 60 000 元，增值税额为 7 800 元，款项尚未收到。

该项经济业务与[例 4-38]基本相同，只是货款未收到，“应收账款”账户增加，记入其借方。其会计分录如下：

借：应收账款——南海公司　　67 800
　　贷：主营业务收入——B 产品　　60 000
　　　　应交税费——应交增值税（销项税额）　　7 800

【例 4-40】 12 月 6 日，收到大华公司预付购买 B 产品的货款 30 000 元，已存入银行。

该项经济业务的发生，一方面使预收账款增加 30 000 元，另一方面使银行存款增加 30 000 元，应分别记入“预收账款”账户的贷方和“银行存款”账户的借方。其会计分录如下：

借：银行存款　　30 000
　　贷：预收账款——大华公司　　30 000

【例 4-41】 12 月 10 日，以银行存款支付销售商品广告费 5 000 元。

企业发生的广告费应记入“销售费用”账户的借方同时银行存款减少。其会计分录如下：

借：销售费用——广告费　　5 000
　　贷：银行存款　　5 000

【例 4-42】 12 月 11 日，按合同向预付货款的大华公司发出 B 产品 1 500 件，增值税专用发票上所列的单价为 40 元，货款为 60 000 元，增值税额为 7 800 元。

该项经济业务是[例 4-40]的后续业务，在企业发出产品时确认销售商品收入，收入增加，记入“主营业务收入”贷方，结算原预收账款，记入“预收账款”的借方。其会计分录如下：

借：预收账款——大华公司　　67 800
　　贷：主营业务收入——B 产品　　60 000
　　　　应交税费——应交增值税（销项税额）　　7 800

【例 4-43】 12 月 12 日，出租无形资产取得含税收入 53 000 元，款项已收到并存入银行。

出租无形资产需要交纳增值税，增值税税率为 6%。首先把收取的 53 000 元的含增值税收入转换为不含增值税的收入，然后再计算增值税销项税额。

不含税收入＝53 000÷(1＋6%)＝50 000(元)

销项税额＝50 000×6%＝3 000(元)

该笔经济业务的发生一方面增加银行存款，另一方面增加其他业务收入，记入“其他业务收入”和“应交税费——应交增值税(销项税额)”账户的贷方。其会计分录如下：

借：银行存款　　53 000
　　贷：其他业务收入　　50 000
　　　　应交税费——应交增值税(销项税额)　　3 000

【例 4-44】 计提出租无形资产的本期摊销额 8 000 元。

出租无形资产的本期摊销额应记入“其他业务成本”账户的借方和“累计摊销”账户的贷方。其会计分录如下：

借：其他业务成本　　8 000
　　贷：累计摊销　　8 000

【例 4-45】 12 月 31 日，计提坏账准备 25 500 元。

根据会计准则的规定，企业可以按照应收款项期末余额的一定比例计提坏账准备。计提的坏账准备应记入“信用减值损失”账户的借方和“坏账准备”账户的贷方。其会计分录如下：

借：信用减值损失　　25 500
　　贷：坏账准备　　25 500

【例 4-46】 12 月 31 日，结转本月已销 A 产品的销售成本 144 800 元，B 产品的销售成本 74 680 元。

已销库存商品的销售成本应从“库存商品”账户的贷方转入“主营业务成本”账户的借方。其会计分录如下：

借：主营业务成本——A 产品　　144 800
　　　　　　　　——B 产品　　74 680
　　贷：库存商品——A 产品　　144 800
　　　　　　　　——B 产品　　74 680

【例 4-47】 12 月 31 日，对外出售材料一批，取得含增值税收入为 90 400 元，增值税税率为 13%，款项已存入银行。该材料的成本为 75 000 元。

企业取得的 90 400 元是含税收入，把含增值税收入转换为不含增值税收入，即：

不含税收入＝90 400÷(1＋13%)＝80 000(元)

销项税额＝80 000×13%＝10 400(元)

该笔经济业务属于主营业务以外的“其他销售——材料销售”，为其他业务收入的增加，应记入“银行存款”账户的借方和“其他业务收入”与“应交税费——应交增值税(销项税额)”账户的贷方。其会计分录如下：

借：银行存款　　90 400
　　贷：其他业务收入　　80 000
　　　　应交税费——应交增值税(销项税额)　　10 400

对外出售材料成本 75 000 元应记入“其他业务成本”账户的借方，同时原材料的减少应记入“原材料”账户的贷方。其会计分录如下：

借：其他业务成本　　75 000
　　贷：原材料　　75 000

【例 4-48】 12 月 31 日，根据规定计算出本月应缴纳城市维护建设税 6 000 元，教育费附加 4 600 元。

按规定计算的本月应缴纳的城市维护建设税和教育费附加共计 10 600 元，应记入“税金及附加”账户的借方；应缴纳的城市维护建设税 6 000 元记入“应交税费——应交城建税”账户的贷方，应缴纳的教育费附加 4 600 元记入“应交税费——应交教育费附加”账户的贷方。其会计分录如下：

借：税金及附加　　10 600
　　贷：应交税费——应交城建税　　6 000
　　　　　　　　——应交教育费附加　　4 600

ABC 公司销售过程核算总分类核算以“T”形账户格式表示，如图 4-44 所示。

借方　　银行存款　　贷方

(35)	180 800	(39)	5 000
(38)	30 000		
(41)	53 000		
(45)	90 400		

借方　　应交税费　　贷方

		(35)	20 800
		(36)	5 850
		(37)	7 800
		(40)	7 800
		(41)	3 000
		(45)	10 400
		(46)	10 600

借方　　应收票据　　贷方

(36)	50 850		

借方　　预收账款　　贷方

(40)	67 800	(38)	30 000

借方　　应收账款　　贷方

(37)	67 800		

借方　　主营业务收入　　贷方

		(35)	160 000
		(36)	45 000
		(37)	60 000
		(40)	60 000

借方　　原材料　　贷方

		(45)	75 000

借方	库存商品	贷方
		(44) 219 480

借方	坏账准备	贷方
		(43) 25 500

借方	累计摊销	贷方
		(42) 8 000

借方	销售费用	贷方
(39) 5 000		

借方	信用减值损失	贷方
(43) 25 500		

借方	主营业务成本	贷方
(44) 219 480		

借方	税金及附加	贷方
(46) 10 600		

借方	其他业务收入	贷方
		(41) 50 000
		(45) 80 000

借方	其他业务成本	贷方
(42) 8 000		
(45) 75 000		

图 4-44 销售过程总分类核算“T”形账户

第五节 企业财务成果的核算

一、财务成果的构成

利润的核算

财务成果又称利润，是指企业在一定会计期间的经营成果，它是企业在一定会计期间内实现的收入减去费用后的净额。企业的利润，就其构成来看，既有通过生产经营活动而获得的，又有通过投资活动而获得的，还包括那些与生产经营活动无直接关系的事项所引起的盈亏。

企业利润总额一般由营业利润和营业外收支净额两部分构成，用公式表示如下所示：

利润总额＝营业利润＋营业外收入－营业外支出

其中，营业利润＝营业收入－营业成本－税金及附加－销售费用－管理费用－财务费用
－资产减值损失－信用减值损失＋投资收益

营业收入＝主营业务收入＋其他业务收入

营业成本＝主营业务成本＋其他业务成本

净利润＝利润总额－所得税费用

投资收益是指企业以各种方式对外投资取得的收益扣除投资损失后的余额以及处置投资时的收益或损失，包括对外投资取得的利润、股利、债券利息、处置投资的损益等。

营业外收入是指与企业生产经营活动没有直接关系的各项收入，主要包括债务重组利得、罚没利得、与企业日常活动没有直接关系的政府补助利得、捐赠利得、非流动资产的毁损及报废收益等。

营业外支出是指不属于企业生产经营费用，与企业生产经营活动没有直接关系，但按照有关规定应从企业实现的利润总额中扣除的支出。包括债务重组损失、捐赠支出、赞助支出、非常损失、盘亏损失、非流动资产毁损报废损失等。

所得税费用是指企业应计入当期损益的所得税。

二、利润分配

企业取得的净利润应当按规定进行分配。利润分配的过程和结果，不仅关系到所有者的合法权益是否能够得到保护，而且还关系到企业能否长期、稳定地发展。根据我国《公司法》的规定，有限责任公司和股份有限公司每期实现的利润，首先弥补以前年度尚未弥补的亏损，然后按下列顺序进行分配：

利润分配的核算

(1) 提取法定盈余公积。企业必须按当年税后利润的10%提取法定盈余公积金。当法定盈余公积金达到公司注册资本的50%时，可不再提取。

(2) 提取任意盈余公积。

(3) 向投资者分配利润。

企业本年实现的净利润扣除提取的盈余公积后加上年初未分配利润，为可供分配的利润。向投资者分配利润后，剩余的即为未分配利润（或未弥补亏损）。未分配利润可留待以后年度进行分配。

由此看来，财务成果核算的主要内容包括：利润有关构成项目的核算、利润形成业务的核算及利润分配业务的核算。

三、财务成果核算应设置的会计账户

为了正确核算企业经营成果及利润分配的情况，应设置“本年利润”“投资收益”“营业外收入”“营业外支出”“所得税费用”“利润分配”“盈余公积”“应付股利”等账户。

1. “本年利润”账户

它属于所有者权益类账户，用来核算企业在本年度实现的净利润（或发生的净亏损）。贷方登记转入的主营业务收入、其他业务收入、其他收益、营业外收入、投资净收益等；借方登记转入的主营业务成本、其他业务成本、税金及附加、销售费用、管理费用、财务费用、资产减值损失、营业外支出、投资净损失和所得税费用等；期末借方余额表示本年度累计亏损额；期末贷方余额表示本年度累计实现的利润净额。年末应将贷方累计实现利润净额或借方累

计亏损额转入利润分配账户，故该账户年末无余额，其结构如图 4-45 所示。

借方　　　　本年利润	贷方
期初余额：期初累计亏损额 本期发生额：转入的成本、费用、支出等 1. 主营业务成本 2. 税金及附加 3. 其他业务成本 4. 销售费用 5. 管理费用 6. 财务费用 7. 信用减值损失 8. 资产减值损失 9. 营业外支出 10. 投资净损失 11. 所得税费用	期初余额：期初累计实现利润净额 本期发生额：转入的各项收入 1. 主营业务收入 2. 其他业务收入 3. 营业外收入 4. 投资净收益 5. 其他收益 6. 资产处置收益
（或）期末余额：期末累计亏损额 年终结转：结转的全年净利润额	期末余额：期末累计实现利润净额 年终结转：结转的全年净亏损额

图 4-45 “本年利润”账户结构

2. “投资收益”账户

它属于损益类账户，用以核算企业确认的投资收益或投资损失。贷方登记本期实现的各项投资收益和期末转入“本年利润”账户借方的投资净损失；借方登记本期发生的投资损失和期末转入“本年利润”账户贷方的投资净收益；结转后期末无余额，其结构如图 4-46 所示。

借方　　　　投资收益	贷方
本期发生额：本期发生的投资损失数额转入“本年利润”账户的投资净收益	本期发生额：本期实现的投资收益数额转入“本年利润”账户的投资净损失

图 4-46 “投资收益”账户结构

3. “营业外收入”账户

它属于损益类账户，用以核算企业发生的与生产经营无直接关系的各项收入。贷方登记本期发生的各项营业外收入；借方登记期末转入“本年利润”账户贷方的营业外收入；结转后期末无余额。该账户应按照收入项目设置明细分类账，进行明细核算，其结构如图 4-47 所示。

借方　　　　营业外收入	贷方
本期发生额：转入“本年利润”账户的数额	本期发生额：本期实现的营业外收入数额

图 4-47 “营业外收入”账户结构

4. “营业外支出”账户

它属于损益类账户，用来核算企业发生的与生产经营无直接关系的各项支出。借方登记本期发生的各项营业外支出;贷方登记期末转入“本年利润”账户借方的营业外支出;结转后期末无余额。该账户应按支出项目设置明细分类账,进行明细核算,其结构如图 4-48 所示。

借方 营业外支出	贷方
本期发生额:本期发生的营业外支出数额	本期发生额:转入“本年利润”账户的数额

图 4-48 “营业外支出”账户结构

5.“所得税费用”账户

它属于损益类账户,用来核算企业确认的应从当期利润总额中扣除的所得税费用。借方登记按照税法规定计算确定的所得税费用;贷方登记期末转入“本年利润”账户的所得税费用数额;结转后该账户无余额。其账户结构如图 4-49 所示。

借方 所得税费用	贷方
本期发生额:本期发生的所得税费用数额	本期发生额:期末转入“本年利润”账户的所得税费用数额

图 4-49 “所得税费用”账户结构

6.“利润分配”账户

它属于所有者权益类账户,用以核算企业利润分配(或亏损的弥补)情况。该账户平时借方登记利润的分配数。年度终了时,企业若实现了利润,将全年实现的净利润,从“本年利润”账户借方结转记入“利润分配”账户的贷方;若发生了亏损,将全年发生的亏损,从“本年利润”账户贷方结转记入“利润分配”账户的借方。结转后“利润分配”账户如为贷方余额,表示期末未分配的利润数额;如为借方余额,表示期末未弥补的亏损数额,其结构如图 4-50 所示。

借方 利润分配	贷方
期初余额:期初累计未弥补亏损数 本期发生额:本期净利润分配数及结转的本年累计亏损数	期初余额:期初累计未分配利润数 本期发生额:本期弥补的亏损数及结转的本年累计净利润数
(或)期末余额:期末累计未弥补亏损数	期末余额:期末累计未分配利润数

图 4-50 “利润分配”账户结构

“利润分配”账户下应设置“提取盈余公积”“应付股利”“未分配利润”等明细分类账户,进行明细核算。年度终了时,将“利润分配”科目所属其他明细科目的余额转入“利润分配——未分配利润”明细科目,结转后,“利润分配”除“未分配利润”明细科目外,其他明细科目均无余额。

7.“盈余公积”账户

它属于所有者权益类账户,用以核算企业从净利润中提取的盈余公积。贷方登记提取的盈余公积；借方登记盈余公积的补亏数额或转增资本数额等减少数；期末贷方余额反映企业已提取但尚未使用的盈余公积金额，该账户按盈余公积的种类设置明细分类账，进行明细核算，其结构如图4-51所示。

借方　　　　盈余公积	贷方
本期发生额：本期盈余公积的减少数	期初余额：期初盈余公积结存数 本期发生额：本期提取的盈余公积数
	期末余额：期末盈余公积结存数

图4-51　“盈余公积”账户结构

8.“应付股利”账户

它属于负债类账户，用以核算企业经董事会或股东大会，或类似机构决议确定分配的现金股利或利润。贷方登记应支付的现金股利或利润；借方登记实际支付数；期末贷方余额反映期末尚未支付的现金股利或利润，其结构如图4-52所示。

借方　　　　应付股利	贷方
本期发生额：本期应付股利的减少数	期初余额：期初应付未付股利或利润 本期发生额：本期应付股利的增加数
	期末余额：期末应付未付股利或利润

图4-52　“应付股利”账户结构

四、财务成果核算举例

【例4-49】　20××年12月，ABC公司在财务成果核算中发生如下经济业务。12月30日，ABC公司用银行存款支付罚款2 000元。

该笔经济业务的发生应记入“营业外支出”账户的借方和“银行存款”账户的贷方。其会计分录如下：

借：营业外支出　　　　2 000
　　贷：银行存款　　　　2 000

【例4-50】　12月30日，收到罚款收入3 500元，款项已存入银行。

该笔经济业务的发生，一方面使营业外收入增加，应记入“营业外收入”账户的贷方；另一方面使银行存款增加，应记入“银行存款”账户的借方。其会计分录如下：

借：银行存款　　　　3 500
　　贷：营业外收入　　　　3 500

【例4-51】　12月30日，以银行存款42 000元捐赠给希望小学。

该笔经济业务的发生，应记入“银行存款”账户的贷方和“营业外支出”账户的借方。其会计分录如下：

借：营业外支出　　42 000
　　贷：银行存款　　42 000

【例 4-52】 12 月 30 日，从联营单位分得投资利润 100 000 元，已存入银行。

该笔经济业务的发生，应记入“银行存款”账户的借方和“投资收益”账户的贷方。其会计分录如下：

借：银行存款　　100 000
　　贷：投资收益　　100 000

【例 4-53】 12 月 31 日，结转各损益类账户。将各账户的贷方发生净额从借方转入“本年利润”账户的贷方，将各账户的借方发生净额从贷方转入“本年利润”账户的借方。其会计分录如下：

借：主营业务收入　　325 000
　　其他业务收入　　130 000
　　营业外收入　　3 500
　　投资收益　　100 000
　　贷：本年利润　　558 500

借：本年利润　　451 050
　　贷：主营业务成本　　219 480
　　　　税金及附加　　10 600
　　　　其他业务成本　　83 000
　　　　销售费用　　5 000
　　　　管理费用　　62 720
　　　　财务费用　　750
　　　　信用减值损失　　25 500
　　　　营业外支出　　44 000

通过以上账项结转，12 月所有损益类账户的净发生额均结转到“本年利润”账户，损益类账户都没有余额了。计算出 ABC 公司 12 月实现的利润总额，即税前利润为：

$$利润总额=558\ 500-451\ 050=107\ 450(元)$$

企业获利后，还应按照税法规定计算缴纳企业所得税。由于税法与企业会计准则在确认收入与费用时采用的标准不一样，所以应纳税所得额不一定等于企业利润，企业利润需要按照税法规定进行调整。ABC 公司 12 月从联营单位分得投资利润 10 万元属于符合条件的居民企业之间的权益性投资收益，免征企业所得税，应调减应纳税所得额 10 万元。

【例 4-54】 计算 ABC 公司 12 月的所得税费用。

$$\begin{aligned}所得税费用&=(利润总额\pm纳税调整)\times适用所得税税率\\&=(107\ 450-100\ 000)\times25\%\\&=1\ 862.50(元)\end{aligned}$$

该笔经济业务的发生，引起所得税费用增加和应交税费的增加，应记入“所得税费用”账户的借方和“应交税费——应交所得税”账户的贷方。其会计分录如下：

借：所得税费用　　1 862.50
　　贷：应交税费——应交所得税　　1 862.50

将“所得税费用”账户的借方发生额从其贷方结转至“本年利润”账户借方。其会计分录如下：

借：本年利润　　1 862.50
　　贷：所得税费用　　1 862.50

通过以上账项结转，12月所有损益类账户发生额均汇集于“本年利润”账户，可计算得出ABC公司12月实现的净利润，即税后利润为：

$$净利润=107\ 450-1\ 862.5=105\ 587.50(元)$$

【例4-55】 ABC公司20××年1—11月已经实现净利润248 412.50元，全年实现净利润为354 000元，从“本年利润”账户的借方结转到“利润分配——未分配利润”的贷方。其会计分录如下：

借：本年利润　　354 000
　　贷：利润分配——未分配利润　　354 000

【例4-56】 12月31日，按全年净利润354 000元的10%计算提取法定盈余公积。

这项经济业务的发生，一方面使企业利润分配数增加35 400元，另一方面使企业盈余公积增加35 400元。分配的利润数应记入“利润分配”账户的借方；盈余公积的增加，应记入“盈余公积”账户的贷方。其会计分录如下：

借：利润分配——提取法定盈余公积　　35 400
　　贷：盈余公积——法定盈余公积　　35 400

【例4-57】 12月31日，企业决定向投资者分配利润180 000元。

这项经济业务的发生，一方面使利润分配数额增加180 000元，另一方面使企业应付投资者的利润增加180 000元，应记入“利润分配”账户的借方和“应付股利”账户的贷方。其会计分录如下：

借：利润分配——应付股利　　180 000
　　贷：应付股利　　180 000

【例4-58】 12月31日，将“利润分配”账户的“提取法定盈余公积”“应付股利”明细账户转入“未分配利润”明细账户。其会计分录如下：

借：利润分配——未分配利润　　215 400
　　贷：利润分配——提取法定盈余公积　　35 400
　　　　　　　　——应付股利　　180 000

至此“本年利润”账户没有余额了，除“利润分配——未分配利润”明细账户外，“利润分配”的其他明细账户也没有余额，“利润分配——未分配利润”账户的贷方余额即为年末累计没有分配的利润。假定该企业“利润分配——未分配利润”账户期初余额为0，则：

$$年末未分配利润=0+354\ 000-(35\ 400+180\ 000)=138\ 600(元)$$

ABC公司财务成果总分类核算以“T”形账户格式表示，如图4-53所示。

银行存款

借方		贷方	
(48)	3 500	(47)	2 000
(50)	100 000	(49)	42 000

应付股利

借方		贷方	
		(55)	180 000

主营业务成本

借方		贷方	
		(51)	219 480
(44)	219 480		

应交税费

借方		贷方	
		(52)	1 862.50

税金及附加

借方		贷方	
(46)	10 600	(51)	10 600

主营业务收入

借方		贷方	
(51)	325 000	(35)	160 000
		(36)	45 000
		(37)	60 000
		(40)	60 000

销售费用

借方		贷方	
(39)	5 000	(51)	5 000

管理费用

借方		贷方	
(22)-(32)净发生额合计	62 720	(51)	62 720

其他业务收入

借方		贷方	
(51)	130 000	(41)	50 000
		(45)	80 000

财务费用

借方		贷方	
(6)	750	(51)	750

信用减值损失

借方		贷方	
(43)	25 500	(51)	25 500

其他业务成本

借方		贷方	
(42)	8 000	(51)	83 000
(45)	75 000		

借方	投资收益	贷方
(51) 100 000		(50) 100 000

借方	所得税费用	贷方
(52) 1 862.50		(52) 1 862.50

借方	营业外收入	贷方
(51) 3 500		(48) 3 500

借方	营业外支出	贷方
(47) 2 000		(51) 44 000
(49) 42 000		

借方	本年利润	贷方
(51) 451 050		期初： 248 412.50
(52) 1 862.50		(51) 558 500
(53) 354 000		

借方	盈余公积	贷方
		(54) 35 400

借方	利润分配——提取法定盈余公积	贷方
(54) 35 400		(56) 35 400

借方	利润分配——未分配利润	贷方
(56) 215 400		(53) 354 000
		期末余额： 138 600

借方	利润分配——应付股利	贷方
(55) 180 000		(56) 180 000

图 4-53 财务成果总分类核算“T”形账户

本章小结

1. 企业资金筹集业务

企业资金筹集过程是资金运动的起点。企业应根据其生产经营、对外投资、调整资本结构的需要，通过资本市场，运用各种筹资方式，经济有效地筹集资金。企业可以利用筹集到的资金，一部分运用于企业内部和外部投资，内部投资包括购置生产经营所需要的厂房、机器设备、专利权、商标权等，外部投资包括购买股票和债券等；另一部分作为流动资金运用于经营活动。

企业资金筹集过程设置的主要账户包括："实收资本""资本公积""短期借款""长期借款""财务费用""应付利息"等。

2. 企业生产准备业务

企业生产准备过程需运用货币资金，从市场上选择购进生产所需的生产设备和各种原材料，形成生产储备。在这一过程的交换中，企业付出货币资金，其价值转移到购进的有关资产中，构成了有关资产的取得成本。

企业生产准备过程设置的主要账户包括："固定资产""在建工程""在途物资"(或"材料采购")、"原材料""应付账款""预付账款""应交税费"等。

3. 企业生产过程业务

企业生产过程是工业企业生产经营活动中极为重要的一个阶段。企业要生产产品，必须消耗所购入的各种原材料，支付职工薪酬，发生厂房、机器、设备等固定资产的损耗以及其他各种费用。这一过程发生的各项支出，构成生产费用，主要包括：直接材料、直接人工、其他直接支出、制造费用等。

企业生产过程设置的主要账户包括："生产成本""制造费用""库存商品""应付职工薪酬""累计折旧""累计摊销""管理费用""其他应收款"等。

4. 企业销售过程业务

企业销售过程是工业企业将制造完工的产品进入市场流通的过程，也是企业的生产耗费通过产品销售取得补偿并实现积累的过程。其主要经济业务是发出产品、确认收入、与购货单位结算货款、支付各种销售费用、结转已售产品成本等。

企业销售过程设置的主要账户包括："主营业务收入""主营业务成本""其他业务收入""其他业务成本""税金及附加""销售费用""应收票据""应收账款""预收账款""资产减值损失""坏账准备"等。

5. 企业财务成果业务

企业财务成果的核算过程包括利润核算和利润分配核算两方面的内容。

利润是企业在一定时期内从事生产经营活动所取得的经营成果。企业需要用生产经营过程所获得的收入，抵偿它所付出的成本和费用，并计算实现的利润或发生的亏损。对企业实现的利润，要以所得税的形式将一部分上缴给国家，形成国家的财政收入；对纳税后的剩余利润，一部分作为利润(或股利)分派给投资者，另一部分留存在企业，以满足企业扩大生产经营需要。利润是反映企业经济效益的一项重要指标。

利润分配是指企业根据国家规定和股东会议决议，对企业净利润进行的分配。

企业财务成果的核算需要设置的主要账户包括："本年利润""投资收益""营业外收入""营业外支出""所得税费用""利润分配""盈余公积""应付股利"等。

复习思考题

1. 制造业企业的经营活动主要包括哪些经济业务？
2. 企业在筹资过程、生产准备过程、生产过程和销售活动中，一般需要涉及哪些账户？

3. 企业资金筹集渠道有哪些？分别包括什么内容？
4. 利润由哪几部分构成？各部分有哪些具体内容？
5. “利润分配”账户有关明细账户的结构及其相互关系如何？

练习题

一、单项选择题

1. 实收资本是指(　　)。
A. 国家资本　　B. 个人资本
C. 法人资本　　D. 投资者投入资本
2. 实收资本账户的期末(　　)。
A. 无余额　　B. 余额在贷方
C. 余额在借方　　D. 余额可能在贷方也可能在借方
3. 增值税一般纳税人企业购买材料时缴纳的增值税进项税额应记入(　　)。
A. “应交税费”账户的贷方　　B. “应交税费”账户的借方
C. “在途物资”账户的借方　　D. “在途物资”账户的贷方
4. “制造费用”账户的期末(　　)。
A. 一般无余额　　B. 余额在借方
C. 余额在贷方　　D. 余额方向不确定
5. “累计折旧”账户核算固定资产的(　　)。
A. 净值　　B. 现行市价
C. 原始价值　　D. 因损耗而减少的价值
6. 生产产品使用的机器设备计提的折旧额应记入(　　)。
A. “管理费用”账户的借方　　B. “制造费用”账户的借方
C. “生产成本”账户的借方　　D. “销售费用”账户的借方
7. 企业基本生产车间为组织管理本车间生产而发生的各项生产费用应计入(　　)。
A. 生产成本　　B. 管理费用　　C. 制造费用　　D. 主营业务成本
8. 某企业(增值税一般纳税人)购入一批材料，增值税专用发票上注明的材料价款为20 000元，增值税额为2 600元，另外支付包装费300元，材料整理费100元。该批材料的实际成本为(　　)元。
A. 20 300　　B. 20 400　　C. 22 600　　D. 23 000
9. 结转已售商品销售成本时，应记入(　　)账户的贷方。
A. “生产成本”　　B. “本年利润”　　C. “库存商品”　　D. “主营业务成本”
10. 企业销售产品取得的产品销售收入中(　　)。
A. 包括收取的增值税销项税额　　B. 包括交纳的增值税
C. 不包括收取的增值税销项税额　　D. 包括增值税进项税额
11. 企业实现的净利润是指(　　)。
A. 营业利润　　B. 息税前利润
C. 所得税前利润　　D. 所得税后利润

12. 企业行政管理人员的薪酬应记入(　　)账户。
A. "制造费用"　B. "管理费用"　C. "销售费用"　D. "财务费用"
13. 利息支出应记入(　　)账户。
A. "财务费用"　B. "销售费用"　C. "管理费用"　D. "制造费用"
14. "所得税费用"账户属于(　　)类账户。
A. 资产　B. 负债　C. 成本　D. 损益
15. "本年利润"账户年末余额应转入(　　)账户。
A. "利润分配"　B. "应付股利"　C. "盈余公积"　D. "资本公积"
16. "利润分配"账户属于(　　)账户。
A. 资产类　B. 负债类　C. 所有者权益类　D. 损益类
17. 盈余公积是从(　　)中提取的。
A. 税后利润　B. 税前利润　C. 收入总额　D. 营业利润
18. 下列收入中,属于营业外收入的是(　　)。
A. 存款利息收入　B. 捐赠利得　C. 出售材料收入　D. 出售产品收入
19. 下列项目中,不属于生产成本的是(　　)。
A. 生产工人工资　B. 生产用固定资产折旧
C. 生产产品耗用材料　D. 公司总部管理人员工资
20. 下列项目中,不属于营业利润构成要素的是(　　)。
A. 主营业务收入　B. 主营业务成本
C. 营业外收入　D. 税金及附加

二、多项选择题

1. 在实际成本法下,"原材料"账户是用来反映和监督企业(　　)。
A. 入库材料的实际成本　B. 入库材料的计划成本
C. 发出材料的实际成本　D. 发出材料的计划成本
2. 下列支出中,可计入固定资产原值的有(　　)。
A. 购入固定资产的买价　B. 购入固定资产的运杂费
C. 购入固定资产的包装费　D. 购入固定资产的安装费
3. 对于增值税一般纳税人企业,下列项目中,应记入"在途物资"账户借方的有(　　)。
A. 材料买价　B. 运杂费
C. 增值税进项税额　D. 库存材料保管费
4. 下列项目中,组成材料的采购成本的有(　　)。
A. 材料买价　B. 运杂费
C. 运输途中的合理损耗　D. 入库前的挑选整理费用
5. "累计折旧"账户结构包括(　　)。
A. 贷方登记折旧减少　B. 贷方登记折旧增加
C. 借方登记折旧减少　D. 借方登记折旧增加
6. 制造业企业一般应开设的成本类账户有(　　)。
A. 主营业务成本　B. 生产成本
C. 制造费用　D. 管理费用

7. 下列费用中,可直接计入生产成本的有(　　)。
A. 生产工人的工资
B. 生产工人的福利费
C. 固定资产折旧费
D. 生产产品领用材料费
8. 影响企业营业利润的项目有(　　)。
A. 管理费用
B. 所得税费用
C. 主营业务收入
D. 主营业务成本
9. "应交税费"账户的期末余额(　　)。
A. 如在贷方,表示未缴纳的税金
B. 有时有贷方余额
C. 有时无余额
D. 有时有借方余额
10. 属于营业外收入的项目有(　　)。
A. 销售原材料取得的收入
B. 确实无法支付的应付款项
C. 捐赠利得
D. 报废毁损固定资产净收益
11. 属于管理费用的项目有(　　)。
A. 利息支出
B. 公司总部办公费用
C. 销售费用
D. 总经理薪酬
12. 企业利润分配的主要内容包括(　　)。
A. 计算应交所得税
B. 向股东分配利润
C. 提取法定盈余公积
D. 提取任意盈余公积
13. 影响利润总额的因素包括(　　)。
A. 罚没利得
B. 期间费用
C. 所得税费用
D. 投资收益
14. 属于"制造费用"账户核算的项目有(　　)。
A. 车间一般耗用材料
B. 生产用设备折旧费
C. 生产甲产品工人的工资
D. 车间管理人员工资
15. 企业自有资金的筹集方式包括(　　)。
A. 吸收直接投资
B. 发行股票
C. 向银行借款
D. 发行债券

三、判断题

1. "预付账款"账户属于债权性质,因此其余额一定在借方。(　　)
2. 物资采购成本就是供货单位开具的发票金额。(　　)
3. 漏记固定资产折旧可能会虚增当期利润。(　　)
4. "本年利润"账户在每月末和年终时均应有余额。(　　)
5. 企业为筹集资金而发生的费用应计入管理费用。(　　)
6. "固定资产"账户应反映固定资产的折余价值。(　　)
7. "管理费用"账户的借方发生额应于期末时分配计入产品成本。(　　)
8. 企业销售商品时未收到货款,但收到了收取货款的凭据,客户已取得了该商品的控制权,应在销售当期确认为收入。(　　)
9. 领用原材料投入产品生产,原材料费用应作为期间费用加以确认。(　　)
10. "在途物资"账户的借方余额,表示在途材料的实际成本。(　　)

11. “生产成本”账户属于成本类账户，故期末必定无余额。（　）
12. 销售产品时发生的运输费用应记入“销售费用”账户。（　）
13. 企业全部固定资产的磨损价值都应作为生产成本的一部分。（　）
14. 根据收入的定义，凡是与企业日常经营活动无关的收入，均不属于收入要素的内容。（　）
15. “盈余公积”账户属于所有者权益类账户。（　）
16. 预收货款时，可作为收入实现进行账务处理。（　）
17. “应收账款”账户期末有可能出现贷方余额。（　）
18. “无形资产”账户反映无形资产的摊余价值。（　）
19. “营业外支出”账户用来核算企业发生的与生产经营无直接关系的各项支出。（　）
20. 企业结转生产成本时，应借记“主营业务成本”账户，贷记“生产成本”账户。（　）
21. 为管理企业生产经营活动发生的工资、材料消耗、固定资产损耗等支出，应记入“生产成本”账户。（　）

四、实务题

1. 资料：Y公司20××年12月资金筹集业务如下：

(1) 12月8日，接受M公司投资300 000元，已存入银行。

(2) 12月10日，接受B公司投入专利权一项，价值200 000元。

(3) 12月19日，向银行借入为期六个月的贷款1 000 000元，款项已存入银行。

(4) 12月20日，向银行借入为期三年的用于购建固定资产的专门借款10 000 000元，款项已存入银行。

(5) 12月22日，一笔到期还本付息的短期借款到期，归还本金300 000元，利息56 700元，以银行存款支付，利息已预提。

(6) 12月30日，计算应由本月负担的短期借款利息5 000元。

(7) 12月31日，归还到期一次还本付息的长期借款本金1 000 000元，利息58 000元（利息已预提），以银行存款支付。

要求：根据上述经济业务编制会计分录。

2. 资料：某企业采用实际成本法进行材料的日常核算。20××年9月发生以下物资采购业务，其中增值税税率为13%（便于简化核算采购运费的进项税额抵扣暂不考虑）：

(1) 向光明工厂购买甲种材料10 000千克，每千克0.40元，共4 000元，应交增值税进项税额520元，材料已运抵企业，但尚未办理入库手续，货款尚未支付。

(2) 上述甲材料运杂费400元，已用银行存款支付。

(3) 购买乙种材料5 000千克，单价6元，计30 000元，增值税额3 900元，运杂费200元，共计34 100元，一并从银行存款中支付。

(4) 上述甲、乙两种材料全部验收入库，结转其实际成本。

(5) 向新华工厂购买丙材料10 000千克，每千克0.50元，购买丁材料5 000千克，每千克1元，丙、丁材料共计10 000元，应交增值税进项税额1 300元。同时发生丙、丁材料运费600元（运杂费按两种材料重量比例分配），上述款项已全部用银行存款支付。

(6) 上述丙、丁材料已全部验收入库，结转其实际成本。

(7) 用银行存款归还以前欠光明工厂货款 4 680 元。

要求：编制上述经济业务的会计分录。

3. 资料：中南公司 20××年 10 月发生以下经济业务：

(1) 仓库发出材料，用途如表 4-4 所示。

表 4-4　　　　仓库发出材料用途　　　　单位：元

用途	金额
用于 A 产品生产	250 000
用于 B 产品生产	200 000
车间一般耗用	10 000
企管部门领用	20 000
合　　计	480 000

(2) 从银行提取现金 103 000 元，准备发放工资。

(3) 用库存现金发放工资 103 000 元。

(4) 计算并分配本月应付职工薪酬如表 4-5 所示。

表 4-5　　　　应付职工薪酬　　　　单位：元

用途	金额
A 产品生产工人工资	50 000
B 产品生产工人工资	30 000
车间管理人员工资	8 000
企业管理部门人员工资	15 000
合　　计	103 000

(5) 本月车间使用固定资产应提折旧 1 500 元，管理部门使用固定资产应提折旧 1 200 元。

(6) 用库存现金支付车间办公费 500 元。

(7) 本月应摊销无形资产 400 元。

(8) 企业租用营业用房一间，以银行存款预付下一年度租金 45 000 元。

(9) 本月应摊销管理部门的营业用房租金 1 500 元。

(10) 计算应由本月负担但尚未支付的银行短期借款利息 6 000 元。

(11) 以银行存款支付本月负担水电费 8 000 元，其中车间用 6 000 元，管理部门用 2 000 元。

(12) 用银行存款支付总经理王芳会议费 400 元。

(13) 结转本月归集的制造费用。按工时比例分配：A 产品工时为 6 600 小时，B 产品工时为 3 400 小时。

(14) 本月 A 产品 100 件、B 产品 100 件均全部完工，按实际成本入库（"生产成本"账户无期初余额）。

要求：编制上述经济业务的会计分录。

4. 资料：中南公司（一般纳税人）20××年 10 月发生以下经济业务：

(1) 销售A产品24件，每件不含税售价4 600元，共计110 400元，增值税税率为13%，货款已收到并存入银行。

(2) 销售给华南工厂B产品40件，每件不含税售价3 400元，共计136 000元，增值税税率为13%，产品已提走，但货款尚欠。

(3) 销售给红旗工厂A产品5件、B产品5件，共收取含税收入45 200元，增值税税率为13%，货款已收到并存入银行。

(4) 以银行存款支付本月产品广告费7 200元。

(5) 销售给华光工厂A、B产品各1件，不含税价款共计8 000元，增值税税率为13%，收到面值为9 040元的商业承兑汇票一张。

(6) 按有关规定，用银行存款支付上月应缴纳增值税9 600元。

(7) 结转本月已售A产品、B产品销售成本，A产品每件3 500元，B产品每件2 400元。

要求：编制上述经济业务的会计分录。

5. 资料：

中南公司（一般纳税人）20××年10月发生以下经济业务：

(1) 中南公司（一般纳税人）20××年10月损益类账户发生额见实务题3和实务题4。

(2) 出售甲材料20千克，单价30元，增值税税率为13%，收到货款并存入银行。

(3) 结转本月出售甲材料的实际成本400元。

(4) 用银行存款对外捐赠1 000元。

(5) 收到职工罚款1 500元，存入银行。

(6) 本期计算的税金及附加共计1 840元。

(7) 企业收到分得的股利10 000元，存入银行（征税收入）。

(8) 将本期主营业务收入、其他业务收入、投资收益、营业外收入等账户发生额转入"本年利润"账户。

(9) 将本期管理费用、销售费用、财务费用、主营业务成本、税金及附加、其他业务成本、营业外支出等发生额转入"本年利润"账户（具体资料见实务题3、实务题4及本题资料）。

(10) 按税前利润计算本月应交所得税费用，所得税税率为25%（假定无纳税调整事项）。

(11) 结转所得税费用。

要求：编制上述经济业务的会计分录。

6. 资料：某企业为增值税一般纳税人，适用的增值税税率为13%。20××年11月30日各总分类账户余额及有关账户明细资料如下：

"库存商品"账户余额150 000元，其中：

(1) A库存商品400件，每件200元，计80 000元。

(2) B库存商品1 400件，每件50元，计70 000元。

(3) "应收账款"账户余额3 000元系新华工厂所欠货款。

(4) "应付账款"账户余额1 000元系欠八一工厂货款。

各账户余额如表4-6所示。

表 4-6 **账户余额表**

企业:××× 20××年11月30日 单位:元

账户名称	借方余额	账户名称	贷方余额
库存现金	1 500	短期借款	42 600
银行存款	139 000	应付账款	1 000
应收账款	3 000	其他应付款	300
预付账款	14 000	应交税费	1 000
原材料	125 000	实收资本	1 000 000
库存商品	150 000	盈余公积	14 000
固定资产	882 000	本年利润	427 600
利润分配	326 000	累计折旧	154 000
合计	1 640 500	合计	1 640 500

本年12月发生下列经济业务:

(1) 向光明厂购入甲材料价款140 000元,增值税税率为13%,所有款项以银行存款支付。材料已验收入库,按其实际采购成本转账。

(2) 向八一工厂购入乙材料价款400 000元,增值税税率为13%,货款未付,材料已到达但未验收入库。

(3) 以库存现金支付上述购入乙材料的搬运费6 000元,并办理验收入库手续。

(4) 仓库发出材料400 000元,其中,用于生产A产品219 000元,B产品181 000元。

(5) 从银行提取现金30 000元备用。

(6) 以银行存款支付职工工资240 000元。

(7) 结算本月职工工资240 000元,如表4-7所示。

表 4-7 **职工工资** 单位:元

用途	金额
A产品生产工人工资	100 000
B产品生产工人工资	100 000
车间管理人员工资	30 000
管理部门职工工资	10 000
合计	240 000

(8) 根据本期职工福利计划,12月福利费支出情况如表4-8所示。

表 4-8 **福利费** 单位:元

用途	金额
A产品生产工人福利费	1 400
B产品生产工人福利费	1 400
车间管理人员福利费	420
管理部门职工福利费	140
合计	3 360

结算本月份职工福利费，福利费以银行存款支付。

(9) 仓库发出材料 20 000 元，供车间使用。

(10) 收到新华工厂还来欠款 3 000 元，存入银行。

(11) 以银行存款支付上月应交税费 1 000 元。

(12) 计提本月固定资产折旧 30 000 元，其中：车间使用固定资产折旧 25 000 元；管理部门使用固定资产 5 000 元。

(13) 摊销本月应计入制造费用的预付账款——房屋租赁费 14 000 元。

(14) 将制造费用按生产工人工资比例摊配到 A、B 两种产品成本中。

(15) 本月 A 产品投产 2 000 件，B 产品投产 6 000 件都已全部完工，按其实际生产成本(A 产品和 B 产品均无期初余额)转账。

(16) 出售库存商品给新华工厂，A 产品 1 800 件，每件售价 250 元，B 产品 4 400 件，每件售价 100 元，共计售价 890 000 元，增值税税率 13%，货款尚未收到。

(17) 结转上述出售库存商品(不一定是本期生产)销售成本，计 A 产品每件 185 元，B 产品每件 54 元，共计 570 600 元。

(18) 用库存现金支付销售产品销售费用 1 100 元。

(19) 以银行存款支付临时借款利息 5 000 元。

(20) 本月应计入管理费用的预付账款——房屋租赁费为 1 200 元。

(21) 由于自然灾害使辅助材料损坏 300 千克，价值 1 120 元，经批准，作营业外支出处理。

(22) 出售多余材料含税价款 2 260 元，增值税税率 13%，货款存入银行。同时结转该材料的实际成本 1 500 元。

(23) 将 12 月各损益账户发生额转至本年利润账户，结出 12 月利润。

(24) 按 12 月利润总额的 25%计算应交所得税，并结转所得税费用。

(25) 按全年税后利润的 10%提取盈余公积金。

要求：编制上述经济业务会计分录。

第五章　会 计 凭 证

学习目的

本章介绍会计核算的基本方法——填制和审核会计凭证。通过本章学习，学生应明确会计凭证是进行会计核算的依据；掌握填制和审核会计凭证的基本技能；熟悉会计凭证的涵义及种类；熟练掌握原始凭证和记账凭证的填制方法和填制要求；熟悉会计凭证的传递和保管。

第一节　会计凭证概述

会计凭证

一、会计凭证的意义

会计凭证简称凭证，是记录经济业务发生和完成情况，明确经济责任并据以登记会计账簿的书面证明。填制和审核会计凭证是会计核算工作的开始，也是对单位经济业务进行日常监督的重要环节。

无论何种性质的企业或单位在发生经济业务时，都应该由执行或完成经济业务的相关人员从企业外部取得或自行填制有关会计凭证，以书面形式记载和证明已经发生的经济业务的内容等，并在会计凭证上签名或盖章，以对经济业务的合法合规性、客观性、完整性负责。

会计凭证的填制和审核，对于如实反映单位发生的经济业务的内容，有效监督经济业务的合理性和合法性，保证会计核算资料的真实性、可靠性、合理性，发挥会计在经济管理中的作用，具有十分重要的意义。填制和审核会计凭证作为会计核算的专门方法之一，在经济管理中具有以下意义：

(1) 填制和取得会计凭证，可以及时正确地反映经济业务的实际完成情况。企业日常会发生各种各样的经济业务，如资金的取得和运用、生产经营过程中活劳动和物化劳动的消耗、销售收入的实现、费用的发生和财务成果的分配等。会计人员通过及时填制或审核会计凭证，对日常发生的大量分散的经济业务加以全面的记录，并进行整理、分类、汇总，从而使会计凭证成为记录企业经济活动的业务档案，为经济管理和会计监督提供重要的原始依据。

(2) 填制和取得会计凭证，可以为记账提供依据。会计凭证是登记各种会计账簿的重要依据。没有凭证，不能记账。通过会计凭证的填制和取得，并按一定方法对会计凭证进行整理、分类、汇总，可以为记账提供真实、可靠的依据，从而保证会计记录的客观性、真实性和正确性，防止主观臆断和弄虚作假等行为。通过会计凭证的及时传递，能够对经济业务及时地进行记录。

(3) 审核会计凭证，可以更有效地监督和控制经济活动。通过会计凭证的审核，可以监督经济业务的合法性，检查经济业务是否符合国家的有关法律制度，是否符合财务收支的方针、计划和预算的规定；检查经济业务有无违法乱纪，违反会计制度的现象，有无铺张浪费、贪污、盗窃等损害公共财产的行为发生；可以及时发现经济管理中存在的问题和管理制度中存在的漏洞，及时加以制止和纠正，从而确保经济业务合理、合法和有效，以改善企业经营管理，提高经济效益。监督经济业务的发生，控制经济业务的有效实施，是发挥会计管理职能的重要内容。

(4) 填制和审核会计凭证，便于分清经济责任，加强经济管理中的责任制。经济业务发生后，要由经办人员取得或填制会计凭证，证明经济业务已经发生或完成；同时要由有关的经办人员，在会计凭证上签字、盖章，明确业务责任人。通过会计凭证的填制和审核，使有关责任人在其职权范围内各司其职、各负其责，并利用会计凭证填制、审核的手续制度，进一步完善经济责任制，促使有关人员在自己的职责范围内严格按照规章办事，提高责任感。即使以后发现了问题，也易于根据会计凭证弄清情况，区分责任，做出正确的裁决。

二、会计凭证的种类

会计凭证是多种多样的，可以按照不同的标志进行分类，但最主要的是按照其用途和填制程序分类，分为原始凭证和记账凭证两类。填制程序是指不同的会计凭证产生的时间的先后顺序，而用途是指会计凭证用于何种会计处理。原始凭证是指在经济业务发生时取得或填制的，用来证明该经济业务发生的完整性和真实性；记账凭证是指根据原始凭证填制的，用来将经济业务转换为会计信息。

记账凭证和原始凭证同属于会计凭证，但二者存在以下差别：

(1) 原始凭证一般由业务经办人员填制；记账凭证一律由会计人员填制。

(2) 原始凭证是根据发生或完成的经济业务填制的；记账凭证是根据审核无误的原始凭证填制的。

(3) 原始凭证用以记录、证明经济业务已经发生或完成；记账凭证用以明确相应经济业务的会计分录。

(4) 原始凭证是填制记账凭证的依据；记账凭证是登记会计账簿的依据。

(5) 原始凭证反映的是经济业务的原貌，具有法律效力；记账凭证是人为加工过的，不具备法律效力。

第二节 原始凭证

一、原始凭证的含义及种类

原始凭证

原始凭证，又称单据，是在经济业务发生或完成时取得或填制的，用以记录和证明经济业务发生或完成情况，明确经济责任，作为记账原始依据的会计凭证。原始凭证记载着大量的经济信息，是证明经济业务内容和完成情况的初始文件，是具有法律效力的书面证明。因此，原始凭证是进行会计核算的原始资料和重要依据。发生经济业务后，必须取得或填制原始凭证，并及时送交会计部门，进行会计核算。工作计划、购销合同、购料申请单等不能证明经济业务发生或完成情况的各种单证不能作为原始凭证进行会计核算。

原始凭证种类很多，可以根据不同的标准进行分类。

（一）原始凭证按照取得来源分类

原始凭证按照取得的来源不同，可以分为外来原始凭证和自制原始凭证两类。

1. 外来原始凭证

外来原始凭证，简称外来凭证，是指在同外部单位发生经济业务往来时，从外单位取得的原始凭证。例如，企业购货时从供应单位取得的增值税专用发票，由收款单位或个人开具的收据，银行的收账通知单、付账通知单等。其一般格式如图 5-1 和表 5-1 所示。

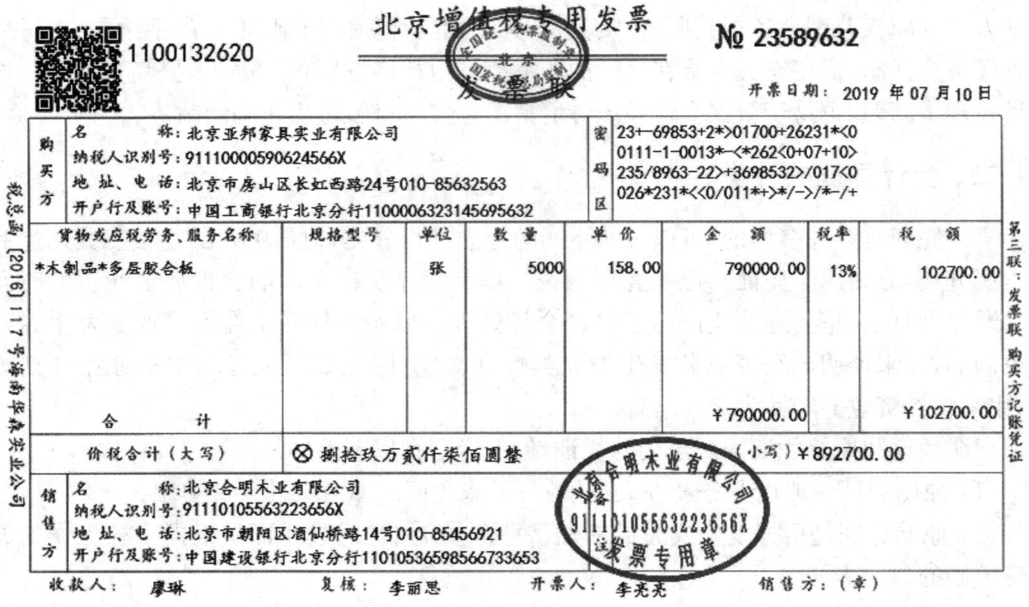

1100132620　　北京增值税专用发票　　№ 23589632

发票联　　开票日期：2019 年 07 月 10 日

购买方	名　　称：北京亚邦家具实业有限公司 纳税人识别号：91110000590624566X 地 址、电 话：北京市房山区长虹西路24号010-85632563 开户行及账号：中国工商银行北京分行1100006323145695632	密码区	23+-69853+2*>01700+26231*<0 0111-1-0013*-<*262<0+07+10> 235/8963-22>+3698532>/017<0 026*231*<<0/011*+>*/->/*-/+

货物或应税劳务、服务名称	规格型号	单位	数量	单价	金额	税率	税额
*木制品*多层胶合板		张	5000	158.00	790000.00	13%	102700.00
合　　计					¥790000.00		¥102700.00
价税合计（大写）	⊗ 捌拾玖万贰仟柒佰圆整				（小写）¥892700.00		

销售方	名　　称：北京合明木业有限公司 纳税人识别号：91110105563223656X 地 址、电 话：北京市朝阳区酒仙桥路14号010-85456921 开户行及账号：中国建设银行北京分行11010536598566733653	备注	

收款人：廖琳　　复核：李丽思　　开票人：李亮亮　　销售方：（章）

税总函〔2016〕117号海南华森实业公司

第三联：发票联　购买方记账凭证

图 5-1　增值税专用发票

表 5-1　　　　**收　据**

单位：　　　　年　月　日　　　　编号：

品　名	单　位	数　量	单　价	金　额
合计人民币(大写)：				

企业盖章：　　　　经手人：

2. 自制原始凭证

自制原始凭证是指由本单位内部经办业务的部门或个人，在执行或完成某项经济业务时自行填制的凭证。常见的自制原始凭证有：企业仓库部门填制的“材料验收单”“产品入库验收单”“销售发货票”“发出材料汇总表”，生产车间及其他部门申请领料时填制的“领料单”，企业职工出差向单位借款填制的“借款审批单”，以及财会部门编制的“工资费用结算单”“制造费用分配表”等。领料单的格式如表 5-2 所示。

表 5-2 **领 料 单**

年 月 日

<table>
<tr><td colspan="4">领用车间或部门：
用途：</td><td colspan="4">编号：
仓库：</td></tr>
<tr><td rowspan="2">材料
类别</td><td rowspan="2">材料
编号</td><td rowspan="2">材料名称
及规格</td><td rowspan="2">计量
单位</td><td colspan="2">数 量</td><td rowspan="2">单 价</td><td rowspan="2">金 额</td></tr>
<tr><td>请 领</td><td>实 发</td></tr>
<tr><td></td><td></td><td></td><td></td><td></td><td></td><td></td><td></td></tr>
</table>

记账： 发料： 领料部门负责人： 领料：

(二) 原始凭证按照填制手续分类

原始凭证按照填制手续不同，可以分为一次凭证、累计凭证、汇总原始凭证和记账编制凭证四类。

1. 一次凭证

一次凭证是指只反映一项经济业务，或者同时反映若干项同类性质的经济业务，其填制手续是一次完成的会计凭证。大多数的原始凭证都是一次凭证。例如，企业购进材料验收入库，由仓库保管员填制的收料单；车间或班组向仓库领用材料时填制的领料单；以及报销人员填制的、出纳人员据以付款的报销凭证等。一次凭证使用方便灵活，但凭证数量较多。外来原始凭证一般均属一次凭证。其一般格式如表 5-3 和表 5-4 所示。

表 5-3 **差旅费报销单**

年 月 日

<table>
<tr><td rowspan="2">日 期</td><td rowspan="2">说 明</td><td colspan="6">费 用</td><td rowspan="2">备 注</td></tr>
<tr><td>住宿费</td><td>餐 费</td><td>交通费</td><td>补 贴</td><td>其 他</td><td>合 计</td></tr>
<tr><td></td><td></td><td></td><td></td><td></td><td></td><td></td><td></td><td></td></tr>
<tr><td></td><td></td><td></td><td></td><td></td><td></td><td></td><td></td><td></td></tr>
</table>

部门： 填表人： 部门主管： 财务主管：

表 5-4 华新股份有限公司借款审批单

编号：14

借款用途	差旅费				
借款金额	人民币(大写)：陆仟伍佰元整				¥6 500.00
借款部门	销售部	借款人	赵明	部门负责人	夏雨
借款日期	20××.11.13	借款人说明	本次借款拟核销时间：□10 日内 □15 日内		
财务主管	马鸣	主管领导	周运	单位领导	武斌

2. 累计凭证

累计凭证是指在规定期限内(如一个月)，随着经济业务的多次、连续发生，分次填列，连续反映某一种经济业务，能够多次使用的自制原始凭证。它是由经办人于每次经济业务完成后在原有记录基础上继续填制而成，到期末按其累计数作为记账依据。使用累计凭证可以简化原始凭证的填制手续，并能随时将累计发生额与定额或计划数进行比较，以达到控制费用开支的目的。例如，制造业企业使用的限额领料单，在凭证中标明了某种材料在规定期限内的领用额度，用料单位每次领料及退料，都要由经办人员在限额领料单上逐笔记录和签章，并结出限额结余。使用这种凭证，既可以做到对领用材料的事前控制，又可以减少凭证填制的手续。限额领料单的一般格式如表 5-5 所示。

表 5-5 限额领料单

年 月 日

领用车间： 用途： 材料类别编号：		名称规格： 计量单位： 领用定额：		计划产量： 单位消耗定额： 单价：	
日 期	请领数量	实发数量	限额结余数量	领料车间 负责人签章	领料人签章
累计实发金额：					

供应部门负责人： 生产计划部门负责人： 仓库管理员：

3. 汇总原始凭证

汇总原始凭证，又称原始凭证汇总表，是指在会计核算中，为简化记账凭证的编制工作，对一些经常重复发生的经济业务，将一定时期内(如一旬、一个月)若干份记录同类经济业务的原始凭证汇总编制一张汇总凭证，用以集中反映某项经济业务总括发生情况的会计凭证。例如，根据收料单编制的收料凭证汇总表、根据发料单编制的发料凭证汇总表、根据现金收入凭证编制的现金收入汇总表、根据货物验收单编制的收货汇总表、根据工资单编制的工资汇总表等，都是汇总原始凭证。汇总原始凭证所汇总的内容，只能是同类经济业务，即将反映同类经济业务的多张原始凭证汇总编制成一张汇总原始凭证。汇总原始凭证的一般格式如表 5-6 所示。

表 5-6 **发料凭证汇总表**

年 月 日

会计科目	领料部门	原材料	燃 料	合 计
生产成本——基本生产	A产品			
	B产品			
	小 计			
生产成本——辅助生产	供电车间			
	锅炉车间			
	小 计			
制造费用	一车间			
	二车间			
	小 计			
合 计				

会计负责人： 复核： 制表：

4. 记账编制凭证

企业自制的各种原始凭证一般都是以实际发生或完成的经济业务为依据，由经办人员填制并签章。但有些自制原始凭证，是由会计人员根据会计账簿的记录，对某些经济业务加以归类、整理而重新编制的。这种由会计人员根据账簿记录而填制的原始凭证，称为记账编制凭证。例如，在计算产品成本时，"制造费用分配表"就是根据制造费用明细账记录的数字和费用的用途进行填制的。其一般格式如表 5-7 所示。

表 5-7 **制造费用分配表**

20××年 11 月 30 日 单位：元

产品名称	分配标准(工时)	分配率	分配金额
A产品	1 500		3 000
B产品	3 000		6 000
合 计	4 500	2	9 000

(三) 原始凭证其他分类

原始凭证按填制方法和来源分类是其主要的分类方法，除此之外还可以按凭证格式不同、凭证用途不同等标准分类。

1. 原始凭证按凭证格式分类

原始凭证按照凭证格式的不同，可以分为通用原始凭证和专用原始凭证两类。

(1) 通用原始凭证。通用原始凭证是指在全国或某行业、某部门以统一格式使用的原始凭证，如全国统一的异地结算银行凭证，税务部门统一印制格式的发票等。

(2) 专用原始凭证。专用原始凭证是指企业等单位为满足本单位内部管理的需要自行设计、制定、使用的原始凭证，如借款单、差旅费报销单等。

2. 原始凭证按用途分类

原始凭证按照凭证用途的不同，可以分为计算原始凭证、证明原始凭证和通知原始凭证三类。

(1) 计算原始凭证，又称为计算凭证，是指根据有关原始凭证和会计核算资料计算后编制的原始凭证，如"制造费用分配表""产品成本计算单""工资计算单"等。

(2) 证明原始凭证，又称为证明凭证，是指用来证明某项经济业务实际发生情况的凭证，如"产品入库单""领料单""固定资产报废单"发票等，需要上级批准的经济业务的批准文件，根据有关决定处理经济业务的有关会议决定或记录等。

(3) 通知原始凭证是指命令、指示、要求进行某项经济业务的原始凭证，如"罚款(扣款)通知单""工资标准执行单"等。

二、原始凭证的基本内容

在会计实务中，由于经济业务的内容和经济管理的要求不同，原始凭证的名称、格式和内容多种多样，其填制和审核的具体内容也会因此而多种多样。但是，每一种原始凭证都必须客观地、真实地记录和反映经济业务的发生和完成情况，都必须明确经办人员的责任。因此，各种原始凭证都必须具备一些共同的基本内容，这些基本内容也称为凭证基本要素。主要应包含以下几项：

1) 原始凭证的名称

原始凭证的名称表明原始凭证所记录经济业务内容的种类，反映原始凭证的用途，如"增值税专用发票""入库单""差旅费报销单"等。原始凭证必须有明确的名称，以便于凭证的管理和业务处理。

2) 填制凭证的日期和编号

填制原始凭证的日期一般是经济业务发生或完成的日期。准确地填制原始凭证的日期，便于其他相关部门对经济业务真实性、合理性的审查。如果在业务发生或完成时，因各种原因未能及时填制原始凭证的，应以实际填制凭证的日期为准。销售商品、产品时未能及时开出发票的，补开发票的日期应为实际填制发票时的日期。各种凭证一般都要求连续编号，以便于管理。

3) 填制凭证单位名称或者填制人姓名

填制凭证的单位或个人是经济业务发生的证明人，有利于了解经济业务的来龙去脉。

4) 接受凭证单位名称

通过接受单位的名称验证，可以查明经济业务是否确实是本单位发生的，以便于记账和查账。接受凭证单位的名称必须是全称，不得省略或不规范简写。例如，"上海市明月五金商贸有限公司"不可简写为"五金商贸公司"。将接受凭证单位与填制单位相联系，可以表明经济业务的来龙去脉，验证经济业务的真实性。

5) 经济业务的内容摘要

经济业务内容主要是表明经济业务的项目、名称及有关的附注说明。例如，品名、规格、型号、货号等。完整填写经济业务的内容，便于了解经济业务的具体情况，检查其真实性、合理性和合法性。

6) 经济业务的数量、单价和金额

经济业务的数量、单价和金额表明了经济业务的计量，是保证会计资料真实性的基础，是原始凭证的核心。特别是大、小写金额必须按规定完整填写，防止出现舞弊行为。

7）经办人员的签名或盖章

原始凭证上须由经济业务的直接经办人员签名盖章，可以据此明确经济责任。原始凭证在填制完成后，经办人员和有关责任人员都要认真审核并签章，对凭证的真实性、合法性负责。对于一些重大的经济业务，还应经过企业负责人签章，以示批准的职权。

8）原始凭证联次及用途说明

原始凭证通常不止一联，各联作用不同，因此应在凭证右侧标注说明。例如，增值税专用发票基本联次为三联：第一联为记账联，是销售方记账凭证；第二联为抵扣联，是购买方扣税凭证；第三联为发票联，是购买方记账凭证。

此外，有些原始凭证为了满足计划、统计或其他业务管理的需要，还要列入有关计划任务、定额、合同号码等，使原始凭证发挥多方面的作用。对于国民经济一定范围内经常发生的同类经济业务，应由主管部门制定统一的凭证格式。例如，由各专业银行统一印制的银行结算凭证，由运输部门统一印制的运单、客票。这种统一印制的原始凭证，既可以加强对凭证和企事业单位经济活动的管理，又可以节约印刷费用。

三、原始凭证的填制

原始凭证是根据经济业务活动的执行和完成情况来填制，并具有法律效力。填制原始凭证要由填制人员将各项原始凭证内容按规定方法填写齐全，办妥签章手续，明确经济责任。

原始凭证的填制有三种形式：一是根据实际发生或完成的经济业务，由经办人员直接填制，如“入库单”“出库单”“发票”等；二是根据已经入账的有关经济业务，由会计人员利用账簿资料进行加工整理填制，如各种记账编制凭证；三是根据若干张反映同类经济业务的原始凭证定期汇总填制汇总原始凭证。

由于原始凭证的种类不同，其具体填制方法和填制要求也不尽一致。但为了保证原始凭证能够正确、及时、清晰地反映各项经济业务的真实情况，明确经济责任，提高会计核算的质量，并真正具有法律效力，原始凭证的填制必须遵循以下几方面的要求：

（1）原始凭证的内容必须具备：①凭证的名称；②填制凭证的日期；③填制凭证单位名称或者填制人姓名；④经办人员的签名或者盖章；⑤接受凭证单位名称；⑥经济业务内容；⑦数量、单价和金额。原始凭证中规定的项目，必须逐项填写齐全，不得遗漏和省略。如果项目填写不全，则不能作为经济业务的合法证明，也不能作为有效的会计凭证。

（2）从外单位取得的原始凭证，必须盖有填制单位的公章或者有关专用章；从个人取得的原始凭证，必须有填制人员的签名或者盖章。自制原始凭证必须有经办单位领导人或者其指定人员的签名或者盖章。对外开出的原始凭证，必须加盖本单位公章或者有关专用章。

（3）凡填有大写和小写金额的原始凭证，大写与小写金额必须相符。购买实物的原始凭证，必须有验收证明。支付款项的原始凭证，必须有收款单位和收款人的收款证明。

（4）一式几联的原始凭证，应当注明各联的用途，只能以一联作为报销凭证。一式几联的发票和收据，必须用双面复写纸（发票和收据本身具备复写纸功能的除外）套写，并连续编号。作废时应当加盖“作废”戳记，连同存根一起保存，不得撕毁。

(5) 发生销货退回的，除填制退货发票外，还必须有退货验收证明；退款时，必须取得对方的收款收据或者汇款银行的凭证，不得以退货发票代替收据。

(6) 职工公出借款凭据，必须附在记账凭证之后。收回借款时，应当另开收据或者退还借据副本，不得退还原借款收据。

(7) 经上级有关部门批准的经济业务，应当将批准文件作为原始凭证附件。如果批准文件需要单独归档的，应当在凭证上注明批准机关名称、日期和文件字号。

(8) 原始凭证不得涂改、挖补。发现原始凭证有错误的，应当由开出单位重开或者更正，更正处应当加盖开出单位的公章。

四、原始凭证的审核

原始凭证是证明经济业务发生的直接依据，关系到整个会计工作与会计信息质量，是进行会计监督要把守的第一道关口。《中华人民共和国会计法》第十四条规定：会计机构、会计人员必须按照国家统一的会计制度的规定对原始凭证进行审核，对不真实、不合法的原始凭证有权不予接受，并向单位负责人报告；对记载不准确、不完整的原始凭证予以退回，并要求按照国家统一的会计制度的规定更正、补充。原始凭证记载的各项内容均不得涂改；原始凭证有错误的，应当由出具单位重开或者更正，更正处应当加盖出具单位印章。原始凭证金额有错误的，应当由出具单位重开，不得在原始凭证上更正。所以，为保证会计核算资料的真实、正确、合理、合法和完整，全部原始凭证都必须经过会计人员审核无误，才能登记入账。原始凭证审核的主要内容包括以下四个方面。

(一) 原始凭证的真实性审核

原始凭证的真实性是指原始凭证应如实反映经济业务的本来面貌，不得掩盖、歪曲和捏造。真实性审核包含以下四个方面：一是经济业务的双方当事单位和当事人必须是真实的；二是经济业务发生的时间、地点和填制凭证的日期必须是真实的；三是经济业务的内容必须是真实的；四是经济业务的实物量和价值量必须是真实的。

(二) 原始凭证的合法性审核

原始凭证合法性是指原始凭证所反映的经济业务必须符合国家政策、法令以及会计法规、制度和预算的规定。审核原始凭证是否有伪造、变造和涂改等弄虚作假行为，审核原始凭证记录的经济业务是否符合有关政策、法令、制度、计划、预算和合同等的规定，是否符合审批权限和手续，以及开支是否符合节约原则等。会计人员必须坚持原则，履行职责。原始凭证合法性审核具体包含以下三个方面：首先，原始凭证本身是真实的，不是伪造的，如假发票、假收据、假车票等均是不合法的；其次，原始票据的经济业务内容是否在报销范围内，如果原始凭证是真实的，但制度不允许报销的也是不合法的，如个人因私购买物品、外出旅游而用公款报销等；最后，要审核原始凭证报销金额额度是否在相关比例或限额以内。虽能报销，但超过规定比例和限额的部分也是不合法的，如职工出差超标准乘坐交通工具、住宾馆，超标准开支住宿费等。

(三) 原始凭证的完整性审核

原始凭证的完整性是指原始凭证应具备的要素必须完整，手续必须齐全。例如，双方经办人员必须签名或盖章；发票上应该印有税务监制章和盖有发票专用章；事业、行政单位收费应该开具的是财政部门统一印制的收据；购买实物的凭证必须有验收证明或使用证明人签章;需经领导签名批准的凭证应该有领导人的亲笔签名。

会计人员必须要根据原始凭证的要素,逐项审核原始凭证的内容是否填写齐全,有关经办人员是否都已签名或盖章,是否经过主管人员审批同意,手续是否完备,书写是否清晰。对于内容填列不全、手续不完备、书写不清楚的原始凭证应退回补办手续或更正后,才能据以办理有关业务。

(四) 原始凭证的准确性审核

原始凭证的准确性是指原始凭证的文字表述和数字计算必须准确无误。准确性审核包含以下四个方面:一是文字、数字的书写要清晰、工整、规范,不得潦草,不得任意自造简化字,不得任意省略;二是人民币符号"¥"与阿拉伯金额数字之间不得留有空白,数字前有"¥"的,后面不再写"元"字,汉字大写金额前必须有"人民币"三字,并且,它们之间不得留有空白;三是数量、单价与金额要计算准确无错,大小写金额应一致;四是原始凭证必须使用钢笔或圆珠笔填写,支票必须使用碳素墨水,并且数字不得更正。

会计人员应根据原始凭证的填写要求,审核原始凭证的摘要和数字及其他项目是否填写清楚、正确,数量、单价、金额、合计数等有无差错,大写与小写金额是否相符等。对于填写有差错的凭证,应退还经办人员进行更正后,才能进行下一步核算。

第三节 记 账 凭 证

一、记账凭证的含义及种类

记账凭证

记账凭证是会计人员根据审核无误的原始凭证确定经济业务应借、应贷的会计科目和金额,是登记会计账簿的直接依据。

在登记账簿之前,应按实际发生经济业务的内容编制会计分录,然后据以登记账簿。在实际工作中,会计分录是通过填制记账凭证来完成的。记账凭证记载的是会计信息,从原始凭证到记账凭证是经济信息转换成会计信息的过程。

由于原始凭证来自不同的单位,种类繁多,数量庞大,格式不一,只表明经济业务的具体内容,不能反映其归类的会计科目和记账方向,不能凭以直接登账。为了做到分类反映经济业务的内容,便于登记账簿,必须按会计核算方法的要求,根据原始凭证反映的内容,加以归类和整理,填制具有统一格式的记账凭证,指明应记入的账户名称和应借、应贷的金额,再据以记账。由此,原始凭证就成为记账凭证的附件和原始依据,而记账凭证则成为登账的直接依据。这样不仅可以简化记账工作、减少差错,而且有利于原始凭证的保管,便于对账和查账,提高会计工作质量。有些会计事项,如更正错账、期末结账等,因无法取得原始凭证,也可由会计人员根据账簿资料编制记账凭证。

记账凭证可以根据不同的标准进行分类。

1. 记账凭证按其反映的经济业务的内容及用途分类

记账凭证按其反映的经济业务的内容及用途不同,可分为通用记账凭证、专用记账凭证和汇总记账凭证。

(1) 通用记账凭证。通用记账凭证是以一种通用格式记录全部经济业务的记账凭证。企业发生的各种经济业务在填制记账凭证时只填一种凭证,企业也只设置这一种格式的记账凭证。一般来说，经济业务比较少时，可以采用此种凭证。其一般格式如表 5-8 所示。

表 5-8 **记 账 凭 证**

年　月　日　　　　字第　　号

摘　要	总账科目	明细科目	过账	借方金额	贷方金额
合　计					

附单据　张

财务主管：　　记账：　　出纳：　　审核：　　制单：

（2）专用记账凭证。专用记账凭证是用来专门记录某一类经济业务的记账凭证。专用记账凭证按其所记录的经济业务是否与现金和银行存款的收付有关，又可分为收款凭证、付款凭证和转账凭证三种。

收款凭证是用来记录库存现金和银行存款收款业务的记账凭证，它是根据有关库存现金和银行存款收款业务的原始凭证编制的。其一般格式如表 5-9 所示。

表 5-9 **收款凭证**

借方科目：　　年　月　日　　　　字第　　号

摘　要	贷方科目		记账	金额
	总账科目	明细科目		
合　计				

附单据　张

财务主管：　　记账：　　出纳：　　审核：　　制单：

付款凭证是用来记录库存现金和银行存款付款业务的记账凭证，它是根据有关库存现金和银行存款付款业务的原始凭证编制的。其一般格式如表 5-10 所示。

表 5-10 **付款凭证**

贷方科目：　　年　月　日　　　　字第　　号

摘　要	借方科目		记账	金额
	总账科目	明细科目		
合　计				

附单据　张

财务主管：　　记账：　　出纳：　　审核：　　制单：

对于涉及现金和银行存款之间相互划转款项的业务，即从银行提取现金或将现金存入银行，为了避免重复记账，只编制一张付款凭证，不编制收款凭证。

转账凭证是用来记录与库存现金、银行存款收付款业务无关的转账业务的记账凭证。转账业务是指经济业务发生时不需要收付库存现金和银行存款的各项业务。转账凭证是根据有关转账业务的原始凭证填制的。其一般格式如表 5-11 所示。

表 5-11 **转账凭证**

年 月 日 字第 号

摘 要	总账科目	明细科目	记账	借方金额	贷方金额
合 计					

附单据 张

财务主管： 记账： 审核： 制单：

（3）汇总记账凭证。汇总记账凭证是根据一定时期内的非汇总记账凭证按照一定标准加以汇总而重新编制的记账凭证。汇总记账凭证是登记总分类账簿的依据，其作用是可以简化登记总分类账的工作。按照汇总方法不同，汇总记账凭证又分为分类汇总凭证和科目汇总表两种。

分类汇总凭证是根据一定时期的记账凭证，按照其种类分别汇总填制的记账凭证。按照汇总的对象不同，分类汇总凭证又可分为汇总收款凭证、汇总付款凭证和汇总转账凭证。汇总记账凭证经过汇总后，仍能明确地反映账户的对应关系，而且简化了凭证的归类整理工作。据此登记总分类账，可以简化登账工作。定期分类汇总，会增加会计核算的工作量。其一般格式如表 5-12 所示。

表 5-12 **汇总收款凭证**

借方科目： 年 月 日 汇收字第 号

贷方科目	金 额				记账
	___日至___日	___日至___日	___日至___日	合 计	

附注：（1）自___日至___日_______凭证共_______张
（2）自___日至___日_______凭证共_______张
（3）自___日至___日_______凭证共_______张

财务主管： 记账： 审核： 制单：

科目汇总表是根据一定时期的全部记账凭证按照会计科目定期整理、汇总各账户的借贷方发生额，并据以登记总账的一种汇总性记账凭证。依据借贷记账法的基本原理，科目汇总表中所有会计科目的借方发生额合计与贷方发生额合计应该相等。因此，科目汇总表具有试算平衡的作用，但科目汇总表不能反映账户之间的对应关系。其一般格式如表 5-13 所示。

表 5-13 **科目汇总表**

年 月 日至 日 科汇第 号

会计科目	记账	本期发生额		记账凭证起讫号数
		借方	贷方	
合 计				

财务主管： 记账： 审核： 制单：

2. 记账凭证按其填制方法分类

记账凭证按其填制方法不同，可分为复式记账凭证和单式记账凭证。

(1) 复式记账凭证。复式记账凭证，简称复式凭证，是把一项经济业务所涉及的应借、应贷的各个会计科目都集中填列在一张凭证上的记账凭证。复式记账凭证具有可以集中反映一项经济业务的账户间的对应关系、便于了解有关经济业务全貌、减少凭证张数等优点，但它不便于汇总计算每一会计科目的发生额和进行分工记账。以上所列举的记账凭证都是复式记账凭证。

(2) 单式记账凭证。单式记账凭证，简称单式凭证，是按照一项经济业务所涉及的每一个会计科目单独填制记账凭证，每张凭证中只填列经济业务事项所涉及的一个会计科目及其金额。根据单式记账凭证中所记录的会计科目所在的借贷方向不同，又可分为单式借项记账凭证和单式贷项记账凭证。借项记账凭证与贷项记账凭证一般多用不同颜色的纸张印制以示区别。采用单式记账凭证，便于同时汇总计算每一会计科目的借贷方发生额，也便于分工记账；但不能在一张凭证上反映经济业务的全貌及会计科目的对应关系，不便于查账，而且填制工作量大。一般适用于业务量较大，会计部门内部分工较细的企业。单式记账凭证的一般格式如表 5-14 和 5-15 所示。

表 5-14 **借项记账凭证**

对方账户：原材料 20××年 12 月 1 日 第 5 $\frac{1}{2}$ 号

摘 要	总账科目	明细科目	金 额	过账
生产产品领料	生产成本	A 产品	16 000	
合 计			16 000	

附单据 张

财务主管： 记账： 出纳： 审核： 制单：

表 5-15　　贷项记账凭证

对方账户：生产成本　　20××年 12 月 1 日　　第 5 $\frac{2}{2}$ 号

摘 要	总账科目	明细科目	金 额	过 账
生产产品领料一批（单据一张附在第 5 $\frac{1}{2}$ 号记账凭证）	原材料	甲材料 乙材料	6 000 10 000	
合 计			16 000	

附单据　张

财务主管：　记账：　出纳：　审核：　制单：

二、记账凭证的基本内容

记账凭证有多种形式，但作为确定会计分录和进行款项收付、账簿记录的依据，必须反映经济业务归类核算的项目、填制依据以及有关人员的责任。因此，记账凭证必须具有一些基本内容，具备一些基本要素，主要包括：

(1) 记账凭证的名称，即收款凭证、付款凭证、转账凭证等。

(2) 填制记账凭证的日期。

(3) 记账凭证的编号。

(4) 经济业务的内容摘要。

(5) 应借、应贷的会计科目名称（包括一级科目和明细科目）和金额。

(6) 过账备注（在登账后，作“√”符号或填写过入账户的页数）。

(7) 所附原始凭证的张数。

(8) 有关人员的签字或盖章，包括填制凭证人员、稽核人员、记账人员、会计机构负责人、会计主管人员的签名或盖章，收款和付款的记账凭证还应由出纳人员签名或盖章。

三、记账凭证的填制要求

填制记账凭证就是会计人员依据业务部门交来的原始凭证，对原始凭证的内容信息进行判断，确定应借应贷的会计科目，并将各项记账凭证内容按规定方法填写齐全，将企业的经济信息初步转化为会计信息的过程。为保证账簿记录正确无误和会计核算的质量，各种记账凭证应符合以下填制要求：

1. 记账凭证的内容必须完整

记账凭证应该具备的基本要素必须要填列齐全。以自制的原始凭证或者原始凭证汇总表代替记账凭证的，也必须具备记账凭证应有的项目。

2. 填制记账凭证时，应当对记账凭证进行连续编号

为了便于查找凭证和保证凭证的完整性，记账凭证应按一定规律连续编号。记账凭证的编号有两种方法：一是“统一编号法”，按时间先后顺序统一编号，一般适用于通用记账凭证，即“第 x 号”；二是“分类编号法”，该方法用于专用记账凭证的编号，可分为五类编号法和三类编号法。五类编号法是将专用凭证分为现金收款凭证、现金付款凭证、银行收款凭证、银行付款凭证、转账凭证。相应的凭证编号为：“现收字第 x 号”“现付字第 x 号”“银收字第

x号”“银付字第x号”和“转字第x号”。在编号时,这五大类应分类连续编号。三类编号法是将专用记账凭证分为收款凭证、付款凭证、转账凭证。相应的凭证编号为:“收字第x号”“付字第x号”和“转字第x号”。在编号时,这三大类应分类连续编号。

如果一笔业务需要填制多张记账凭证,可采用“分数编号法”。例如,一笔转账业务需要填制三张记账凭证,凭证的顺序号为“转字第58号”,则可编制“转字第58 $\frac{1}{3}$ 号”“转字第58 $\frac{2}{3}$ 号”和“转字第58 $\frac{3}{3}$ 号”。前面的整数为该经济业务的总顺序号,后面的分数为其分号,分母表示该项经济业务涉及的记账凭证总张数,分子表示某张凭证在记录该项经济业务的凭证中的顺序号。记账凭证一般每月更换一次连续号码。每月末最后一张记账凭证的编号后面应加注“全”字,以示当期业务记录结束,以免凭证散失。

3. 记账凭证的填制

记账凭证可以根据每一张原始凭证填制,或者根据若干张同类原始凭证汇总填制,也可以根据原始凭证汇总表填制。

为了保证记账凭证中应借应贷账户的对应关系清晰明了,以及记账凭证内容和金额与所附原始凭证的清晰对应关系,不得将不同内容和类别的原始凭证汇总填制在一张记账凭证上。

例如,不可填制如表5-16所示凭证。这张凭证中填制的不是复合会计分录,而是同时记载了两项不相干的经济业务,这样填制凭证会导致记账凭证内容与所附原始凭证对应不清晰。

表5-16 **记账凭证**

填制单位:华新股份有限公司　　20××年12月6日　　记　字第18号

摘　要	会计科目		过账	借方金额									过账	贷方金额									
	一级科目	明细科目		百	十	万	千	百	十	元	角	分		百	十	万	千	百	十	元	角	分	
购买打印纸	管理费用	办公费						2	3	0	0	0											附
	库存现金																	2	3	0	0	0	件
报销差旅费	管理费用	差旅费					1	2	0	0	0	0											4
	其他应收款	张红															1	2	0	0	0	0	张
合　计						¥	1	4	3	0	0	0				¥	1	4	3	0	0	0	

财务主管:王立　　记账:张翔　　出纳:李威　　审核:董景　　制单:夏新

4. 除结账和更正错误的记账凭证可以不附原始凭证外,其他记账凭证必须附有原始凭证

如果一张原始凭证涉及几张记账凭证,可以把原始凭证附在一张主要的记账凭证后面,并在其他记账凭证上注明附有该原始凭证的记账凭证的编号,注明“x张单据附在第x号记账凭证后”,或者附原始凭证复印件,以便复核和查阅。

一张原始凭证所列支出需要几个单位共同负担的,应当将其他单位需要负担的部分开

好原始凭证分割单以进行结算。原始凭证分割单必须具备原始凭证的基本内容包括凭证名称、填制凭证日期、填制凭证单位名称或者填制人姓名、经办人的签名或者盖章、接受凭证单位名称、经济业务内容、数量、单价、金额和费用分摊情况等。原始凭证分割单一般格式如表5-17所示。

表 5-17　　　　原始凭证分割单

年　月　日　　　　编号：

<table>
<tr><td colspan="2">接受单位名称</td><td></td><td colspan="2">地址：</td><td colspan="8"></td></tr>
<tr><td rowspan="2">原始凭证</td><td>单位名称</td><td></td><td colspan="2">地址：</td><td colspan="8"></td></tr>
<tr><td>名　　称</td><td></td><td colspan="2">日期</td><td colspan="3"></td><td colspan="2">编号：</td><td colspan="3"></td></tr>
<tr><td rowspan="2">总金额</td><td colspan="2" rowspan="2">人民币：
（大写）</td><td>千</td><td>百</td><td>十</td><td>万</td><td>千</td><td>百</td><td>十</td><td>元</td><td>角</td><td>分</td></tr>
<tr><td></td><td></td><td></td><td></td><td></td><td></td><td></td><td></td><td></td><td></td></tr>
<tr><td rowspan="2">分割金额</td><td colspan="2" rowspan="2">人民币：
（大写）</td><td>千</td><td>百</td><td>十</td><td>万</td><td>千</td><td>百</td><td>十</td><td>元</td><td>角</td><td>分</td></tr>
<tr><td></td><td></td><td></td><td></td><td></td><td></td><td></td><td></td><td></td><td></td></tr>
<tr><td colspan="3">原始凭证分割的主要原因、内容、分割依据：</td><td colspan="10"></td></tr>
<tr><td colspan="2">备注：</td><td colspan="11">该原始凭证附在本单位　　年　月　日　　号记账凭证内</td></tr>
</table>

单位名称（公章）：　　　　经办人：　　　　会计：　　　　制单：

5. 如果在填制记账凭证时发生错误，应当重新填制

已经登记入账的记账凭证，在当年内发现填写错误时，可以用红字填写一张与原内容相同的记账凭证，在摘要栏注明“注销某月某日某号凭证”字样，同时再用蓝字重新填制一张正确的记账凭证，注明“订正某月某日某号凭证”字样。如果会计科目没有错误，只是金额错误，也可以将正确数字与错误数字之间的差额，另编一张调整的记账凭证，调增金额用蓝字，调减金额用红字。发现以前年度记账凭证有错误的，应当用蓝字填制一张更正的记账凭证。

6. 记账凭证填制完经济业务事项

记账凭证填制完经济业务事项后如有空行，应当自金额栏最后一笔金额数字下的空行处至合计数上的空行处划线注销，以防止他人恶意增加篡改数据。

7. 填制记账凭证字迹必须清晰、工整

(1) 阿拉伯数字应当一个一个地写，不得连笔写。阿拉伯金额数字前面应当书写货币币种符号或者货币名称简写和币种符号。币种符号与阿拉伯金额数字之间不得留有空白。凡阿拉伯数字前写有币种符号的，数字后面不再写货币单位。

(2) 所有以元为单位（其他货币种类为货币基本单位，下同）的阿拉伯数字，除表示单价等情况外，一律填写到角分；无角分的，角位和分位可写“0”，或者填入符号“—”；有角无分的，分位应当写“0”，不得用符号“—”代替。

(3) 汉字大写数字金额如零、壹、贰、叁、肆、伍、陆、柒、捌、玖、拾、佰、仟、万、亿等，一律用正楷或者行书体书写，不得用0、一、二、三、四、五、六、七、八、九、十等简化字代替，不得任意自造简化字。大写金额数字到元或者角为止的，在“元”或者“角”字之后应当写“整”字或者“正”字；大写金额数字有分的，分字后面不写“整”或者“正”字。

(4) 大写金额数字前未印有货币名称的，应当加填货币名称，货币名称与金额数字之间

不得留有空白。

(5) 阿拉伯金额数字中间有“0”时，汉字大写金额要写“零”字；阿拉伯数字金额中间连续有几个“0”时，汉字大写金额中可以只写一个“零”字；阿拉伯金额数字元位是“0”，或者数字中间连续有几个“0”、元位也是“0”但角位不是“0”时，汉字大写金额可以只写一个“零”字，也可以不写“零”字。

8. 实行会计电算单位记账凭证的填制

实行会计电算化的单位，对于机制记账凭证，要认真审核，做到会计科目使用正确，数字准确无误。打印出的机制记账凭证需要制单人员、审核人员、记账人员及会计机构负责人、会计主管人员加盖印章或者签字。

四、记账凭证的填制方法

(一) 通用记账凭证的填制方法

通用记账凭证是根据企业发生的各种经济业务填制的。它的填制方法是：日期按编制凭证时的日期填写；右上方的编号每月自“第1号”编起，以后按顺序编号；“摘要”栏填写经济业务的主要内容；科目栏应分别填列总账科目和明细科目，自上到下按会计分录填列；“借方金额”栏填写应借科目的金额，“贷方金额”栏填写应贷科目的金额；“借方金额”合计数与“贷方金额”合计数应相等；“过账”栏应注明记入会计账簿的页数，或划“√”代替，表示已经记账；右侧的“附件×张”填写所附原始凭证的张数；有关责任人应按规定在下面相应地方签章。

【例5-1】 20××年12月10日，以库存现金500元购买行政部门用办公用品。根据购货发票编制记账凭证如表5-18所示。

表5-18 **记账凭证**

20××年12月10日 第18号

摘 要	总账科目	明细科目	过账	借方金额	贷方金额
购办公用品	管理费用	公司经费		500	
购办公用品	库存现金				500
合 计				￥500	￥500

附件1张

财务主管：王磊 记账：张丽 出纳：李威 审核：陈亮 制单：夏华

(二) 专用记账凭证的填制方法

1. 收款凭证的填制

收款凭证是反映现金、银行存款收款业务的记账凭证，它是由会计人员根据审核无误的现金、银行存款收入原始凭证，如进账单，银行存款到账通知书等填制的。它的填制方法是：收款凭证左上角的“借方科目”应填列“库存现金”或“银行存款”科目；日期按填制凭证的日期填写；右上角凭证编号应按月自“现收字第1号”或“银收字第1号”编起，以后按顺序编号，不得漏号、重号和错号；“摘要”栏填写经济业务的主要内容；贷方科目栏填写与“库存现金”或“银行存款”相对应的总账科目和明细科目；贷方科目的金额应填入该科目所在行的

“金额”栏内，借方科目金额应为合计行的合计金额；“过账”栏应在已经登记账簿后注明记入账簿的页数，或划“√”代替，表示已经记账，以免发生漏记或重记错误；右侧的“附件×张”填写所附原始凭证的张数；有关责任人应按规定在下面相应地方签章。

【例 5-2】 企业于 20××年 12 月 12 日销售给某公司 A 产品 100 件，每件售价 800 元，共计 80 000 元，增值税销项税额为 10 400 元，款项已存入银行。根据增值税专用发票和银行收账通知填制收款凭证，如表 5-19 所示。

表 5-19 **收款凭证**

借方科目：银行存款 20××年 12 月 12 日 银收字第 15 号

摘　要	贷方科目		过账	金额	
	总账科目	明细科目			附件2张
销售 A 产品	主营业务收入	A 产品		80 000	
销售计税	应交税费	应交增值税（销项税额）		10 400	
合　计				¥90 400	

财务主管：王磊　记账：张丽　出纳：李威　审核：陈亮　制单：夏华

2. 付款凭证的填制

付款凭证是反映现金、银行存款付款业务的记账凭证，它是由会计人员根据审核无误的现金、银行存款支付原始凭证，如支票存根、银行存款付款通知书等填制的。它的填制方法与收款凭证大致相同。不同之处在于：付款凭证左上角的“贷方科目”应填列“库存现金”或“银行存款”科目；右上角凭证编号应按月自“现付字第 1 号”或“银付字第 1 号”编起；借方科目栏填写与“库存现金”或“银行存款”相对应的总账科目和明细科目；借方科目的金额应填入该科目所在行的“金额”栏内，贷方科目金额应为合计行的合计金额。

【例 5-3】 企业于 20××年 12 月 15 日开出一张转账支票，面值为 20 000 元，偿还前欠宏业工厂货款。根据转账支票存根编制付款凭证，如表 5-20 所示。

表 5-20 **付款凭证**

贷方科目：银行存款 20××年 12 月 15 日 银付字第 24 号

摘　要	借方科目		过账	金额	
	总账科目	明细科目			附件1张
偿还欠款	应付账款	宏业工厂		20 000	
合　计				¥20 000	

财务主管：王磊　记账：张丽　出纳：李威　审核：陈亮　制单：夏华

3. 转账凭证的填制

转账凭证是反映不涉及现金、银行存款收付款业务的转账业务的记账凭证，它是由会计人员根据审核无误的转账业务原始凭证填制的。它的填制方法与通用记账凭证的填制方法大体相同。将经济业务所涉及的会计科目全部填列在凭证内，借方科目在先，贷方科目在后，将各会计科目所记应借应贷的金额填列在“借方金额”或“贷方金额”栏内。借、贷方金额合计数应该相等。凭证右上角的“字第×号”处，填写“转”字和已填制凭证的顺序编号。制单人应在填制凭证后签名盖章，转账凭证不需要出纳签字。在凭证的右侧填写所附原始凭证的张数。

【例 5-4】 车间于 20××年 12 月 16 日为生产 A 产品领用甲材料 100 千克，单价 10 元，共计 1 000 元；为生产 B 产品领用乙材料 100 千克，单价 5 元，共计 500 元。根据领料单填制转账凭证，如表 5-21 所示。

表 5-21 **转账凭证**

20××年 12 月 16 日 转字第 30 号

摘 要	总账科目	明细科目	过账	借方金额	贷方金额
生产领料	生产成本	A 产品		1 000	
生产领料	生产成本	B 产品		500	
生产领料	原材料	甲材料			1 000
生产领料	原材料	乙材料			500
合 计				¥1 500	¥1 500

附件 1 张

财务主管：王磊 记账：张丽 出纳：李威 审核：陈亮 制单：夏华

五、记账凭证的审核

为了保证记账凭证所反映的经济业务内容真实、正确、合理、合法，保证会计账簿记录的准确性，除了编制记账凭证的人员应该认真负责、正确填制、加强自审外，同时还应建立专人审核制度。在登账前，应由专人对记账凭证进行认真、严格地审核。审核的内容主要有以下几个方面：

（1）审核记账凭证是否附有原始凭证，所附原始凭证张数是否正确，是否与所附原始凭证的经济内容一致，金额合计与原始凭证的金额是否一致。

（2）审核记账凭证中的会计分录是否合规、正确。应检查会计分录中应借应贷账户的名称、方向是否正确，账户之间的对应关系是否清楚，借方金额合计与贷方金额合计是否相等，核算的内容是否符合会计制度、会计政策及会计准则的规定。

（3）审核记账凭证中有关项目填写是否齐全，有无错误。摘要书写是否规范，是否言简意赅的归纳了经济业务的实际内容；有关会计人员签章是否完备，填写是否规范等。

在审核中，如发现记账凭证有记录不全或错误时，应重新填制或按规定办理更正手续。只有经过审核无误的记账凭证，才能据以登记会计账簿。

第四节　会计凭证的传递和保管

一、会计凭证的传递

会计凭证的传递是指各种会计凭证从填制、取得到归档保管为止的全部过程，即会计凭证从编制时起到归档时止，在单位内部各有关部门及人员之间的传递程序和传递时间。为了保证会计凭证的有效传递，企业应制定健全的会计凭证传递制度，明确传递会计凭证的类别、需要的份数、传递的路线、传递的时间、交接手续等。例如，关于收料单传递的规定包括：材料到达企业后多长时间需要验收入库，收料单由谁负责填制，一式几联，各联次的用途是什么，分别传递到哪些部门，何时传递到会计部门，会计部门由谁负责收料单的审核工作，由谁根据收到的原始单据编制记账凭证、登记账簿及整理归档等。

（一）会计凭证传递的意义

各种会计凭证所记载的经济业务不同，涉及的部门和人员不同，据以办理的业务手续也不同。为了能够利用会计凭证及时反映各项经济业务，提供会计信息，发挥会计监督的作用，必须为各种会计凭证规定一个合理的传递程序和时间，使各个工作环节环环相扣、相互监督，以提高工作效率。

(1) 正确组织会计凭证的传递，便于有关部门和人员及时沟通情况，加速业务处理进程。例如，企业对外地销售产品要经过销售部门开单、仓储部门提货发运、会计部门结算货款等手续。如果会计凭证传递得合理，就能使各个环节协调配合，缩短销售过程，从而提高工作效率，加速资金周转。

(2) 正确组织会计凭证的传递，有利于实行会计监督。会计凭证的传递既体现了部门和人员之间的分工协作关系，又可以发挥会计的监督作用。例如，企业购进材料一般要经过采购、付款、收货三个环节。企业在收到供货单位发票后，采购部门一方面要核对合同，签署意见，通知会计部门付款；另一方面要填制收货单，通知仓储部门准备仓位和收货；仓储部门验收材料后，要将收货单的一联转交会计部门记账。通过这一凭证传递程序，采购部门可以掌握购货合同的执行情况，仓储部门可以了解验收材料的数量和时间，会计部门则可以对购进材料的付款和到货情况进行全面监督，使货款的支付有保障、有依据，符合钱出去、货进来的原则。

（二）组织会计凭证的传递应注意的问题

不同会计主体生产经营组织不同，经济业务内容不同，经营管理要求也不尽相同。因此，在组织会计凭证的传递时，应根据单位的具体情况，制定凭证传递程序。合理组织会计凭证的传递应注意以下三个问题：

(1) 合理设置会计凭证传递路线。企业应根据经济业务的特点、内部的机构设置和人员分工情况，以及管理上的要求，具体地规定会计凭证填制的联数和流经的环节，使有关部门既能按规定手续处理业务，又能利用凭证资料掌握情况，提供数据，协调一致。同时还要注意凭证传递的流程合理，避免不必要的环节，以提高工作效率。即凭证所经过的每一个环节都是必需的，不应设置重复的环节，但也不能跨越必经的环节。

(2) 恰当确定会计凭证传递时间。各企业单位要根据有关部门和人员办理经济业务的情况，恰当地规定凭证在各环节的停留时间和交接时间。即应考虑各部门和有关人员的工作量在正常情况下完成的时间，正确确定会计凭证在各个环节停留的时间，保证凭证传递的及时性。交接时间太短会影响业务手续的完成，停留时间过长则影响工作效率。总之，会计凭证的传递既要能够满足内部控制制度的要求，使传递程序合理有效，同时又要尽量节约传递时间，减少传递的工作量。

会计凭证的传递和处理，都必须在报告期内完成，不允许跨期。否则，将影响会计核算的及时性和准确性。

（3）建立完备的会计凭证交接签收制度。应根据本单位的内部经济责任制，确定会计凭证的签收、交接制度，保证各环节间的衔接紧密，以明确责任。要做到既完备严密，又简便易行，以保证会计凭证的安全与完整。

实际上，会计凭证的传递程序既规定了有关业务的办事程序，也确定了有关人员应负的责任。所以，会计凭证的传递办法是经营管理制度的主要内容，应通过调查研究和协调来制订会计凭证的传递程序和传递时间。原始凭证大多涉及本单位内部各个部门和经办人员，因此，应由会计部门会同有关部门和人员共同协商其传递程序和时间。记账凭证是会计部门的内部凭证，可由会计主管会同制证、审核、出纳、记账等有关人员商定其传递程序和时间。

会计凭证的传递程序和传递时间确定后，可分别为若干主要业务绘成流程图或流程表，使其成为考核、评价工作业绩的依据。执行中如有不合理的地方，可随时根据实际情况加以修改。

二、会计凭证的保管

会计凭证的保管是指会计凭证登账后的整理、装订和归档存查。会计凭证是登账的依据，是一个单位重要的经济档案和历史资料。因此，必须对会计凭证进行整理装订并妥善保管，不得丢失或任意销毁。

（一）平时应按顺序保管会计凭证

会计凭证登记完毕后，应当按照分类和编号顺序保管，不得散乱丢失。

（二）定期归类装订，以便查阅

每月记账完毕，应将本月各种记账凭证连同所附的原始凭证或者原始凭证汇总表加以整理，检查有无缺号、附件是否齐全，最后装订成册。

会计凭证装订前，需要对会计凭证进行排序、粘贴和折叠。一般按照专用凭证的种类分别装订（即分为收款凭证，付款凭证和转账凭证三类），在每类中以凭证的编号为序依次排列，加具封面、封底，折叠整齐，装订成册。凭证封面内容可根据本单位情况自行设置，一般应包括以下内容：单位的名称、所属的年度和月份、起讫的日期、记账凭证的种类、起讫号数、记账凭证和原始凭证的张数、总计册数等，并由有关人员签章。为了防止任意拆装，在装订线上要加贴封签，并由装订人在封签处加盖骑缝章，防止抽换凭证。会计凭证封面的格式如表 5-22 所示。

表 5-22　　会计凭证封面格式

年	
	年　月份　共　册　第　册
月份	收款 付款　凭证　第　号至第　号　共　张 转账
第	附：原始凭证共　张
册	会计主管（签章）　　保管（签章）

凭证装订册数可根据凭证多少来定，原则上以月份为单位装订，每月订成一册，如果在一个月内，凭证数量过多，可分装若干册。若单位业务量小，凭证不多，可把若干个月份的凭

证合并订成一册。对于同一性质、数量过多的原始凭证，如收料单、发料单等，可以单独装订保管，在封面上注明记账凭证的日期、编号、种类，同时在记账凭证上注明“附件另订”及原始凭证名称和编号。对于重要的原始凭证，如合同、契约、存出保证金收据、提货单、涉外文件以及需要随时查阅的收据等，应当另编目录，单独登记保管，并在有关记账凭证和原始凭证上相互注明日期和编号，以备查核。

（三）建立健全会计凭证查阅制度

装订成册的会计凭证，应由专人负责保管。查阅时，要严格按制度规定的查阅程序，履行一定的手续。原始凭证不得外借，其他单位如因特殊原因需要使用原始凭证时，经本单位会计机构负责人、会计主管人员批准，可以复制。向外单位提供的原始凭证复制件，应当在专设的登记簿中登记，并由提供人员和收取人员共同签名或者盖章。

（四）原始凭证遗失应严格按程序取得证明

从外单位取得的原始凭证如有遗失，应当取得原开出单位盖有公章的证明，并注明原来凭证的号码、金额和内容等，由经办单位会计机构负责人、会计主管人员和单位领导人批准后，才能代作原始凭证。如果确实无法取得证明的，如火车、轮船、飞机票等凭证，由当事人写出详细情况，由经办单位会计机构负责人、会计主管人员和单位领导人批准后，代作原始凭证。

（五）严格执行会计凭证保管期限和凭证销毁制度

会计凭证的保管期限和销毁手续，必须严格按照《会计档案管理办法》等相关规定执行。当年装订成册的会计凭证，在年度终了时可暂由单位会计机构保管一年，期满后应当移交本单位档案机构统一保管；未设立档案机构的，应当在会计机构内部指定专人保管，出纳人员不得兼管会计档案。归档管理的会计凭证，如原始凭证、记账凭证和汇总记账凭证最低应保管 30 年。保管期满需要销毁的会计凭证，必须按照相关规定办理了相关手续后才能进行销毁，档案保管人员不能自行进行销毁。

三、电子会计凭证的保存

电子会计凭证是指单位从外部接收的电子形式的各类会计凭证，包括电子发票、财政电子票据、电子客票、电子行程单、电子海关专用缴款书、银行电子回单等电子会计凭证。来源合法、真实的电子会计凭证与纸质会计凭证具有同等法律效力。

除法律和行政法规另有规定外，同时满足下列条件的，单位可以仅使用电子会计凭证进行报销入账归档：

(1) 接收的电子会计凭证经查验合法、真实。

(2) 电子会计凭证的传输、存储安全、可靠，对电子会计凭证的任何篡改能够及时被发现。

(3) 使用的会计核算系统能够准确、完整、有效接收和读取电子会计凭证及其元数据，能够按照国家统一的会计制度完成会计核算业务，能够按照国家档案行政管理部门规定格式输出电子会计凭证及其元数据，设定了经办、审核、审批等必要的审签程序，且能有效防止电子会计凭证重复入账。

(4) 电子会计凭证的归档及管理符合《会计档案管理办法》等要求。

单位以电子会计凭证的纸质打印件作为报销入账归档依据的，必须同时保存打印该纸质件的电子会计凭证。

本章小结

1. 会计凭证的定义和分类

会计凭证是记录经济业务发生和完成情况,明确经济责任并据以登记会计账簿的书面证明。

会计凭证最主要的分类是按照其用途和填制程序分为原始凭证和记账凭证两类。原始凭证按照取得的来源不同,可分为外来原始凭证和自制原始凭证;按照填制手续不同,可分为一次凭证、累计凭证、汇总原始凭证和记账凭证。记账凭证按其反映的经济业务的内容及用途不同,可分为通用记账凭证、专用记账凭证和汇总记账凭证;按其填制方法不同,可分为复式记账凭证和单式记账凭证。

2. 原始凭证应具备的基本要素

原始凭证应具备的基本要素应包括:原始凭证的名称、填制日期和凭证编号、填制凭证单位名称或者填制人姓名、接受单位的名称、经济业务内容摘要、数量、单价、金额、经办人员的签名或盖章、联次及用途说明。

3. 原始凭证的填制和审核

原始凭证的填制必须遵循:记录真实、填制及时、编号连续、内容完整、书写清晰、数字正确、手续完备、更正合规。

原始凭证的审核包括:真实性审核、合法性审核、完整性审核,准确性审核。

4. 记账凭证的填制和审核

记账凭证的填制要求包括:必须根据审核无误的原始凭证填制;摘要填写简明扼要,全面清楚;科目运用正确,对应关系清晰;借贷金额要相等;编号必须连续;注明附件张数;更正必须合规;空行注销要正确。

记账凭证的审核包括:审核记账凭证是否与原始凭证一致;审核会计分录是否合规、正确,审核有关项目填写是否齐全,有无错误,有关会计人员签章是否完备。

5. 会计凭证的传递和保管

组织会计凭证的传递应注意:合理设置会计凭证传递路线,恰当确定会计凭证传递时间,建立完备的会计凭证交接签收制度。

会计凭证的保管应注意:定期归类装订,以便查阅;妥善保管,建立健全会计凭证查阅制度;严格执行会计凭证保管期限和凭证销毁制度。

复习思考题

1. 什么是会计凭证?填制和审核会计凭证的意义是什么?
2. 会计凭证主要有哪些种类?
3. 什么是原始凭证?其基本内容有哪些?填制要求是什么?审核的内容有哪些?
4. 什么是记账凭证?其基本内容有哪些?填制要求是什么?审核的内容有哪些?
5. 收款凭证、付款凭证、转账凭证和通用记账凭证应如何填制?

6. 什么是会计凭证的传递？合理组织会计凭证的传递应注意哪几个方面？
7. 如何保管会计凭证？

练 习 题

一、单项选择题

1. 将现金送存银行，应根据有关原始凭证填制(　　)。
   A. 现金收款凭证　　B. 现金付款凭证
   C. 银行存款收款凭证　　D. 银行存款付款凭证
2. 企业购入机器一台，货款尚未支付，根据有关原始凭证，应填制的记账凭证是(　　)。
   A. 收款凭证　　B. 付款凭证　　C. 转账凭证　　D. 入库单
3. 下列单据中，不能作为原始凭证的是(　　)。
   A. 购货取得的发票　　B. 现金支票的存根
   C. 制造费用分配表　　D. 购销合同
4. 领料单属于(　　)。
   A. 付款凭证　　B. 转账凭证　　C. 自制原始凭证　　D. 外来原始凭证
5. 记账凭证是根据(　　)填制的。
   A. 经济业务　　B. 原始凭证
   C. 账簿记录　　D. 审核无误的原始凭证
6. 下列各项中，属于累计凭证的是(　　)。
   A. 限额领料单　　B. 领料单　　C. 发料汇总凭证　　D. 科目汇总表
7. 下列各项中，不属于原始凭证基本内容的是(　　)。
   A. 填制日期　　B. 经济业务内容　　C. 应借应贷科目　　D. 有关人员签章
8. 会计凭证按(　　)分类，分为原始凭证和记账凭证。
   A. 用途和填制程序　　B. 形成来源
   C. 反映方式　　D. 填制方式
9. 下列记账凭证中，可以不附原始凭证的是(　　)。
   A. 所有收款凭证　　B. 所有付款凭证
   C. 所有转账凭证　　D. 用于结账的记账凭证
10. 外来原始凭证一般都是(　　)。
   A. 一次凭证　　B. 累计凭证　　C. 汇总原始凭证　　D. 记账凭证

二、多项选择题

1. 能够记录库存现金和银行存款收付业务的记账凭证有(　　)。
   A. 收款凭证　　B. 付款凭证
   C. 转账凭证　　D. 通用记账凭证
2. 汇总记账凭证包括(　　)。
   A. 汇总收款凭证　　B. 汇总付款凭证
   C. 汇总转账凭证　　D. 科目汇总表
3. 下列各项中，可以不附原始凭证的有(　　)。

A. 购买材料 B. 月末结账
C. 销售产品 D. 更正错账

4. 企业销售产品收到500元现金,还应收5 000元的货款,应填写(　　)。
A. 一张收款凭证 B. 一张付款凭证
C. 两张收款凭证 D. 一张转账凭证
5. 下列凭证中,属于原始凭证的有(　　)。
A. 银行对账单 B. 产品成本计算单 C. 购货发票 D. 发出材料汇总表
6. 会计凭证可以(　　)。
A. 记录经济业务 B. 明确经济责任 C. 登记账簿 D. 编制报表
7. 原始凭证按填制的手续不同,可分为(　　)。
A. 累计凭证 B. 汇总原始凭证 C. 记账编制凭证 D. 一次凭证
8. 收款凭证的贷方科目包括(　　)科目。
A. "库存现金" B. "银行存款" C. "主营业务收入" D. "应收账款"
9. 企业购入材料一批,货款用存款支付,材料验收入库,则应编制的全部会计凭证有(　　)。
A. 收料单 B. 累计凭证 C. 收款凭证 D. 付款凭证
10. 其他单位因特殊原因需要使用本单位的原始凭证,正确的做法有(　　)。
A. 可以外借
B. 将外借的会计凭证拆封抽出
C. 不得外借,经本单位会计机构负责人、会计主管人员批准,可以复制
D. 将向外单位提供的凭证复印件在专设的登记簿上登记

三、判断题

1. 原始凭证按其来源可分为自制原始凭证和外来原始凭证。(　　)
2. 原始凭证和记账凭证的主要区别是填制程序和用途不同。(　　)
3. 转账凭证不能记录库存现金和银行存款的增减变动。(　　)
4. 会计人员可以直接根据原始凭证登记会计账簿。(　　)
5. 在审核原始凭证时,发现有伪造、涂改或不合法的原始凭证,应退回经办人员更改后再受理。(　　)
6. 会计凭证保管期限到后,会计人员就可以自行销毁了。(　　)
7. 便于分工记账但制证工作量大,且不能在一张凭证上反映经济业务的全貌的凭证是复式记账凭证。(　　)
8. 原始凭证开具单位对填制有误的原始凭证,负有更正和重新开具的法律义务,不得拒绝。(　　)
9. 会计凭证是重要的经济档案和历史资料,必须长期保存,不得销毁。(　　)

四、实务题

1. 练习通用记账凭证的填制。

资料:美林工厂20××年5月发生部分经济业务如下:

(1) 5月3日,销售零星材料一批,价款300元,增值税销项税额为39元,收到现金。

(2) 5月5日,购买办公用品300元,以现金支付。

(3) 5月8日,用银行存款归还短期借款50 000元。
(4) 5月10日,收到T公司预付的货款7 600元。
(5) 企业购入甲材料500千克,单价50元,共计25 000元,增值税进项税额为3 250元,签发并承兑一张商业汇票。
(6) 5月12日,销售A产品800件,单价250元,共计200 000元,增值税销项税额为26 000元,款项尚未收到。
(7) 5月18日,王华出差预借差旅费800元,以现金支付。
(8) 5月25日,收到H公司投入的机器一台20 000元。
(9) 5月28日,从银行提取现金1 000元。
(10) 5月30日,收到应收的货款226 000元,存入银行。

要求:根据上述资料编制通用记账凭证。

2. 练习收款凭证、付款凭证和转账凭证的填制。

资料:宏达工厂20××年8月发生经济业务如下:

(1) 8月1日,企业购入甲材料100千克,单价200元,共计20 000元,增值税进项税额为2 600元,以银行存款支付。
(2) 8月3日,开出现金支票一张,从银行提取现金8 000元。
(3) 8月4日,向银行借入40 000元,存入银行,期限4个月。
(4) 8月6日,用现金发放工资7 000元。
(5) 8月7日,销售A产品400件,单价250元,共计100 000元,增值税销项税额为13 000元,收到已承兑的商业汇票一张。
(6) 8月8日,销售零星材料一批,价款200元,增值税销项税额为26元,收到现金。
(7) 8月9日,采购员张强出差预借差旅费1 200元,以现金支付。
(8) 8月10日,收到M企业投入的专利技术一项,估价20 000元。
(9) 8月10日,以银行存款交纳上月税金及附加20 250元,其中所得税为12 000元,增值税为7 500元,城市维护建设税为525元,教育费附加为225元。
(10) 8月11日,张强出差回来报销差旅费1 400元,不足部分以现金补付。
(11) 8月12日,购入材料一批,其中甲材料10吨,每吨1 200元;乙材料10吨,每吨1 500元,增值税进项税额3 510元,运杂费共计2 000元(按材料重量比例分配)。款项尚未支付。
(12) 8月13日,上项材料验收入库,结转其采购成本。
(13) 8月14日,销售给L公司B产品500件,单价200元,共计100 000元,增值税销项税额为13 000元,以银行存款代垫运杂费1 200元,款项尚未收到。
(14) 8月15日,购入一台设备,买价60 000元,增值税进项税额为7 800元,运杂费等共计2 500元,均以银行存款支付,设备已投入使用。
(15) 8月17日,以银行存款捐赠希望工程4 000元。
(16) 8月18日,以现金购买办公用品600元。
(17) 8月19日,收到L公司前欠的货款118 200元,存入银行。
(18) 8月20日,开出转账支票一张支付广告费2 500元。
(19) 8月21日,收到出租固定资产的租金800元现金(不考虑相关税费)。

(20) 8 月 22 日，以现金购买车间办公用品 210 元。

(21) 8 月 23 日，转让一项专利技术使用权，取得含税收入 53 000 元(增值税税率 6%)，存入银行。

(22) 8 月 24 日，注销已确认无法支付的应付账款 15 000 元。

(23) 8 月 25 日，收到美达公司分来利润 4 800 元，存入银行。

(24) 8 月 31 日，本月原材料耗用汇总表如表 5-23 所示。

表 5-23 **原材料耗用汇总表** 单位：元

应借科目		应贷科目：原材料		
		甲材料	乙材料	金额合计
生产成本	A 产品	35 000	25 000	60 000
	B 产品	28 000	30 000	58 000
	小计	63 000	55 000	118 000
制造费用		2 000		
管理费用		1 200		
合计		66 200	55 000	121 200

(25) 8 月 31 日，计提本月固定资产折旧费共计 20 000 元，其中：生产用固定资产折旧 13 000 元，厂部用固定资产折旧 7 000 元。

(26) 8 月 31 日，分配本月工资费用。本月应付工资总额为 68 000 元，其中：A 产品生产工人工资 30 000 元，B 产品生产工人工资 20 000 元，车间技术、管理人员工资 10 000 元，厂部管理人员工资 8 000 元。

(27) 8 月 31 日，分配并结转本月制造费用(按生产工人工资比例分配)。

(28) 8 月 31 日，本月生产的 A、B 产品全部完工，结转其生产成本。

(29) 8 月 31 日，结转本月已销 A、B 产品成本分别为 70 000 元和 60 000 元。

(30) 8 月份应交增值税 15 116 元，计算本月应交城市维护建设税(税率 7%)和教育费附加(计征比率 3%)。

(31) 8 月 31 日，按利润总额的 25%计算应交的所得税。

(32) 8 月 31 日，结转损益类账户。

要求：根据上述资料编制收款凭证、付款凭证和转账凭证，并进行分类连续编号。

第六章　会计账簿

学习目的

本章介绍会计核算的基本方法之一——登记账簿。学生应了解账簿的概念和分类；掌握账簿设置、启用及登记规则，以便正确登记账簿；熟练掌握错账的更正方法；了解与掌握如何对账与结账。

第一节　会计账簿的意义和种类

一、设置和登记会计账簿的意义

会计账簿的意义

会计账簿，简称账簿，是由具有一定格式、相互联系的账页组成，用以全面、系统、连续地记录各项经济业务的簿籍。

经济业务发生后首先要取得或填制会计凭证，对业务的内容进行详细记录并明确经济责任，这是会计核算工作的起点和基础，是核算和监督各项经济业务的重要环节。会计凭证的数量繁多，每张会计凭证上反映的是个别经济业务，会计凭证提供的信息分散、也缺乏系统性，不能连续、系统、全面地核算和监督企业在一定时期内某一类和全部经济业务活动情况，不便于会计信息使用者分析与决策，且不便于日后查阅。因此，为了便于了解某一会计期间内的全部经济业务，满足经济管理的需要，就有必要将分散在会计凭证中的具体资料，分门别类地按照一定要求登记到有关账簿中去，借以连续、系统、全面地反映和监督特定单位某一会计期间的全部经济活动，生成有用的会计信息，从而为编制财务报表、进行会计分析以及审计提供依据。

登记会计账簿是会计核算的一种专门方法，是重要的会计核算基础工作，是连接会计凭证和财务报表的中间环节，在会计核算中居于重要地位，做好这项工作，对于加强经济管理具有十分重要的意义。会计账簿在会计核算工作中的主要作用有以下几个方面：

(1) 为单位经营管理者提供系统、完整的会计信息。通过设置和登记会计账簿，可以把会计凭证中反映的全部经济业务按照一定的标准进行归类和汇总。会计账簿不仅能提供总括核算资料，还能提供明细核算资料；既能对经济活动进行序时反映，又能对经济活动进行分类反映。单位经营管理者通过账簿能够了解企业各项资产、负债、所有者权益的增减变动情况及财务成果的具体信息。

(2) 为编制财务会计报告提供数据资料。账簿通过对会计凭证所反映的大量经济业务进行序时、分类记录,形成了一定会计期间的会计资料。为了反映一定日期的财务状况及一定时期的经营成果,应定期进行结账工作,进行有关账簿之间的核对,计算出本期发生额和余额。这些资料经过整理、加工,能够作为编制财务会计报告的依据,据以编制财务报表,向有关各方提供所需要的会计信息。例如,损益类账簿资料是企业编制利润表的依据。财务会计报告信息是否真实、可靠、及时,在一定程度上与账簿设置和登记有关。

(3) 保证财产物资的安全与完整。通过设置和登记账簿,可以具体反映各项财产物资的增减变动情况,并根据有关账户的余额与清查结果之间的核对,确认财产物资的盘盈盘亏情况及妥善保管程度。如果账实不符或财产物资受损,要查明原因,及时处理,从而保证财产物资的安全与完整。

(4) 考核经营成果,进行会计分析和业绩评价。根据账簿记录的结果,可以确定各种收入、成本、费用和财务成果,从而计算出一系列财务指标,利用这些指标可以分析和评价单位的经营活动、经营状况和资金利用效率,为单位的经营决策和预测提供可靠的参考数据。

二、会计账簿的种类

各单位经济业务特点不同,管理要求不同,所设置的会计账簿种类及格式也不同。不同会计账簿的用途不同,登记内容和登记方法也不尽相同。为了充分认识和正确使用各种账簿,需要对账簿进行分类。会计账簿的种类很多,通常按用途、账页格式和外表形式来分类。

(一) 会计账簿按用途分类

账簿按其用途不同分为序时账簿、分类账簿、备查账簿和联合账簿。

1. 序时账簿

序时账簿,也称日记账,是根据经济业务发生或完成时间的先后顺序逐日逐笔进行连续登记的账簿。设置序时账簿不仅能及时、详细地反映经济业务的发生和完成情况,而且可用来与分类账簿相互核对。序时账簿是会计部门按照会计凭证的先后顺序进行登记的。在会计工作的早期,要求必须将每天发生的经济业务逐日登记,以便记录当天业务发生的金额,因而习惯地称序时账簿为日记账。序时账簿按其记录内容的不同,又分为普通日记账和特种日记账两种。

(1) 普通日记账,又称分录簿或流水账,是用来逐笔序时记录全部经济业务发生或完成情况的账簿,而不论经济业务性质如何。

(2) 特种日记账,又称专用日记账,是按经济业务性质单独设置的账簿,它只把特定项目按经济业务顺序记入账簿,反映其发生或完成的详细情况,如现金日记账和银行存款日记账。特种日记账应根据业务特点和管理需要进行设置,特别是那些频繁发生、需严加控制的项目,应予以设置。

2. 分类账簿

分类账簿是指对全部经济业务事项按照会计要素的具体类别而设置的分类账户进行分类登记的账簿。分类账簿按其提供核算指标的详细程度不同,分为总分类账和明细分类账两种。

(1) 总分类账,简称总账,是根据总分类科目(一级会计科目)开设账户,用于分类记录全部经济业务,提供总括核算资料的分类账簿,如"应收账款"总账。它对所属明细分类账起统驭和控制作用。

(2) 明细分类账，简称明细账，是根据总分类账所属明细科目开设账户，详细记录某一类经济业务，提供详细核算资料的分类账簿，如“应收账款——东方公司”明细账，它对总分类账起着辅助和补充说明作用。

明细分类账

3. 备查账簿

备查账簿，又称辅助账，是对某些在序时账簿和分类账簿等主要账簿中都不予登记或登记不够详细的经济业务事项进行补充登记时使用的账簿。备查账簿不是必设的账簿，它可以根据企业的实际需要灵活地设置，而且没有固定格式。在会计实务中，备查账簿主要用于各种租借设备、物资的辅助性登记，如租入固定资产登记簿、应收票据备查簿、受托加工物资登记簿等。会计人员利用备查账进行的是辅助登记，所以与其他账簿之间不存在依存、勾稽关系。

4. 联合账簿

联合账簿是指兼有序时账和分类账两种用途的账簿。这种账簿对每一项经济业务既进行序时登记，又进行分类登记。在实际工作中，如果经济业务较简单，使用总账科目不多的企业可设置联合账簿。如日记总账就是兼有序时账和总分类账作用的联合账。

(二) 会计账簿按账页格式分类

1. 两栏式账簿

两栏式账簿是指只设有借方和贷方两个基本金额的账簿，如普通日记账采用两栏式账簿，分别记录借方和贷方发生的金额。

2. 三栏式账簿

三栏式账簿是指设有借方、贷方和余额三个基本栏目的账簿，如特种日记账，总分类账，资本、债权、债务的明细账都可以采用三栏式账簿。

3. 多栏式账簿

多栏式账簿是指在账簿的借方和贷方按需要分设若干专栏的账簿，如收入、费用明细账，按照收入、费用的具体项目设置多个专栏，用以反映其具体构成。

4. 数量金额式账簿

数量金额式账簿是指在借方、贷方和余额三个栏目内再分设数量、单价和金额三个栏目，借以反映财产物资的实物数量和价值量的账簿。如原材料、库存商品、产成品等明细账，通常采用数量金额式账簿。

(三) 会计账簿按外表形式分类

会计账簿按外表形式分为订本式账簿、活页式账簿和卡片式账簿三种。

1. 订本式账簿

订本式账簿，简称订本账，是在使用前将编有页码的一定数量的账页装订成册的账簿。一般情况下，一些重要的、具有统驭作用的账簿，如现金日记账、银行存款日记账、总分类账等，都采用订本式账簿。使用订本式账簿的优点是能够避免账页散失，防止随意抽换账页，从而保证账簿资料的安全与完整。订本账由于账页固定，不能根据需要随时增减，必须预留一定的空白账页，如果预留账页过多，就会造成浪费；如果预留账页不足，就会影响账簿记录的连续性，也不便查阅；另外，订本式账簿在同一时间内只能由一人使用，不便于分工记账。

2. 活页式账簿

活页式账簿，简称活页账，是把若干张具有专门格式、零散的账页，根据业务需要自行组合而成，并装在活页夹内，年终装订成册的账簿。一般情况下，明细账采用活页式账簿。活页式账簿的优点是可根据实际需要随时增减空白账页，不会造成浪费，使用起来灵活方便，而且可以分工记账，有利于提高工作效率；缺点是如果管理不善，账页容易散失或被抽换。因此，使用时应将空白账页由有关人员编制账户目录，并在账页上加盖有关人员图章，以防弊端。年度终了，更换新账后，将使用过的账页顺序编号，并把实际页码填制在账户目录中，装订成册，作为会计档案予以保管。

3. 卡片式账簿

卡片式账簿简称卡片账，是由若干张分散的，具有专门格式的，存放在卡片箱中的卡片组成的账簿。这种账簿主要适用于内容比较复杂，变化不大的财产明细账，如固定资产卡片、低值易耗品卡片等。卡片账的优缺点与活页账相同。在实际应用时，卡片上应有连续编号并加盖有关人员的印章，以保证账簿的安全和完整，使用完毕时，需将卡片穿孔固定保管。

第二节　会计账簿的设置与登记

一、会计账簿的设置要求与基本内容

（一）会计账簿的设置要求

登记账簿是会计核算工作的一项重要内容，是为财务会计报告提供数据资料的手段，所以任何单位，不论规模大小，均应按照会计核算的基本要求和会计规范的有关规定，结合本单位经济业务的特点和经营管理的需要，设置必要的账簿。账簿的设置主要包括账簿的种类和数量、各类账簿的账页格式、账簿的登记内容和方法等。依据《会计法》等相关法律法规的具体规定，对会计核算单位设置会计账簿提出以下基本要求。

1. 设置的账簿要合法

各单位应当按照国家统一会计制度的规定和会计业务的需要设置会计账簿。单位设置的会计账簿应包括总账、明细账、日记账和其他辅助性账簿，其中现金日记账和银行存款日记账必须采用订本式账簿，不得用银行对账单或者其他方法代替日记账。

2. 设置的账簿体系要科学、系统

账簿设置应做到总分结合、序时与分类相结合。设置账簿既要避免重复设置，又要避免过于简单；账簿之间既要有明确分工，又要有有机联系，使有关账簿之间保持统驭关系或平等制约关系；账簿设置与账务处理程序应紧密配合，账簿设置应与财务报表指标相衔接。账簿的设置还要满足加强财产物资管理的需要，做到各项财产物资变动有手续、收发有记录，保证财产物资的安全和合理使用。

3. 设置账簿要简便适用

账簿的设置必须有利于会计部门的内部分工，账簿格式要简单明了，账册不要过多，账页不要过长，要便于日常使用，便于会计人员记账、登账和报账。一般来讲，如果业务活动复杂，经营规模大，会计人员多且分工较细，账簿设置可以仔细一点；如果业务简单，经营规模小，会计人员少，账簿设置在合法满足经营管理和编制财务会计报告所需资料的前提下，可

相应简化一些。

4. 必须保证依法设置的会计账簿真实、完整

各会计核算单位应当定期将会计账簿记录与实物、款项及有关资料相互核对，保证会计账簿记录与实物、款项的实有数额相符、会计账簿记录与会计凭证的有关内容相符、会计账簿之间相对应的记录相符、会计账簿记录与财务报表的有关内容相符。

（二）会计账簿的基本内容

不同格式的账簿记录的经济内容也不相同，但各种主要账簿都应具备下列基本内容。

1. 封面

账簿的封面主要标明账簿的名称，如“现金日记账”“总分类账”等都是账簿的名称。

2. 扉页

扉页主要包括两项内容，一项是账簿启用及经管人员交接表，在启用账簿时由经管人员填列；另一项是账户目录（科目索引），包括编号、科目名称、起讫页次。每一本账簿中包括的所有会计科目都应按照该科目所在账簿页码在扉页中填写清楚，便于快速查询。账户目录是由记账人员在账簿中开设账户后，按顺序将每个账户的名称和页码进行登记。如果是活页账簿，在账簿启用时无法确定其页码，可以先将账户名填写好，等到年终装订归档的时候，再把实际页码填上。其一般格式如表 6-1 和 6-2 所示。

表 6-1　　账簿启用及经管人员交接表

<table>
<tr><td colspan="2">单位名称</td><td colspan="6"></td><td colspan="5">印　鉴</td></tr>
<tr><td colspan="2">账簿名称</td><td colspan="6">（第　册）</td><td colspan="5" rowspan="4"></td></tr>
<tr><td colspan="2">账簿编号</td><td colspan="6"></td></tr>
<tr><td colspan="2">账簿页数</td><td colspan="6">本账簿共计　页</td></tr>
<tr><td colspan="2">启用日期</td><td colspan="6">年　月　日</td></tr>
<tr><td rowspan="3">经管人员</td><td colspan="2">负责人</td><td colspan="2">主管会计</td><td colspan="4">复核</td><td colspan="4">记账</td></tr>
<tr><td>姓名</td><td>盖章</td><td>姓名</td><td>盖章</td><td colspan="2">姓名</td><td colspan="2">盖章</td><td colspan="2">姓名</td><td colspan="2">盖章</td></tr>
<tr><td></td><td></td><td></td><td></td><td colspan="2"></td><td colspan="2"></td><td colspan="2"></td><td colspan="2"></td></tr>
<tr><td rowspan="6">交接记录</td><td colspan="4">经　管　人　员</td><td colspan="4">接　管</td><td colspan="4">交　出</td></tr>
<tr><td colspan="2">职　别</td><td colspan="2">姓　名</td><td>年</td><td>月</td><td>日</td><td>盖章</td><td>年</td><td>月</td><td>日</td><td>盖章</td></tr>
<tr><td colspan="2"></td><td colspan="2"></td><td></td><td></td><td></td><td></td><td></td><td></td><td></td><td></td></tr>
<tr><td colspan="2"></td><td colspan="2"></td><td></td><td></td><td></td><td></td><td></td><td></td><td></td><td></td></tr>
<tr><td colspan="2"></td><td colspan="2"></td><td></td><td></td><td></td><td></td><td></td><td></td><td></td><td></td></tr>
<tr><td colspan="2"></td><td colspan="2"></td><td></td><td></td><td></td><td></td><td></td><td></td><td></td><td></td></tr>
<tr><td>备注</td><td colspan="12"></td></tr>
</table>

表 6-2　　目　录

科目编号	科目名称	起讫页数	科目编号	科目名称	起讫页数

3. 账页

账页是账簿用来记录经济业务事项的载体，构成账簿的主体。各种账簿由于用途不同，记录的经济业务内容不同，账页格式也有所不同，但基本内容应该包括：

(1) 账户的名称或会计科目，以及二级或明细科目。

(2) 登记账簿的日期栏。

(3) 记账凭证的种类和号数栏。

(4) 摘要栏，所记录经济业务内容的简要说明。

(5) 金额栏，记录经济业务的增减变动和余额，通常包括借方栏、贷方栏和余额栏。

(6) 借或贷栏(用来指明余额方向)。

(7) 总页次和分户页次。

各种账簿由于用途不同，记录的经济业务内容不同，其结构和登记方法也不相同，下面依次介绍有关序时账和分类账的结构与登记方法。

二、序时账的设置与登记

(一) 普通日记账的设置与登记

普通日记账是用来逐笔序时记录全部经济业务发生情况的账簿，即把全部经济业务的会计分录按照时间顺序记录在账簿中。普通日记账一般只设借方和贷方两个金额栏，以便分别记入各项经济业务所确定的账户名称及借方和贷方的金额，也称为两栏式日记账或分录簿。普通日记账的格式如表 6-3 所示。

表 6-3　　普通日记账

20××年		摘　　要	账户名称	借　方	贷　方	过　账
月	日					
12	2	购买办公用品	管理费用	150		
			库存现金		150	
	2	从银行提取现金	库存现金	2 700		
			银行存款		2 700	
	2	支付厂部试验费	管理费用	100		
			库存现金		100	
	3	报销、收回预借款	管理费用	700		
			库存现金	150		
			其他应收款		850	
	3	支付职工困难补助	应付职工薪酬	500		
			库存现金		500	
	3	购买原材料	原材料	16 000		
			应付账款		16 000	
	3	出售废旧物品收入	库存现金	20		
			营业外收入		20	

(二) 特种日记账的设置与登记

特种日记账是指用来逐笔序时记录某一类经济业务发生情况的日记账。由于库存现金和银行存款的业务发生频率较高，所以企业应当设置现金日记账和银行存款日记账，用于序时核算库存现金和银行存款的收入、付出和结存情况。

1. 现金日记账的设置与登记

现金日记账是记录和反映库存现金收付业务的一种特种日记账，是由出纳人员根据审核无误的库存现金收款凭证、库存现金付款凭证以及银行存款付款凭证，按照经济业务发生的先后顺序，逐日逐笔登记的账簿。设置和登记现金日记账，可以了解和掌握企业库存现金每日收入和支出情况，并根据“上日余额＋本日收入－本日支出＝本日余额”的公式，逐日结出现金余额，并及时与库存现金实存数进行核对，以检查每日现金收付是否有误，保证库存现金的安全。现金日记账采用订本式账簿，其账页格式有三栏式和多栏式两种，在实际工作中大多采用“三栏式”账页格式。

1) 三栏式现金日记账

三栏式现金日记账是指在同一张账页上按照现金收入、支出和结余在日记账中分别设置借方栏、贷方栏和余额栏，一般将其分别称为收入、支出和结余三个基本栏目。金额栏与摘要栏之间常常插入“对方科目”，以便记账时标明现金收入的来源科目和现金支出的用途科目。账页格式如表 6-4 所示。

表 6-4 **现金日记账(三栏式)**

20××年		凭证		摘　　要	对方科目	收入	支出	结余
月	日	种类	号					
12	1			月初余额				600
	2	付	1	购办公用品	管理费用		150	
	2	付	2	从银行提取备用金	银行存款	2 700		
	2	付	3	支付厂部试验费	管理费用		100	3 050
	3	收	1	收回预借款	其他应收款	150		
	3	付	4	支付职工困难补助	应付职工薪酬		500	
	3	收	2	出售废旧物品收入	营业外收入	20		2 720

三栏式现金日记账登记方法如下：

(1) 日期栏用来登记收付款记账凭证的日期,且要与库存现金实际收付日期一致,因为库存现金收付业务要求在现金收付之后编制记账凭证,并且在当天登记到现金日记账中。

(2) 凭证栏是指据以登记入账的收款凭证或者付款凭证的种类和编号,其中种类是指收款凭证或付款凭证,如果是收款凭证简写为"收",若是付款凭证简写为"付";编号是指收付款凭证上面的凭证编号。

(3) 摘要栏用来简要说明登记入账的经济业务的内容。一般根据记账凭证中的摘要填写。

(4) 对方科目栏是指库存现金收入的来源科目或者支出的用途科目,以便了解经济业务的来龙去脉。对应科目只填总账科目,不需填明细科目;当对应科目有多个时,应填入主要对应科目。

(5) 收入栏用来登记库存现金收入的金额。根据库存现金收款凭证及银行存款付款凭证(从银行提取现金)中所列金额填写。

(6) 支出栏用来登记库存现金支出的金额。根据库存现金付款凭证中所列金额填写。

(7) 结余栏用来登记库存现金的余额。

为了及时掌握库存现金收付和结余情况,每日终了,应结出余额,同时将余额与库存现金核对,即"日清"。如账实不符应查明原因,并记录备案。月末要计算本月库存现金收、付合计数,并根据"期末余额＝本期期初余额＋本期收入金额－本期支出金额",结出余额与库存现金核对,即"月结"。

下面举例说明现金日记账的登记方法。

【例 6-1】 东胜企业 20××年 12 月 1 日库存现金余额为 600 元,1 日至 3 日发生的有关库存现金收付业务如下：

(1) 2 日,企业厂部购买办公用品 150 元,付以现金。

(2) 2 日,从银行提取现金 2 700 元。

(3) 2 日,以现金支付厂部实验费 100 元。

(4) 3 日,李金工前来报销预借差旅费 700 元,并退回多余现金 150 元。

(5) 3 日,支付职工困难补助 500 元,付以现金。

(6) 3 日,出售废旧物品收入现金 20 元。

根据以上经济业务,编制记账凭证(以会计分录簿代替,如表 6-3 所示),登记三栏式现金日记账如表 6-4 所示。

2) 多栏式现金日记账

多栏式现金日记账是指把"收入栏"和"支出栏"分别按照对方科目进行序时登记的账簿。如果对方科目较多,就要设置较多的栏目,账页就会过长,登记不方便,容易错栏串行,因此,对于涉及栏目较多的多栏式现金日记账,可将库存现金的收入和支出分别反映在两本账簿中,分设"现金收入日记账"和"现金支出日记账"。

多栏式现金日记账的登记方法与三栏式现金日记账的登记方法基本相同。登记时,先根据有关现金收入业务的记账凭证登记现金收入日记账,根据有关现金支出业务的记账凭证登记现金支出日记账,每日终了,根据现金支出日记账结计的支出合计数,一笔转入现金收入日记账的"支出合计"栏中,并结出当日余额。

2. 银行存款日记账的设置与登记

银行存款日记账是记录和反映银行存款收付业务和结存情况的特种日记账,是由出纳人员根据审核无误的银行存款收款凭证、银行存款付款凭证以及库存现金付款凭证,按照经济业务发生的先后顺序,逐日逐笔登记的账簿。银行存款日记账应按企业在银行开立的账户和币种分别设置,每个银行账户设置一本日记账。设置和登记银行存款日记账可以了解和掌握企业银行存款每日收入、支出和结存情况。银行存款日记账采用订本式账簿,其账页格式有三栏式和多栏式两种。在实际工作中大多采用的是"三栏式"账页格式,其格式如表6-5所示。

表 6-5　　银行存款日记账(三栏式)

20××年		凭证		摘　要	结算凭证		对应科目	收入	支出	结余
月	日	种类	号		种类	编号				
12	1			月初余额						60 000
	2	付	1	购办公用品	转支	(略)	管理费用		900	
	2	付	2	从银行提取备用金	现支	(略)	库存现金		2 700	
	2	付	3	支付前欠货款	转支	(略)	应付账款		3 000	53 400
	3	收	1	收回欠款	转支	(略)	应收账款	30 000		
	3	付	4	购入材料	转支	(略)	在途物资		40 000	
	3	付	5	支付车间修理费	转支	(略)	制造费用		1 000	
	3	付	6	预缴所得税	转支	(略)	应交税费		5 000	37 400

银行存款日记账的登记方法与现金日记账的登记方法基本相同，其账页格式一般采用“收入”(借方)、“支出”(贷方)和“结余”(余额)三栏式。但由于银行存款的支付都是根据特定的结算凭证进行的，为了反映结算凭证的种类、编号，开设“结算凭证”专栏，分设“种类”和“编号”两栏。其中“种类”栏登记结算凭证的种类，如“转账支票”“现金支票”等；“编号”栏登记结算凭证的号码。这样做便于同银行对账。每日终了，应结出银行存款的账面余额，以便有关人员能及时掌握本单位银行存款增减变动情况及支付能力。月末，应结出本月发生额合计数及余额，并与银行的对账单进行核对。

银行存款日记账也可以采用多栏式的格式，即将“收入栏”和“支出栏”分别按照对方科目设置若干专栏。其账页格式及登记方法与多栏式现金日记账的格式及登记方法基本相同。

三、分类账的设置和登记

(一) 总分类账的设置和登记

总分类账，简称为总账，是根据总分类科目(一级会计科目)开设的，用于分类记录全部经济业务，提供总括核算资料的分类账簿。由于总分类账能够全面总括地反映经济活动情况，并为编制财务会计报告提供资料，因而企业应当设置总分类账。在启用新账时，应按照有关会计制度规定的会计科目的编码顺序分别开设账户，并登记到扉页的目录中去。为了保证账簿资料的安全完整，总分类账一般采用订本式账簿，并事先按估算为每个账户预留若干账页。总分类账只提供货币指标，即登总分类账时只登记金额，因此总分类账的账页格式，一般采用借、贷、余三栏式。其格式如表 6-6 所示。

表 6-6 **总分类账**

会计科目编号及名称：应收票据 第 30 页

20××年		凭证		摘　要	借方金额	贷方金额	借或贷	余　额
月	日	种类	号					
12	1			期初余额			借	100 000
	10	科汇	1	1～10 日的科目汇总	30 000	50 000	借	80 000
	20	科汇	2	11～20 日的科目汇总	100 000	50 000	借	130 000
	31	科汇	3	21～31 日的科目汇总	60 000	20 000	借	170 000
	31			12 月合计	190 000	120 000	借	170 000

总分类账的账页格式也有多栏式的，是把序时账簿和总分类账簿结合在一起，变成了一种联合账簿，通常称为日记总账，具有序时账簿和总分类账簿的双重作用。它是将所有总账科目合并设在一张账页上，根据记账凭证汇总后的数字定期登记。多栏式总账可以清晰地反映当月资产、负债、所有者权益、收入、费用、利润的状况，反映经济业务的来龙去脉，便于分析经济活动情况，还可以进行全部会计科目的试算平衡。如果一个单位使用的会计科目较多，采用多栏式总分类账就会造成账页篇幅较大的情况，不便于登记和保管。因此，它适用于经济业务较少、规模不大的经济单位。另外采用电子计算机进行会计核算的单位，也适

合采用这种日记总账的格式。

会计人员登记总账时，可以根据记账凭证逐笔登记，也可以根据汇总记账凭证或科目汇总表登记。登记总分类账簿的依据取决于该单位采用的会计核算组织程序。不管采用何种组织程序，每月应将当月已完成的经济业务全部登记入账，并于月末结出总分类账户的本期发生额和期末余额，与明细分类账余额核对相符后，作为编制财务报告的主要依据。

（二）明细分类账的设置和登记

明细分类账，简称为明细账，是根据总账所属二级或明细科目设置的，详细记录某一类经济业务，提供详细会计资料的分类账簿。通过设置明细账，能够详细反映资产、负债及所有者权益增减变动情况，对于财产物资管理加强，债权、债务的及时结算以及费用开支的监督等起着重要作用；同时明细账也是编制财务会计报告的重要依据。因此，各单位应根据其经济业务特点和经营管理要求，在设置总分类账的基础上，开设必要的明细分类账。这样既能根据总账了解某一账户的总括情况，又能根据明细账进一步了解该账户的详细情况。

明细分类账一般使用活页式账簿，也有采用卡片式账簿（如固定资产明细账）。根据经营管理的要求和明细账记录内容不同，明细账可选择使用三栏式、数量金额式、多栏式等格式的账页。

下面分别介绍这三种格式的明细分类账的设置和登记方法。

1. 三栏式明细分类账的设置

三栏式明细分类账的账页格式与总账的三栏式账页格式相同，即在账页内只设借方、贷方和余额三个金额栏，用来登记只需反映金额的经济业务。它一般适用于债权、债务等只要求提供价值指标，不需要进行数量核算的明细分类账户，如“应收账款”“应付账款”“实收资本”等账户的明细核算。格式如表 6-7 所示。

表 6-7 应收账款明细分类账 总第 页 分 页

二级科目编号及名称：市百货公司

20××年		凭证		摘 要	对方科目	借方金额	贷方金额	借或贷	余 额
月	日	种类	号						
12	1			期初余额				借	29 601
	2	收	1	收回货款	银行存款		29 601		
	10	转	2	销售	主营业务收入	28 321			
	17	转	3	销售	主营业务收入	36 328			
	22	收	2	收回货款	银行存款		28 321		
	30	转	6	销售	主营业务收入	35 601			

三栏式明细账是根据记账凭证，按经济业务发生的顺序逐日逐笔进行登记的。各栏目的登记方法与三栏式总账相同。

2. 数量金额式明细分类账的设置

数量金额式明细分类账的账页，分别设有收入、发出和结存三栏，在每一栏目中，又分别设有数量、单价和金额三栏。这种格式适用于既要进行金额核算提供价值指标，又需要进行实物量核算提供数量指标的各种财产物资账户，如“原材料”“库存商品”等账户的明细分类账。此外，为了更好地满足管理需求，根据实际需要，通常在账页的表头设置和登记诸如类别、名称、规格、计量单位、计划单价、储备定额、最高和最低储备量等项目。数量金额式账页可清晰地反映出财产物资收入、发出及结存的数量、单价和金额，为财产物资的管理与监督提供数据资料。该格式的账页如表 6-8 所示。

表 6-8 **原材料明细分类账** 总第 页 分 页

材料名称：钢材 规格：略 仓库：一仓库 最高储量：略

编号：略 编号：略 计量单位：千克 最低储量：略

20××年		凭证		摘要	收入(借方)			发出(贷方)			结存		
月	日	种类	号		数量	单价	金额	数量	单价	金额	数量	单价	金额
12	1			期初余额							110	60	6 600
	4	付	4	购入材料	100	60	6 000				210	60	12 600
	7	付	9	购入材料	150	60	9 000				360	60	21 600
	14	转	2	发出材料				300	60	18 000	60	60	3 600
	26	付	23	购入材料	90	60	5 400				150	60	9 000
	30	转	50	发出材料				100	60	6 000	50	60	3 000

数量金额式明细账一般是由会计人员和业务人员(如仓库保管员)，根据原始凭证按照经济业务发生的时间先后顺序逐日逐笔进行登记。数量金额式明细账的具体登记方法如下：

(1) 日期栏、凭证字号栏依据记账凭证的日期和字号进行填写。

(2) 三个数量栏填写实际入、出库和结存的财产物资的数量。

(3) 入库单价栏和金额栏按照入库材料的单位成本和金额登记。

(4) 出库栏和结存栏中的单价栏和金额栏，登记时间及登记金额取决于企业所采用的发出存货计价方法。若采用月末一次加权平均法，出库和结存的单价栏和金额栏一个月只在月末登记一次。

3. 多栏式明细分类账的设置

多栏式明细分类账是根据经济业务的特点和经营管理的需要，在一张账页的借方栏或贷方栏下再设置多个栏目用以记录某一会计科目所属的各明细科目的内容。这种账页能够集中反映各有关明细科目或明细项目的会计核算资料。多栏式明细账按其经济内容和登记方法不同分为：

(1) 借方多栏式明细分类账。该格式的账页，借方设置多个金额栏，主要适用于成本费用类的明细分类账。这类账户在会计期间内发生的经济业务多为借方发生额，因此进行明细核算时，应按借方设多栏。月末，将借方发生额合计数从贷方一笔转出，记入有关账户；对于不设贷方专栏的，可以在借方有关专栏或专行内用红笔登记，表示应从借方发生额中冲减或转出的贷方数额。其格式如表 6-9 所示。

表 6-9 **制造费用明细分类账**

二级科目编号及名称：二车间　　　　总第　页 分　页

20××年		凭证		摘　要	借方	贷方	借或贷	余额	（借）方					
月	日	种类	号						工资	办公费	修理费	折旧费	水电费	租赁费
12	10	付	3	购办公用品	300					300				
	30	转	3	计提折旧	980							980		
	30	付	9	支付修理费	820						820			
	30	转	5	分配工资	300				300					
	30	转	7	分配水电费	390								390	
	30	转	8	分配转出		2 790								

（2）贷方多栏式明细分类账。这种格式的账页，对贷方发生额设置多个金额栏，主要适用于收入类的明细分类账。如“主营业务收入”“其他业务收入”“营业外收入”等账户的明细分类账。这类账户在会计期间内发生的经济业务多为贷方发生额，因此进行明细核算时，按贷方设多栏，发生有关收入的冲减事项则用红字在贷方登记。月末，将贷方发生额合计数从借方一笔转出，记入有关账户；对于不设借方专栏的，可以在贷方有关专栏或专行内用红笔登记，表示应从贷方发生额中冲减或转出的借方数额。其格式与成本费用类账户的明细账的格式基本相同，只是在细目中是按“贷方”设置专栏。其格式如表 6-10 所示。

表 6-10 **其他业务收入明细分类账**

二级会计科目编号及名称：一公司　　　　总第　页 分　页

20××年		凭证		摘　要	借方	贷方	借或贷	余额	（贷）方					
月	日	种类	号						出售材料	固定资产出租	技术使用费			
12	10	收	3	出售多余材料		300			300					
	30	转	8	技术使用费收入		2 000					2 000			
	30	转	9	出租仓库收入		800				800				
	31	转	30	结转其他业务收入	3 100									

（3）借贷方多栏式明细分类账。这种格式的账页，借方和贷方都设置多个栏目，主要适用于财务成果类和“应交税费——应交增值税”等账户。这类账户在会计期间内既发生贷方业务，也发生借方业务，所以在进行明细核算时，借方和贷方都要设多栏，登记各明细科目或明细项目借方发生额或贷方发生额。“本年利润”“利润分配”“应交税费——应交增值税”等账户的所属明细账可采用这种格式的账页。其格式如表 6-11 所示。

表 6-11　　　　　　　　　　　　应交税费明细分类账

二级会计科目编号及名称：应交增值税　　　　　　　　　　　　　　　　　　总第　页分第　页

20××年		凭证号	摘要	借方金额				贷方金额					借或贷	余额
月	日			进项税额	已交税金	转出未交	合计	销项税额	进项税额转出	出口退税	转出多交	合计		
12	1	略	略	1 536										
	6			1 780										
	10							9 423		500				
	12			8 812										
	16							3 938						
	20													
	22			6 580										
	25							5 950						
	30				1 103									

明细分类账的登记方法应根据企业经济业务的繁简程度和经营管理的实际需要以及经济业务内容而定。它可以由会计人员根据原始凭证、汇总原始凭证或记账凭证逐笔登记，也可以根据这些凭证逐日或定期汇总登记。一般情况下，“固定资产”“债权债务”等明细分类账应当逐笔登记；“库存商品”“原材料”等明细分类账可以逐笔登记，也可逐日汇总登记。

四、总分类账与明细分类账的平行登记

（一）总分类账与明细分类账的关系

总分类账是按总账科目开设的账户，对总账科目的经济内容进行总括的核算，提供总括性经济指标，而明细分类账是按照明细科目开设的账户，对总分类账的经济内容进行明细分类核算，提供具体而详细的核算资料。总分类账和明细分类账是既有内在联系、又有区别的两类账户。

1．总分类账与明细分类账的联系

（1）二者所反映的经济业务内容相同，如“原材料”总分类账与其所属的“原料及主要材料”“辅助材料”等明细分类账都是用以反映材料的收发及结存业务的。

（2）登记账簿的原始依据相同。登记总分类账与登记明细分类账的记账凭证和原始凭证是相同的。

2．总分类账与明细分类账的区别

总分类账与明细分类账的区别主要表现在以下两个方面：

（1）二者反映经济内容的详细程度不同。总分类账反映资金增减变化的总括情况，提供总括资料；明细分类账反映经济业务的详细情况，提供某一方面的详细资料，有些明细分类账还可以提供实物量指标和劳动量指标。

(2) 二者的作用不同。总分类账提供的经济指标，是明细分类账资料的综合，对所属明细分类账起着统驭和控制作用；明细分类账是对有关总分类账的具体说明，起着辅助和补充作用。

在会计核算中，并非所有的总分类账户都需要开设明细分类账户，如“累计折旧”账户不需要进行明细核算。

(二) 总分类账与明细分类账的平行登记

为了使总账与其所属的明细账之间能做到统驭与补充作用，便于账户核对，并确保核算资料的正确、完整，必须采用平行登记方法在总分类账及其所属明细分类账中进行记录。

平行登记是指经济业务发生后，既要根据会计凭证登记有关的总账，又要登记该总账所属的各有关明细账。

总账与明细账的平行登记有以下要点。

1. 依据相同

每一项需要提供详细指标的经济业务，既应根据审核无误的记账凭证记入有关总分类账，也应根据审核无误的记账凭证及其所附的原始凭证记入该总分类账所属的有关各明细分类账。

2. 期间一致

每一项业务既要在总分类账中进行总括登记，也要在同一会计期间的有关明细分类账中进行明细登记。这里的同一会计期间，并非要求是同一时点，因为明细账一般根据记账凭证及其所附的原始凭证进行登记。而总分类账的登记则由于所采用的会计核算组织程序不同，其登记可能在后。

3. 方向相同

这里所指的方向是指所体现的变动方向，而并非是指账户的借方或贷方。一般情况下，总分类账及其所属的明细分类账都按借方、贷方和余额设专栏登记，这时，在总分类账与其所属明细分类账中的记账方向是相同的，如存货账户和债权、债务结算账户都是属于这种情况。也有一些明细分类账采用多栏式明细账格式，按照组成项目的增加方设置多栏记录，不设置减少方。在这种情况下，对于某项需要冲减有关组成项目额的事项，只能用红字记入其相反的记账方向，这样就和总分类账中的记账方向不同，如“财务费用”账户，按其组成项目设置借方多栏式明细账，发生需冲减利息费用的存款利息收入时，总账应该记入“财务费用”账户的贷方，而其明细账则是以红数字记入“财务费用”账户借方的利息费用项目中，以其净发生额来反映利息支出情况。这时，在总分类账及其所属的明细分类账中，就不可能按相同的记账方向进行登记，而只能以相同的变动方向进行登记。

4. 金额相等

记入总分类账的金额与记入其所属明细分类账的金额相等。当某一项经济业务同时涉及总分类账的几个明细分类账时，则在总分类账中登记的金额应当等于其所属的几个明细分类账金额之和。

(三) 总分类账与所属明细分类账的核对

总分类账与所属明细分类账平行登记所形成的有关金额之间必然相等，这种相等关系包括以下两个方面：

总分类账本期发生额＝所属明细分类账本期发生额合计

总分类账本期余额＝所属明细分类账本期余额合计

会计人员可以利用这种相等关系核对有关金额，检查账户的记录是否正确、完整。在实际工作中这项核对工作通常是在月末编制“明细分类账本期发生额和余额明细表”与总分类账本期发生额和期末余额相互核对。

【例 6-2】 某企业 20××年 12 月 1 日的“应付账款”总分类账户的余额为 60 000 元；明细分类账户中，甲公司为 20 000 元，乙公司为 40 000 元。

12 月发生了以下经济业务：

(1) 6 日以银行存款归还前欠乙公司的购货款 30 000 元。

(2) 10 日企业从甲公司购入 A 材料 1 000 千克，每千克 15 元，货款尚未支付。

(3) 15 日企业从乙公司购入 B 材料 200 千克，每千克 100 元，货款尚未支付。

(4) 20 日以银行存款归还前欠甲公司的购货款 20 000 元。

根据以上业务编制的会计分录如下：

付字 3 号　借：应付账款——乙公司　30 000
　　　　　　贷：银行存款　30 000

转字 9 号　借：在途物资　15 000
　　　　　　贷：应付账款——甲公司　15 000

转字 12 号　借：在途物资　20 000
　　　　　　贷：应付账款——乙公司　20 000

付字 20 号　借：应付账款——甲公司　20 000
　　　　　　贷：银行存款　20 000

根据以上资料，开设“应付账款”总分类账户和明细分类账户，平行登记过程及发生额余额明细表如表 6-12 至 6-15 所示。

表 6-12　　**总 分 类 账**

会计科目名称及编号：应付账款　　第 32 页

20××年		凭证		摘　要	借方金额	贷方金额	借或贷	余　额
月	日	种类	号					
12	1			期初余额			贷	60 000
	6	付	3	归还前欠乙公司货款	30 000			
	10	转	9	从甲公司购料款未付		15 000		
	15	转	12	从乙公司购料款未付		20 000		
	20	付	20	归还前欠甲公司货款	20 000			
	31			本月合计	50 000	35 000	贷	45 000

表 6-13　　应付账款明细分类账　　总第　页　分第　页

二级科目编号及名称：甲公司

20××年		凭证		摘　要	对方科目	借方金额	贷方金额	借或贷	余　额
月	日	种类	号						
12	1			期初余额				贷	20 000
	10	转	9	从甲公司购料款未付	在途物资		15 000		
	20	付	20	归还前欠甲公司货款	银行存款	20 000			
	31			本月合计		20 000	15 000	贷	15 000

表 6-14　　应付账款明细分类账　　总第　页　分第　页

二级科目编号及名称：乙公司

20××年		凭证		摘　要	对方科目	借方金额	贷方金额	借或贷	余　额
月	日	种类	号						
12	1			期初余额				贷	40 000
	6	付	3	归还前欠乙公司货款	银行存款	30 000			
	15	转	12	从乙公司购料款未付	在途物资		20 000		
	31			本月合计		30 000	20 000	贷	30 000

表 6-15　　应付账款发生额及余额明细表　　单位：元

明细账户名称	期初余额	本期发生额		期末余额
		借方发生额	贷方发生额	
甲公司	20 000	20 000	15 000	15 000
乙公司	40 000	30 000	20 000	30 000
合计	60 000	50 000	35 000	45 000

表 6-15 中“应付账款发生额及余额明细表”中的合计数与“应付账款总分类账”中的借方发生额合计数、贷方发生额合计数及期末余额都相符。

第三节　账簿登记规则和错账更正

一、会计账簿启用和交接规则

账簿是储存数据资料的重要会计档案，要有专人负责。为了保证账簿记录的严肃性和合法性，明确记账责任，保证资料完整，启用会计账簿时，应当在账簿的有关位置记录以下相关信息。

1. 设置账簿的封面

除订本账不另设封面以外，各种活页账都应设置封面和封底。启用会计账簿时，应当在账簿封面上写明单位名称、账簿名称和所属会计年度。

2. 登记“账簿启用及经管人员交接表”(见表 6-1)

在启用账簿时，应首先填写在扉页上印制的“账簿启用及经管人员交接表”中的启用说明，内容包括单位名称、账簿名称、账簿编号、账簿页数、启用日期、会计机构负责人、会计主管人员、复核人员和记账人员等项目，并加盖名章和单位公章。

3. 填写账户目录

在账户目录(见表6-2)中，应按照会计科目的编号顺序填写科目名称及启用页码。启用订本式账簿，应当从第一页到最后一页顺序编定页码，不得跳页、缺号。在启用活页式明细分类账时，应当按账户顺序编号，先填写账户名称，等定期装订成册时再撤去空白账页，按照实际使用的账页顺序编定页码后填写到目录中，注明每个账户的实际起讫页码。

4. 粘贴印花税票

印花税实行由纳税人根据规定自行计算应纳税额，购买并一次贴足印花税票的缴纳办法。印花税票应粘贴在账簿的右上角，并且划线注销。为简化贴花手续，应纳税额较大或者贴花次数频繁的，纳税人可向税务机关提出申请，采取以缴款书代替贴花或者按期汇总缴纳的办法。在使用缴款书缴纳印花税时，应在右上角注明"印花税已缴"及缴款金额。

记账人员或者会计机构负责人、会计主管人员调动工作或因故离职时，应办理交接手续并填写"账簿启用及经管人员交接表"中的交接说明，应当注明交接日期、接办人员或者监交人员姓名，并由交接双方人员签名或者盖章。其格式如表6-1所示。

二、会计账簿登记规则

会计人员应当根据审核无误的会计凭证登记会计账簿。为保证账簿登记质量，登记账簿时必须遵循以下基本要求：

(1) 登记会计账簿时，应当将会计凭证日期、编号、业务内容摘要、金额和其他有关资料逐项登入账内；做到数字准确、摘要清楚、登记及时、字迹工整。

(2) 账簿登记完毕后，应在记账凭证上的"记账"栏注明所记账簿的页数或划"√"，表示已登记入账，并由记账人员在会计凭证中相应处签名或盖章，以防止漏记、重记并便于查对。

(3) 账簿中书写的文字和数字字体大小适中，紧靠下线书写，上面要留有适当空格，不要写满格；一般应占格距的二分之一，以便留有改错的空间。

(4) 为了使账簿记录耐久，防止任意涂改，登记账簿要用蓝黑墨水或者碳素墨水书写，不得使用圆珠笔(银行的复写账簿除外)或者铅笔书写。

(5) 下列情况，可以用红色墨水记账：①按照红字冲账的记账凭证，冲销错误记录；②在不设借贷等栏的多栏式账页中，登记减少数；③在三栏式账户的余额栏前，如未印明余额方向的，在余额栏内登记负数余额；④根据国家统一会计制度的规定可以用红字登记的其他会计记录。

(6) 各种账簿按页次顺序连续登记，不得跳行、隔页。如果发生跳行、隔页，应当将空行、空页划线注销，或者注明"此行空白""此页空白"字样，并由记账人员签名或者盖章。

(7) 凡需要结出余额的账户，结出余额后，应当在"借或贷"栏内写明"借"或者"贷"字样。没有余额的账户，应当在"借或贷"栏内写"平"字，并在余额栏内用"θ"表示。

现金日记账和银行存款日记账必须逐日结出余额，做到日清月结。

(8) 每一账页登记完毕结转下页时，应当结出本页合计数及余额，写在本页最后一行和下页第一行有关栏内，并在摘要栏内注明"过次页"和"承前页"字样；也可以将本页合计数及金额只写在下页第一行有关栏内，并在摘要栏内注明"承前页"字样。

对需要结计本月发生额的账户，结计"过次页"的本页合计数应当为自本月初起至本页末止的发生额合计数；需要结计本年累计发生额的账户，结计"过次页"的本页合计数应当为自年初起至本页末止的累计数；对既不需要结计本月发生额又不需要结计本年累计发生额的账户，可以只将每页末的余额结转次页。

(9) 实行会计电算化的单位，用计算机打印的会计账簿必须连续编号，经审核无误后装订成册，并由记账人员和会计机构负责人、会计主管人员签字或盖章。

(10) 账簿记录发生错误，必须按规定方法进行更正，不准涂改、挖补、刮擦或者用药水消除字迹，不准重新抄写。发现差错必须根据差错的具体情况采用划线更正、红字更正、补充登记等方法更正。

三、错账的更正

在记账过程中，如果账簿记录发生错误，不得任意刮擦、挖补、涂改或用褪色药水等方法更改字迹，必须根据错误的类型，采用正确的方法予以更正。更正错账的方法有划线更正法、红字更正法和补充登记法三种。

1. 划线更正法

划线更正法是用红线注销原有错误账簿记录的一种更正方法。

在结账之前，如果发现账簿记录中的文字或数字错误，而记账凭证无错误，应采用划线更正法更正。具体更正方法是：先将错误数字或文字划一条红线予以注销，对已划掉的数字，应当保持原有字迹仍可辨认，以备查核，然后，在错误的文字或数字上方空白处用蓝色墨水或者碳素墨水填写正确的数字或文字，并由记账人员在更正处盖章，以明确责任。但应注意，对于错误的数字，应当全部划红线更正，不得只更正其中的错误数字，例如，会计人员在过账时把记账凭证上的"管理费用"账户的"6 270"元误记为"6 210"元，更正方法是将错误数字"6 210"全部用红线划掉，在其上方写上正确的数字"6 270"。对于文字的错误，可只划去错误的文字，如某一账户的账页中"对应科目"栏内应填写"应收账款"，却误写为"应付账款"，更正时，用红线只划掉"付"字，在其上方写上正确的"收"字。如果登错了账户，如将"财务费用"账户的借方金额登记到了"销售费用"账户的借方，更正时，用红线划掉"销售费用"账户中的记录，用蓝笔重新登记到"财务费用"账户的借方。

2. 红字更正法

红字更正法，又称为红字冲销法，是指用红字冲销或冲减原记录数以更正或调整账簿记录的一种更正方法。一般适用于以下两种情况：

(1) 在记账以后结账之前，如果发现账簿记录中会计科目错误，而记账凭证上也出现了同样的错误，可采用红字更正法进行更正。具体更正方法是：先用红字填写一张与原来错误凭证完全相同的记账凭证，在其摘要栏内注明"注销×月×日第×号记账凭证"字样，并据此用红字过入有关账簿中，冲销原来的错误记录，然后再用蓝字填制一张正确的记账凭证，在其摘要栏内注明"订正×月×日第×号记账凭证"字样，并据以登记入账。

【例6-3】 某企业厂部管理部门购进办公用品300元，用库存现金支付。编制的记账凭证如下：

借：制造费用　　300
　　贷：库存现金　　300

该记账凭证误将“管理费用”账户填记入“制造费用”账户，且根据这个错误的会计凭证已经登记入账了，并且在结账前发现了这个错误。

更正时，应先用红字金额编制如下记账凭证，并登记入账，冲掉错误凭证上所记录的内容。编制的记账凭证如下(方框内数字代表红字，下同)：

借：制造费用　　[300]
　　贷：库存现金　　[300]

然后再用蓝字填制一张正确的记账凭证，并登记入账。编制的记账凭证如下：

借：管理费用　　300
　　贷：库存现金　　300

以上有关账簿的更正记录如图 6-1 所示。

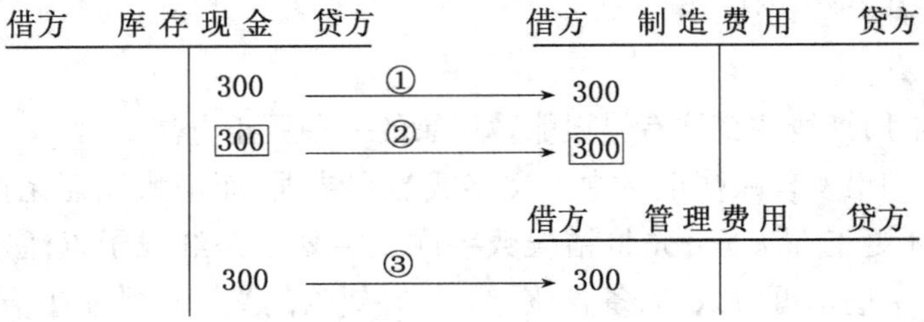

图 6-1　账簿的更正记录

(2) 在记账以后结账之前，如果发现记账凭证和账簿记录中所记金额大于应记金额，而应借、应贷会计科目都正确，应采用红字冲减法更正。具体更正方法是：用红字按多记的金额填制一张应借、应贷会计科目与原错误记账凭证相同的记账凭证，在其摘要栏内注明“冲销×月×日第×号记账凭证多记金额”字样，并据以用红字金额入账，将多记金额冲减掉。

【例 6-4】 某企业仓库发出材料一批 5 000 元，用于生产产品。编制的记账凭证如下：

借：生产成本　　50 000
　　贷：原材料　　50 000

该记账凭证将 5 000 误记为 50 000，并已登记入账。更正时，按多记的金额 45 000 元，用红字填制一张应借、应贷会计科目与原错误记账凭证一样的记账凭证。编制的记账凭证如下：

借：生产成本　　[45 000]
　　贷：原材料　　[45 000]

并据此登记入账，冲减多记金额。以上有关账簿记录如图 6-2 所示。

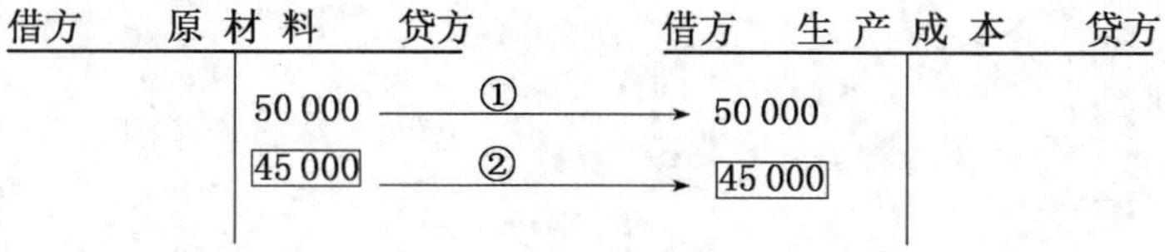

图 6-2 账簿的更正记录

红字更正法不仅能保持账户间的对应关系，而且还能保持账户中的正确发生额，不至于因改正错账而使账簿金额虚增或虚减。

3. 补充登记法

补充登记法是用补记差额以更正账簿记录错误的一种更正方法。

在记账以后结账之前，如果发现记账凭证和账簿记录中应借、应贷的会计科目无错误，只是所记金额小于应记金额，应采用补充登记法更正错误。具体更正方法是：将少记的金额用蓝字填制一张与错误凭证应借、应贷会计科目相同的记账凭证，在其摘要栏内注明“补记×月×日第×号记账凭证少记金额”字样，并据以登记入账，以补充登记少记金额。

【例 6-5】 某企业销售产品一批，计 20 000 元，货款尚未收到。编制的记账凭证如下：

借：应收账款　　2 000

　　贷：主营业务收入　　2 000

该记账凭证误将 20 000 元记为 2 000 元，并据以登记入账。更正时，按少记的金额 18 000元，用蓝字填制一张应借、应贷会计科目与原错误记账凭证一样的记账凭证。

借：应收账款　　18 000

　　贷：主营业务收入　　18 000

并据此登记入账，补充少记金额。以上有关账簿记录如图 6-3 所示。

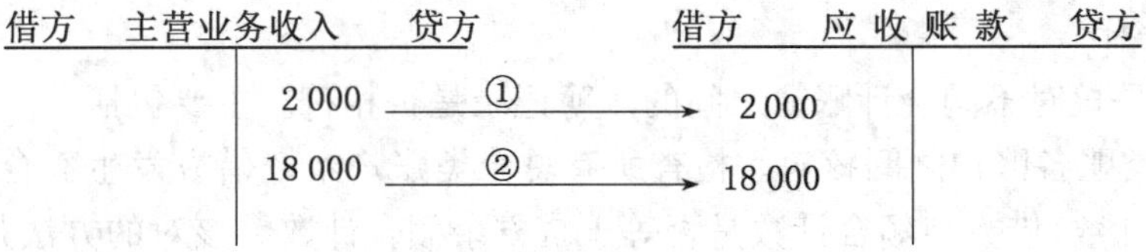

图 6-3 账簿的更正记录

在更正错账时应注意以下两点：

(1) 如果发现以前年度记账凭证或会计账簿有错误，对前期财务报表造成省略或错报，应当遵照《企业会计准则第 28 号——会计政策、会计估计变更和差错更正》进行更正。

(2) 如果在填制记账凭证时发生错误，还没有登记入账，应当重新填制记账凭证。

第四节 对账和结账

登记账簿是会计核算的专门方法之一，它包括了记账、对账和结账三个相互联系不可分割的工作环节，前几节讨论了登记账簿的方法，这一节进一步讨论有关对账和结账的方法及要求。

对账

一、对账

（一）对账的意义

对账是指会计人员对账簿记录进行核对的工作。它是会计核算的一项重要内容，也是审计常用的一种查账方法。

在会计工作中由于种种原因，账簿记录难免会产生各种各样的错误，为了保证账簿记录的正确、完整、合理和可靠，如实反映单位的财务状况和经营成果，为编制财务会计报告提供真实可靠的数据资料，各单位应当定期对会计账簿记录的有关数字与库存实物、货币资金、有价证券、往来单位或者个人等进行相互核对，保证账证相符、账账相符、账实相符。对账工作每年至少进行一次。

对账包括日常核对和定期核对。日常核对是在平时的记账中随时进行的，如记账凭证与原始凭证的核对，现金日记账每天与库存现金的核对等都是日常的核对。定期核对一般情况下是在月末、季末、年末，并且要在本期内的全部经济业务登记入账并结出各账户期末余额之后，结账之前进行。

（二）对账的内容

1. 账证核对

账证核对是核对会计账簿记录与原始凭证、记账凭证记录是否相符。核对的主要内容包括总分类账、明细分类账、日记账同记账凭证及原始凭证的时间、凭证字号、内容、金额是否一致，记账方向是否相符等。这种核对工作通常是在日常核算中，由会计人员在编制记账凭证和登记账簿时随时进行核对，以保证经济业务的合法性、合理性、正确性，提高登记账簿的质量。如果在期末总分类账试算不平衡、账账不相符或账实不相符，为查找原因，也需要进行账证核对，核对时，主要是抽查与账账不相符或账实不相符的有关凭证，而不是核对全部凭证。

2. 账账核对

账账核对是核对不同会计账簿之间的账簿记录是否相符。主要包括：

（1）总分类账各账户之间核对。检查所有总分类账户本期借方发生额合计数是否等于贷方发生额合计数，借方余额合计数是否等于贷方余额合计数。核对的方法是通过编制“总分类账户发生额及余额试算平衡表”。

（2）总分类账与其所属明细分类账核对。这种核对一般通过编制“总分类账户与明细分类账户对照表”进行，检查总分类账本期借、贷方发生额及期末余额与其所属明细账本期借、贷方发生额及期末余额之和是否相符。

（3）总分类账与现金日记账、银行存款日记账核对。将现金日记账、银行存款日记账中本期借、贷方发生额及期末余额与总分类账中库存现金总账、银行存款总账借、贷方发生额及期末余额进行核对是否相符。

（4）会计部门有关财产物资的明细分类账发生额及期末余额与财产物资保管或使用部门的有关明细分类账的发生额及期末余额核对是否相符。

3. 账实核对

账实核对是核对会计账簿记录与财产等实有数额是否相符。具体内容包括：

(1) 现金日记账账面余额与现金实际库存数进行核对。该项核对工作应逐日进行,同时还应进行不定期的抽查。

(2) 银行存款日记账账面余额与开户银行转来的对账单核对。通常是每月进行一次核对,通过编制“银行存款余额调节表”进行。

(3) 各种财产物资明细分类账账面余额与财物实存数额相核对。平时根据财产物资清查的要求,定期或不定期地进行清查核对,年末,对所有的财产物资进行清查核对。

(4) 各种应收、应付款明细分类账账面余额与有关债权、债务单位或者个人的账目核对。通过定期或不定期的编制“应收款项对账单”和“应付款项对账单”,分送有关单位进行核对。

二、结账

(一) 结账的意义

结账是指按照规定把一定会计期间(月份、季度、年度)内所发生的全部经济业务登记入账的基础上,将各种账簿结出本期发生额和期末余额,并将期末余额结转至下期的一种方法。各单位应当按照规定定期结账。结账工作一般在期末进行;另外,企业因撤销、合并而办理账务交接时,也要办理结账手续。

通过结账可以考察各期资产、负债、所有者权益变动情况,资金的周转情况,为编制财务会计报告提供直接数据资料。

(二) 结账前的准备工作

在结账前应做好以下几项准备工作:

(1) 结账前,要检查本期内的经济业务是否全部填制记账凭证并登记入账,如发现漏记、错记、重记等账簿记录错误,应及时按规定方法予以更正。不允许将本期发生的经济业务延至下期登记,也不允许提前结账,只有这样才能保证结账的正确性。

(2) 按照权责发生制原则调整有关账项。对于本期内所有应计的收入和费用,都要编制调整记账凭证并登记到有关账簿中去,以调整账簿记录,正确确定本期的收入和费用。

(3) 结转有关账项。本期已销产品成本的结转业务、各项收入和费用的结转、各项税金的计算及结转等业务均应编制记账凭证,并据以登记入账。

(4) 计算各账户本期发生额及期末余额。在本期全部业务登记入账的基础上,结算出所有账户的本期发生额和期末余额,并认真进行对账工作。

(三) 结账的具体方法

结账是为了汇总单位的财务状况和经营成果,所以结账工作一般是在会计期末进行。结账分为日结、月结、季结、年结四种。

1. 日结

在每日末办理日结。现金日记账、银行存款日记账,需要逐日结出余额。结账时,在本日最后一笔经济业务的余额栏内结出本日的余额,在“借或贷”栏内注明“借”或“贷”。

2. 月结

月底应办理月结。结账时在各账户本月份最后一笔经济业务下面通栏划一条红线,表示本月结束。在红线下结算出本月发生额合计数及月末余额,在摘要栏内注明“本月合计”字样,如果有余额,在借或贷栏内写明“借”或“贷”,如果没有余额,在借或贷栏内注明“平”

字，并在余额栏“元”位上写“θ”，最后再在下面通栏划一条红线，表示完成月结。

需要结计本年累计发生额的账户，每月结账时，应在“本月合计”行的下一行结出自年初起至本月末止的累计发生额，在摘要栏内注明“本年累计”字样，并在下面通栏划一条红线。

3. 季结

季末应办理季结。季结时应在各账户本季度最后一月的月结下面通栏划一条红线，表示本季结束，然后在红线下一行结算出本季发生额合计数和期末余额，并在摘要栏内注明“本季合计”字样，余额的登记方法跟月结一样，最后再在下面通栏划一条红线，表示完成季结。

需要结计本年累计发生额的账户，应在“本季合计”行的下一行结出自年初起至本月末止的累计发生额，在摘要栏内注明“本年累计”字样，并在下面通栏划一条红线。

4. 年结

年末应办理年结。在12月的月结或第四季度季结红线的下一行结算出本年度12个月的发生额合计数和年末余额，并在摘要栏内注明“本年合计”字样，余额的填写方法同月结，并在下面通栏划双红线表示封账。月末已结计本年累计发生额的账户，12月末的“本年累计”就是全年累计发生额，直接在下面通栏划双红线表示封账。年度终了结账时，所有总账账户都应当结出全年发生额和年末余额。

年结后，有余额的账户，要将其余额结转下一会计年度，并在摘要栏内注明“结转下年”字样，在下一年度新建有关账簿的第一行摘要栏内注明“上年结转”字样，余额栏内填写上年结转的余额，并在借或贷栏内写明“借”或“贷”。

结账的具体方法如表6-16所示。

表6-16 **总分类账**

科目编号及名称：应付账款

20××年		证号	摘　要	借　方	贷　方	借或贷	余　额
月	日						
1	1		年初余额			贷	10 000
	10		略		50 000		
	20		略		20 000		
	31		略	30 000			
	31		本月合计	30 000	70 000	贷	50 000
2	1		略	20 000			
	10		略	10 000			
	20		略	20 000	20 000		
	28		略	50 000	30 000		
	28		本月合计	100 000	50 000	平	θ
3	10		略	20 000	30 000		
	20		略	40 000	40 000		
	31		略	20 000	40 000		
	31		本月合计	80 000	110 000	贷	30 000

（续表）

20××年		证号	摘要	借方	贷方	借或贷	余额
月	日						
	31		第一季度合计	210 000	230 000	贷	30 000
12	31		第四季度合计	170 000	220 000	贷	30 000
	31		本年合计	750 000	770 000	贷	30 000
			结转下年		10 000	贷	30 000

三、会计账簿的更换与保管

（一）会计账簿的更换

会计账簿的更换是指在会计年度终了，将上年旧账更换为次年新账。在新的会计年度建账并不是所有的账簿都更换为新的。一般来说，现金日记账、银行存款日记账、总分类账及绝大多数明细分类账，每年都要更换新账。但是有些财产物资明细账和债权债务明细账，由于材料品种、规格和往来单位较多，更换新账，重抄一遍，工作量较大，因此，可以跨年度使用，不必每年更换一次。第二年使用时，可直接在上年终了的双线下面记账。各种备查簿也可以连续使用。对于固定资产卡片明细账，一般是按固定资产的名称分别登记，可以跨年度使用，不必每年更换新账。

更换账簿前，首先检查原有账簿记录，在年终结账时是否全部结清，然后再建立新账。建立新账时上年余额的结转有两种方法。

1. 余额直接结转法

年度终了，在本年有余额的账户“摘要”栏内注明“结转下年”字样。在更换新账时，注明各账户的年份，在有关账户的第一行“日期”栏内注明1月1日；“记账凭证”栏空置不填；在“摘要”栏内注明“上年结转”或“年初余额”，将上年的年末余额记入新账户的“余额”栏内，并在“借或贷”栏内注明余额的方向。新旧账更换时账户余额的结转不需要编制记账凭证，直接记入余额栏内。这种方法比较简便。

2. 余额表结转法

根据上年度账簿各账户的年末余额，编制“年终账户余额表”，再根据余额表把各账户上年余额登记在新账簿相应账户的第一行，在摘要栏内注明“上年结转”或“年初余额”，作为新会计年度开始的期初余额。

（二）会计账簿的保管

会计账簿跟其他会计资料一样，是很重要的经济资料，所以各单位必须建立管理制度，按照有关规定进行妥善保管。账簿管理分为日常管理和归档保管两部分。在账簿未归档前，根据会计人员岗位责任制，登记账簿的人员要负责对该账簿的日常保管；归档后，由专职档案人员负责对所有归档账簿进行保管。

1. 账簿的日常管理

各种账簿要分工明确，指定专人管理，账簿经管人员既要负责记账、对账、结账等工作，又要负责保证账簿安全。记账人员每日登记账簿时，应防止账页破损，保护账本完整；每日下班前，要整理账册，加锁保管，以防丢失。会计账簿未经领导和会计负责人或者有关人员批准，非经管人员不能随意翻阅查看和复制。会计账簿除需要与外单位核对外，一般不能携带外出。对确实需要携带外出的，一般应由经管人员或会计主管人员指定专人负责。会计账簿不能随意交给其他人员管理，以保证账簿的安全与完整，防止任意涂改账簿等问题发生。

2. 旧账的归档保管

年度终了更换并启用新账后，对更换下来的旧账需要进行整理、装订，活页账簿要装订成册，连同各种订本式账簿统一编号，办理交接手续，归档保管。归档前旧账的整理工作包括：检查和补齐应办的手续，如改错盖章、注销空行及空页、结转余额等。活页账应撤出未使用的空白账页，加具封面，再装订成册，并对各账页填上页码。旧账装订时应注意：活页账一般按账户分类装订成册，一个账户装订成一册或数册；某些账户账页较少，也可以合并装订成一册。装订时应检查账簿扉页的内容是否填写齐全。装订后应由经办人员及装订人员、会计主管人员在封口处签名或盖章。

旧账装订完毕应编制目录和编写移交清单，然后按期移交档案部门保管。各种账簿同会计凭证和财务报表一样，都是重要的经济档案，必须按照制度统一规定的保存年限妥善保管，不得丢失和任意销毁。根据《会计档案管理办法》的规定：总分类账、明细分类账、辅助账、日记账至少应保存 30 年；固定资产卡片在固定资产报废清理后至少保存 5 年。会计账簿保管期满后，要按照规定的审批程序报经批准之后，办理销毁手续。

企业和其他组织会计档案保管期限见表 6-17。

表 6-17　企业和其他组织会计档案保管期限表

序号	档案名称	保管期限	备注
一	**会计凭证**		
1	原始凭证	30 年	
2	记账凭证	30 年	
二	**会计账簿**		
3	总账	30 年	
4	明细账	30 年	
5	日记账	30 年	
6	固定资产卡片		固定资产报废清理后保管 5 年
7	其他辅助性账簿	30 年	
三	**财务会计报告**		
8	月度、季度、半年度财务会计报告	10 年	
9	年度财务会计报告	永久	
四	**其他会计资料**		
10	银行存款余额调节表	10 年	
11	银行对账单	10 年	
12	纳税申报表	10 年	
13	会计档案移交清册	30 年	
14	会计档案保管清册	永久	
15	会计档案销毁清册	永久	
16	会计档案鉴定意见书	永久	

四、电子会计档案的保管

同时满足下列条件的，单位内部形成的属于归档范围的电子会计资料可仅以电子形式保存，形成电子会计档案，与纸质档案具有同等法律效力。

(1) 形成的电子会计资料来源真实有效，由计算机等电子设备形成和传输。

(2) 使用的会计核算系统能够准确、完整、有效接收和读取电子会计资料，能够输出符合国家标准归档格式的会计凭证、会计账簿、财务会计报表等会计资料，设定了经办、审核、审批等必要的审签程序。

(3) 使用的电子档案管理系统能够有效接收、管理、利用电子会计档案，符合电子档案的长期保管要求，并建立电子会计档案与相关联的其他纸质会计档案的检索关系。

(4) 采取有效措施，防止电子会计档案被篡改。

(5) 建立电子会计档案备份制度，能够有效防范自然灾害、意外事故和人为破坏的影响。

(6) 形成的电子会计资料不属于具有永久保存价值或者其他重要保存价值的会计档案。

五、会计档案的销毁

单位应当定期对已到保管期限的会计档案进行鉴定，并形成会计档案鉴定意见书。经鉴定，仍需继续保存的会计档案，应当重新划定保管期限；对保管期满，确无保存价值的会计档案，可以销毁。会计档案鉴定工作应当由单位档案管理机构牵头，组织单位会计、审计、纪检监察等机构或人员共同进行。经鉴定可以销毁的会计档案，应当按照以下程序销毁：

(1) 单位档案管理机构编制会计档案销毁清册，列明拟销毁会计档案的名称、卷号、册数、起止年度、档案编号、应保管期限、已保管期限和销毁时间等内容。

(2) 单位负责人、档案管理机构负责人、会计管理机构负责人、档案管理机构经办人、会计管理机构经办人在会计档案销毁清册上签署意见。

(3) 单位档案管理机构负责组织会计档案销毁工作，并与会计管理机构共同派员监销。监销人在会计档案销毁前，应当按照会计档案销毁清册所列内容进行清点核对；在会计档案销毁后，应当在会计档案销毁清册上签名或盖章。

电子会计档案的销毁还应当符合国家有关电子档案的规定，并由单位档案管理机构、会计管理机构和信息系统管理机构共同派员监销。

(4) 保管期满但未结清的债权债务会计凭证和涉及其他未了事项的会计凭证不得销毁，纸质会计档案应当单独抽出立卷，电子会计档案单独转存，保管到未了事项完结时为止。

单独抽出立卷或转存的会计档案，应当在会计档案鉴定意见书、会计档案销毁清册和会计档案保管清册中列明。

本章小结

1. 会计账簿的定义和分类

会计账簿是指由具有一定格式、相互联系的账页组成，用以全面、系统、连续地记录各项经济业务的簿籍。登记账簿是会计核算的一种专门方法，是会计工作的中间环节。

会计账簿按用途可分为序时账、分类账、备查账和联合账；按账页格式可分为两栏式账簿、三栏式账簿、多栏式账簿和数量金额式账簿；按其外表形式可分为订本式账簿、活页式账簿和卡片式账簿。

2. 会计账簿的设置和登记

单位设置的会计账簿应包括总账、明细账、日记账和其他辅助性账簿。

现金日记账和银行存款日记账由出纳人员根据收付款凭证逐日逐笔序时登记；总分类账的登记依据取决于该企业所采用的会计核算组织程序；明细分类账可以根据原始凭证、汇总原始凭证或记账凭证逐笔登记，也可以根据这些凭证逐日或定期汇总登记。

总分类账与明细分类账要平行登记。平行登记是指经济业务发生后，根据会计凭证一方面要登记有关的总账，另一方面要登记该总账所属的各有关明细账。要点包括：依据相同、期间一致、方向相同和金额相等。

3. 会计账簿的登记规则和错账更正

会计人员应严格遵守账簿启用规则和账簿登记规则。

(1) 必须根据审核无误的会计凭证进行登记。

(2) 正常记账使用蓝黑墨水，特殊记账使用红墨水。

(3) 按账户页次顺序连续登记。

(4) 账簿中文字和数字必须整洁清晰，准确无误。

(5) 凡需结出余额的账户，应当定期结出余额。

(6) 账页要过次承前。

(7) 定期打印账簿。

对于发现的错账必须按照规定的方法进行更正。错账的更正方法有划线更正法、红字更正法和补充登记法。

4. 对账和结账

对账是指会计人员对账簿记录进行定期核对，一般情况下是在月末、季末、年末，并且要在本期内的全部经济业务登记入账并结出各账户的期末余额之后，结账之前进行。对账包括账证核对、账账核对、账实核对。

结账是指按照规定把一定时期(月份、季度、年度)内所发生的全部经济业务登记入账的基础上，将各种账簿结出本期发生额和期末余额，并将期末余额结转至下期的一种方法，结账一般是在会计期末进行，结账分为日结、月结、季结、年结。

5. 会计账簿的更换与保管

会计账簿的更换是指在会计年度终了，将上年旧账更换为次年新账。一般来说，现金日记账、银行存款日记账、总分类账及绝大多数明细分类账每年都要更换新账。但是有些财产物资明细账和债权债务明细账，可以跨年度使用，不必每年更换。

会计账簿跟其他会计资料一样，是很重要的经济资料，所以各单位必须建立管理制度，按照有关规定妥善保管。账簿管理分为日常管理和归档保管两部分。

复习思考题

1. 什么是会计账簿？设置会计账簿有什么意义？
2. 会计账簿按用途可分为哪几类？
3. 会计账簿按外表形式可分为哪几类？各有什么优缺点？
4. 试述现金日记账和银行存款日记账的格式及登记方法。
5. 试述总分类账的格式及登记方法。
6. 明细分类账的格式有哪些？各在什么情况下适用？
7. 登记会计账簿有哪些规则？
8. 试述错账更正方法及适用范围。
9. 什么是对账和结账？如何进行对账和结账？

练习题

一、单项选择题

1. 应付账款明细分类账一般采用的账页格式是(　　)。
A. 三栏式　B. 数量金额式　C. 多栏式　D. 订本式
2. 登记会计账簿的直接依据是(　　)。
A. 原始凭证　B. 记账凭证　C. 经济合同　D. 入库单
3. 经营租赁租入的固定资产应登记的会计账簿是(　　)。
A. 序时账　B. 卡片账　C. 总分类账　D. 备查账
4. 发现记账凭证正确，登记账簿发生错误，应采用的更正方法是(　　)。
A. 划线更正法　B. 补充登记法　C. 平行登记法　D. 红字更正法
5. 费用成本明细分类账的账页格式一般为(　　)。
A. 三栏式　B. 借方多栏式　C. 贷方多栏式　D. 数量金额式

二、多项选择题

1. 有关现金的经济业务，应登记的账簿有(　　)。
A. 现金日记账　B. 库存现金总账　C. 银行存款日记账　D. 银行存款总账
2. 明细分类账的登记依据有(　　)。
A. 原始凭证　B. 原始凭证汇总表　C. 记账凭证　D. 汇总记账凭证
3. 账簿按其外表形式分为(　　)。
A. 总分类账　B. 订本式账簿　C. 活页式账簿　D. 卡片式账簿
4. 对账工作主要包括(　　)。
A. 账簿记录与记账凭证核对　B. 总账与明细账核对
C. 总账与日记账核对　D. 现金日记账与库存现金核对
5. 在登记账簿时应遵循的规则有(　　)。
A. 凡已登记账簿的会计凭证应注明登账符号
B. 账簿中不能写满格，一般不超过格距的1/2

C. 登记账簿时不能用红笔

D. 各账簿应按顺序连续登记，不得跳行隔页

三、判断题

1. 会计账簿是按照会计科目开设账户，用来序时分类地记录和反映重点经济业务的簿籍。（　）
2. 总分类账和明细分类账都是根据记账凭证逐笔登记的。（　）
3. 序时账簿是按照经济业务发生时间的先后顺序逐日逐笔登记的。（　）
4. 会计账簿按外表形式可分为订本式账簿、活页式账簿、卡片式账簿。（　）
5. 特种日记账是专门用来记录某一类经济业务发生情况的日记账，包括现金日记账、银行存款日记账和普通日记账。（　）
6. 原材料明细账应采用数量金额式账簿，以反映其收入、发出和结存情况。（　）
7. 平行登记是指经济业务发生后，根据会计凭证，一方面要登记有关总分类账，另一方面要登记该总分类账所属各有关明细分类账。（　）
8. 在结账前若发现账簿记录有错而记账凭证无错，可用红字更正法进行更正。（　）
9. 结账是按规定把一定时期内发生的经济业务登记入账，并进行账实核对，保证账簿资料正确性的会计方法。（　）
10. 对账是对账簿记录进行核对的工作，也包括本企业同外企业相关账簿的核对。（　）

四、实务题

1. 练习日记账和分类账的登记。

资料：见第四章练习题的实务题第六题。

要求：(1) 开设现金日记账、银行存款日记账、总分类账及“原材料”“生产成本”“应收账款”所属明细分类账(使用“T”形账户)。

(2) 登记以上账户的期初余额及本期发生额，并计算期末余额。

(3) 编制试算平衡表。

2. 练习总分类账与明细分类账的平行登记。

资料：某公司20××年9月1日“原材料”总分类账户的期初余额为19 400元，其中钢材300千克，共计19 200元，锌皮100千克，共计200元。

本月发生以下材料采购业务：

(1) 3日向大华金属公司购入钢材100千克，取得增值税普通发票，计货款6 400元，款项以银行存款支付。材料已验收入库。

(2) 6日向开泰材料供应站购入锌皮500千克，共计货款1 000元，进项税额130元，款项未付，材料已验收入库。

(3) 13日向大华金属公司购入钢材200千克，共计货款12 000元，进项税额1 560元，开出转账支票。材料已验收入库。

(4) 15日生产A产品领用钢材400千克，共计25 600元，领用锌皮300千克，共计600元。

(5) 20日外购锌皮200千克，取得增值税普通发票，共计货款400元，以现金支付，材料已验收入库。

要求：(1) 设置“原材料”的总分类账及明细分类账，并登记期初余额。

(2) 填制有关记账凭证。

(3) 采用平行登记的方法登记总分类账和明细分类账,编制“原材料发生额及余额明细表”并与“原材料”总账核对。

3. 练习错账的更正。

资料:中源公司20××年9月30日结账前账户余额如表6-18所示。

表6-18 **试算平衡表** 单位:元

账户名称	借方余额	账户名称	贷方余额
库存现金	500	短期借款	10 000
银行存款	15 000	应付账款	7 000
应收账款	6 000	应交税费	1 000
原材料	20 000	主营业务收入	30 000
库存商品	16 200	实收资本	43 200
固定资产	37 700	利润分配	5 000
管理费用	3 000		
财务费用	500		
合　计	98 900		96 200

通过发生额试算平衡,发现借方发生额合计数不等于贷方发生额合计数。经核对会计凭证和账簿发现下列错误:

(1) 以现金支付房租395元,误记为359元并入账。

(2) 从银行存款账户中支付所欠货款5 000元,误记为应收账款的借方并入账。

(3) 赊销商品一批,共计3 000元,过账时主营业务收入账户误记为300元。

(4) 用银行存款支付固定资产应负担的运杂费600元,误记为6 000元,并入账。

(5) 从银行存款户中支付短期借款利息200元,误作为归还短期借款2 000元并入账。

(6) 以银行存款购买计算机一台,价值6 000元,误作为原材料并且入账。

(7) 收回应收账款2 700元,误记为2 100元并入账。

要求:(1) 根据上述资料用适当的方法更正错账。

(2) 编制一张正确的试算平衡表。

第七章 财产清查

学习目的

本章介绍了会计核算的基本方法——财产清查。通过本章的学习，学生应了解财产清查的意义和种类；掌握各种财产清查的内容和方法；熟悉实地盘存制和永续盘存制两种盘存制度；能够编制银行存款余额调节表；掌握财产清查结果的会计处理。

第一节 财产清查的意义和种类

财产清查的意义和种类

一、财产清查的意义

财产清查是指通过对各项财产物资进行盘点和核对，确定其实存数，查明其实存数与账存数是否相符的一种专门方法。

保证财务信息资料的真实性是对会计信息最重要的质量要求。只有真实的会计信息，才能起到会计核算应有的作用。因此，在整个会计核算过程中，一定要严格按规范的程序和方法进行。在实际工作中，由于种种主客观原因，往往会出现某些财产物资实存数与账存数不符的现象。究其原因主要有：财产物资的自然损耗；计量器具失灵；收发差错；会计凭证或会计账簿的漏记、重记、错记或计算错误；不法分子的营私舞弊、贪污盗窃；自然灾害等非常损失。上述原因都可能使财产物资和债权、债务等出现账实不符的情况。因此，必须进行财产清查，对各项财产物资和债权、债务进行定期或不定期的盘点和核对，在账实相符的基础上编制财务报告。所以财产清查具有十分重要的意义。

(1) 确保核算资料的真实可靠。通过财产清查，可以确定各项财产物资的实存数，将实存数与账存数相核对，查明各项财产物资的账实是否相符，以及产生差异的原因和责任，并及时调整账面记录，使其账实相符，从而保证会计核算资料的真实性，为编制财务报告做好准备。

(2) 健全财产物资的管理制度。造成账实不符的原因中，最主要的是企业管理上的问题。出现财产物资的大量盘盈、盘亏，可能是企业财产物资管理不善的一个信号。通过财产清查，可以发现财产物资管理上存在的问题，促使企业不断改进财产物资管理，健全财产物资管理制度，确保财产物资的安全、完整。

(3) 促进财产物资的安全、完整及有效使用。在财产清查中，不仅要对财产物资进行账实核对，还要查明各项财产物资的储存和使用情况，储存不足的应及时补足，多余积压的应及时处理，了解财产物资节约使用的经验和铺张浪费的教训。所以，通过财产清查，可以促进财产物资的有效使用，充分发挥财产物资的潜力，加速资金周转，避免损失浪费。

(4) 保证结算制度的贯彻执行。在财产清查中，对于债权、债务等往来结算账款，也要与对方逐一核对清楚；对于各种应收、应付账款应及时结算，已确认的坏账要按规定处理，避免长期拖欠和长年挂账，共同维护结算纪律和商业信用。

二、财产清查的种类

财产清查可以按不同的标志进行分类，主要有以下几种分类方法。

(一) 按照清查对象的范围分类

财产清查按照清查的范围大小，可以分为全面清查和局部清查。

1. 全面清查

全面清查就是对属于本单位或存放在本单位的所有财产物资、货币资金和各项债权、债务进行全面盘点和核对。对资产负债表内所列的项目，要一一盘点、核对。全面清查的内容多，范围广，一般是在以下几种情况下，才需要进行全面清查。

(1) 年终决算之前，为确保年终决算会计信息的真实和准确，需要进行一次全面清查。

(2) 单位撤销、合并或改变隶属关系时，要进行一次全面清查，以明确经济责任。

(3) 开展资产评估、清产核资等活动，需要进行全面清查，摸清家底，以便按需要组织资金的供应。

2. 局部清查

局部清查就是根据管理的需要或依据有关规定，对部分财产物资、债权、债务进行盘点和核对。一般情况下，对于流动性较大的材料物资，除年度清查外，年内还要轮流盘点或重点抽查；对于各种贵重物资，每月都应清查盘点一次；对于库存现金，应由出纳人员当日清点核对；对于银行存款，每月至少要同银行核对一次；对于各种应收账款，每年至少核对一至两次。

(二) 按照清查的时间分类

财产清查按照清查时间是否事先有计划，可分为定期清查和不定期(临时)清查。

1. 定期清查

定期清查就是按事先计划安排的时间对财产物资、债权债务进行的清查。一般是在年度、季度、月份、每日结账时进行。例如，每日结账时，要对库存现金进行账实核对；每月结账时，要对银行存款日记账进行对账等。定期清查，可以是局部清查，也可以是全面清查。

2. 不定期清查

不定期清查是事先并无计划安排，而是根据实际需要所进行的临时性清查。一般是在以下几种情况下，才需要进行不定期清查。

(1) 更换财产物资和库存现金的保管人员时，要对有关人员所保管的财产物资和库存现金进行清查，以分清经济责任。

(2) 发生非常灾害和意外损失时，要对受灾损失的有关财产物资进行清查，以查明损失情况。

(3) 单位撤销、合并或改变隶属关系时，应对本单位的各项财产物资、货币资金、债权债务进行清查，以摸清家底。

不定期清查可以是局部清查，也可以是全面清查。

(三) 按照清查的执行单位分类

财产清查按照清查的执行单位，可分为内部清查和外部清查。

1. 内部清查

内部清查是指由本单位的有关人员对本单位的财产进行的清查，也称为自查。

2. 外部清查

外部清查是指由本单位外部有关部门和人员根据国家法律或制度的规定对单位所进行的财产清查。

第二节 财产物资的盘存制度

财产物资的盘存制度

财产清查的重要环节是盘点财产物资的实存数量，为使盘点工作顺利进行，应建立科学而适用的盘存制度。在实际工作中，财产物资的盘存制度有两种，即永续盘存制和实地盘存制。

一、永续盘存制

永续盘存制，也称账面盘存制，是指企业设置存货明细账，会计人员在平时根据会计凭证，对各项财产的增加数和减少数在有关账簿记录中进行连续登记，并随时在账簿上结算出各种财产的账面结存数额的一种方法。采用这种方法的具体做法是：在收入和发出某项财产时，应根据有关会计凭证及时将收入数和发出数(包括收入数量和金额及发出数量和金额)登记在相应的明细账簿的收入栏和发出栏，并将收入和发出所引起的该项财产的结存数额及时结出。

收入和发出财产后，该项财产结存数额的计算公式如下：

账面期末余额＝账面期初余额＋本期增加额－本期减少额

这种盘存制度的优点在于财产物资的进出都有严密的手续，可以随时通过账面反映和掌握各项财产的增减和结存状况，便于随时掌握财产物资的占用情况及其动态，有利于加强对财产物资的管理。企业的大部分存货，都是按永续盘存制来处理的。然而永续盘存制也有缺点，一是工作量比较大，要逐日逐笔登记账簿；二是在账簿中记录的财产物资的增减变动及结存情况都是根据有关会计凭证登记的，可能发生账实不符的情况。因此，采用这一方法时需要针对具体情况对各项财产物资进行定期或不定期的清查，以查明账实是否相符，以及账实不符的原因。

表 7-1 以原材料收发为例说明永续盘存制的应用。

表 7-1　　　　　　　　　　　　原材料明细账

材料名称：甲材料

20××年		凭证号	摘要	收入			发出			结存		
月	日			数量（千克）	单价	金额	数量（千克）	单价	金额	数量（千克）	单价	金额
2	1		月初结存							100	10.00	1 000
2	3		发出				50			50		
2	5		购进	200	13.00	2 600				250		
2	6		发出				200			50		
2	17		购进	100	11.50	1 150				150		
2	25		购进	300	11.00	3 300				450		
2	27		发出				150			300		
2	28		合计	600		7 050	400	11.50	4 600	300	11.50	3 450

$$\text{加权平均单位成本}=\frac{\text{期初结存实际成本}+\text{本期收入材料实际成本}}{\text{期初结存数量}+\text{本期收入材料数量}}$$

$$=\frac{1\,000+(2\,600+1\,150+3\,300)}{100+(200+100+300)}=11.50(\text{元})$$

$$\text{发出材料成本}=\text{发出材料数量}\times\text{加权平均单位成本}$$

$$=(50+200+150)\times 11.50$$

$$=4\,600(\text{元})$$

$$\text{期末材料成本}=300\times 11.50=3\,450(\text{元})$$

二、实地盘存制

实地盘存制也称定期盘存制，是指通过定期对实物的清点，来确定各项财产的期末结存数量及结存金额，从而倒挤出发出数量和金额的一种方法。采用这种方法，平时根据会计凭证在账簿中只登记财产物资的增加数（包括增加数量和金额），不登记减少数，到月末，对各项财产物资进行盘点，根据实地盘点所确定的实存数，倒挤出本月财产物资的减少数，即：

本月减少数＝账面期初余额＋本期增加数－期末实际结存数

根据以上计算出的本期减少数，再登记有关账簿，所以，每月月末对各项财产物资进行实地盘点的结果是计算、确定本月财产物资减少数的依据。

仍以表 7-1 相关数据为例，说明实地盘存制的应用。

表 7-2 材料计价仍使用加权平均法计价，单价为 11.50 元，假设实地盘点期末材料库存数量为 290 千克。

表 7-2 **原材料明细账**

材料名称：甲材料

20××年		凭证号	摘要	收入			发出			结存		
月	日			数量（千克）	单价	金额	数量（千克）	单价	金额	数量（千克）	单价	金额
2	1		月初结存							100	10.00	1 000
2	5		购进	200	13.00	2 600						
2	17		购进	100	11.50	1 150						
2	25		购进	300	11.00	3 300						
2	28		合计	600		7 050	410	11.50	4 715	290	11.50	3 335

则月末材料的库存成本和本期发出材料的结存成本如下：

月末库存成本＝实地盘点数量×加权平均单价

＝290×11.5＝3 335(元)

本月发出数量＝月初结存数量＋本月购进数量－月末结存数量

＝100＋600－290＝410(千克)

本月发出金额＝410×11.5＝4 715(元)

这种盘存制度的优点在于简化了平时的记录和核算工作；缺点是不能及时反映各项财产的收付和结存情况，倒挤出各项财产物资的减少数的成分复杂，除正常耗用外，可能还有毁损的和丢失的，不利于财产物资的管理。所以，除了价值低、损耗大、大堆存放的材料物资或鲜活的生物资产外，一般情况不宜采用。

根据以上所述，无论是采用哪一种盘存制度，对财产物资都必须定期或不定期地进行清查和盘点。

第三节 财产清查的方法

财产清查是一项涉及面比较广、工作量比较大，既复杂又细致的工作。因此，在进行财产清查前，必须有计划、有组织地进行各项准备工作，包括组织准备和业务准备，然后，才能按科学、合理的方法进行财产清查。

一、财产清查的一般程序

不同目的的财产清查，应按不同的程序进行，但就其一般程序来说，主要包括三个步骤。

(一) 成立清查组织

进行财产清查，尤其是进行全面清查，其涉及面较广、工作量较大，因此必须专门成立清查组织具体负责财产清查的组织和管理。一般应在总会计师及有关主管负责人的领导下，成立由财会部门牵头，由设备、技术、生产、行政及各有关部门参加的财产清查领导小组。该领导小组的主要任务包括根据管理制度或有关部门的要求拟定财产清查工作的详细步骤，确定财产清查对象和范围，配备财产清查人员等；在财产清查过程中，及时掌握工作进度，检查和督促工作、研究和解决财产清查工作中出现的问题；在财产清查工作结束后，写出财产清查工作的书面报告，对发生的盘盈盘亏提出意见。

（二）业务准备工作

为做好财产清查工作，会计部门和有关业务部门要在清查组织的指导下，做好各项业务的准备工作。主要有：

(1) 会计部门应在进行财产清查之前，将有关账簿登记齐全，结出余额，做好账簿准备，为账实核对提供正确的账簿资料。

(2) 财产物资保管和使用等业务部门应登记好所经管的各项财产物资明细账，结出余额，并将所保管和使用的财产物资整理好，挂上标签，标明品种、规格和结存数量，以便盘点核对。

(3) 准备好各种计量器具和有关清查登记用的表册。例如，“盘存表”“实存账存对比表”“未达账项登记表”等。

（三）实施财产清查

在做好各项准备工作以后，应由清查人员根据清查对象的特点，依据清查的目的，采取相应的清查方法，实施财产清查。

二、财产清查的一般方法

财产清查的方法

根据财产的不同形态，一般的财产清查方法分为两类：一类是对实物资产的清查方法，另一类是对货币资金和往来款项的清查方法。

各项财产物资（包括固定资产、原材料、在产品、库存商品等）都要从数量上和质量上进行清查。

实物资产数量的清查可采用实地盘点法。但由于各种财产物资的实物形态、体积、重量、堆放形式等不尽相同，因而实地盘点时应当采用不同方法。常用的方法有以下三种：

(1) 直接盘点法。这种方法是指对各项财产通过逐一清点，或者用计量器具来确定其实存数量的一种方法。在财产清查中，这种方法适用范围较广，大多数财产都可以使用。如对库存现金的清点，对各种固定资产的清查等。但是，实地盘点法同样也存在着局限性，它只能适用于能够直接查清数量的财产，对于大量存放的资产则不适用。

(2) 实物抽查法。这种方法是通过对实物进行重点抽查，以查明其数量与账面记录是否一致的方法。这种方法多用于那些包装完好的各种材料物资、库存商品等。

(3) 技术估算法。这种方法是通过单位标准测定来计算全部存量的一种方法，适用于那些数量大，不易逐项清点、称重的财产物资。采用这种方法时，必须做到测定标准比较准确，整理后的形状符合规定要求，这样估算出来的实际数额才能接近其实存量。

对于实物资产质量的检查方法，可根据不同的实物，采用不同的方法，如有的采用物理方法，有的采用化学方法来检查其保管质量。

对银行存款和往来款项一般采用询证核对法来进行。询证核对法是指通过书信往来或派专人与有关对方单位核对往来款项是否正确的一种清查方法。

三、实物资产的清查

实物资产的清查是对各种原材料、在产品、半成品、固定资产等在数量和质量上进行的清查。实物清查时，保管人员必须在场，并参加盘点工作。实物资产的清查有以下几个程序。

（一）清点实物

采用实地盘点法对实物进行点数、过秤或度量等直接盘点或者抽查、估算，来确定其实存数量。对于各种库存材料、产成品，应注意核对其品名、数量是否与标签标明的内容相一致，有无名不符实或毁损变质的情况；对于在产品、半成品，除清点数量外，同时还要注意其配套性和完工程度等；对委托加工的外存实物、在途实物的清查，可采用与外单位核对的办法，查明账实是否相符；对固定资产的清查，应着重检查使用情况、磨损情况、有无毁损和丢失、折旧的提取等情况。既要逐一清点实物的实存数量，防止重点、漏点；同时也要注意有没有账外资产或超储积压、不配套等不合理的库存现象，另外还要注意清查财产物资的质量，检查有无以次充好、霉变毁坏等问题。

（二）登记盘存单

清点实物后，应将清点结果记入事前准备的盘存单中，并将清查中发现的问题在盘存单备注栏内注明，并由清查盘点人员和实物保管人员签字盖章。“盘存单”是进行财产清查时记录各项财产物资清查盘点结果的书面证明，也是用来反映被清查财产物资实存数的原始凭证。盘存单内填列的实物编号、名称、规格、计量单位和单价，必须与账面记录相一致，以便核对。盘存单的一般格式如表 7-3 所示。

表 7-3　　　　**盘存单**　　　　单位：

单位名称：　　盘存时间：　　财产类别：　　存放地点：　　编号：

编　号	名　称	计量单位	数　量	单　价	金　额	备　注

盘点人签章：　　　　保管人签章：

（三）估价

财产清查后，若发现实物有毁损变质等情况，使其实际价值与账面价值产生差异，或者不能从账面资料中求其价值，就需要对其进行估价，以调整账面价值或确定其实有数额。

（四）编制账存实存对比表

为了进一步查明盘点结果与账面结存数是否一致，确定盘盈或盘亏数，还应根据“盘存单”和有关账簿记录编制“账存实存对比表”。该表是确定实存与账存差异、分析发生差异原因、明确经济责任和调整账簿记录的重要原始依据。“账存实存对比表”的一般格式如表7-4所示。

表 7-4 账存实存对比表

单位名称： 年 月 日 单位：

编号	类别及名称	计量单位	单价	实存		账存		对比结果				备注
								盘盈		盘亏		
				数量	金额	数量	金额	数量	金额	数量	金额	

单位负责人签章： 填表人签章：

四、货币资金的清查

货币资金清查的范围和内容包括库存现金、银行存款和其他货币资金等。这里重点介绍库存现金、银行存款的清查。

(一) 库存现金的清查

库存现金的清查是通过实地盘点的方法，确定库存现金的实存数，再与现金日记账的账面余额核对，以查明盈亏情况。在进行库存现金清查时，为了明确经济责任，出纳员必须在场，盘点时要注意有无挪用现金或以不具有法律效力的借条、收据等抵充库存现金的情况。库存现金盘点后，应根据盘点的结果及与现金日记账核对的情况填制"库存现金盘点报告表"。"库存现金盘点报告表"也是重要的原始凭证，它既起"盘存单"的作用，又起"账存实存对比表"的作用，应严肃认真地进行填写。"库存现金盘点报告表"应由盘点人和出纳员共同签章方能生效。"库存现金盘点报告表"的一般格式如表 7-5 所示。

表 7-5 库存现金盘点报告表

单位名称： 年 月 日 单位：元

实存金额	账面金额	实存与账存对比		备注
		盘盈	盘亏	

盘点人签章： 出纳员签章：

(二) 银行存款的清查

银行存款的清查是采用与开户银行核对账目的方法进行的清查，即将本单位的银行存款日记账与开户银行转来的对账单逐笔进行核对，即使双方记账都没有错误，银行存款日记账的余额和银行对账单的余额也可能不一致。这种不一致可能由于某一方记账有错误或是存在未达账项。未达账项是指由于企业与银行之间对于同一项业务取得凭证的时间不同，导致记账时间不一致，而发生的一方已取得结算凭证并已登记入账，而另一方由于未取得结算凭证尚未入账的款项。未达账项有以下四种：

(1) 企业已收，银行未收款。例如，企业销售产品收到支票，送存银行后即可根据银行盖章退回的"进账单"回联单，登记银行存款的增加，而银行则不能马上记增加，要等款项收妥后再记增加，如果此时对账，则形成企业已收，银行未收款。

(2) 企业已付，银行未付款。例如，企业开出一张支票支付购料款，企业可根据支票存根、发票及收料单等凭证，登记银行存款的减少，而此时银行由于尚未接到支付款项的凭证尚未登记银行存款减少，如果此时对账，则形成企业已付，银行未付款。

(3) 银行已收，企业未收款。例如，外地某单位给企业汇来款项，银行收到汇款单后，马上登记存款增加，企业由于尚未收到汇款凭证尚未登记银行存款增加，如果此时对账，就形成了银行已收，企业未收款。

(4) 银行已付，企业未付款。例如，银行代企业支付款项(如电话费、水电费等公共事业费)，银行已取得支付款项的凭证已登记存款减少，企业由于尚未接到凭证尚未登记银行存款减少，如果此时对账，则形成银行已付，企业未付款。

上述任何一种未达账项存在，都会使企业银行存款日记账余额与银行转来对账单的余额不符。因此，在与银行对账时，应首先查明有无未达账项，如果有未达账项可编制"银行存款余额调节表"，对未达账项进行调整后，再确定企业与银行双方记账是否一致，双方的账面余额是否相符。

现举例说明"银行存款余额调节表"的具体编制方法。

【例 7-1】 某企业 20××年 12 月 31 日银行存款日记账的余额为 56 000 元，银行转来对账单的余额为 74 000 元，经过逐笔核对，有如下未达账项：

(1) 企业收销货款 2 000 元，已登记银行存款增加，银行尚未登记增加。

(2) 企业付购料款 18 000 元，已登记银行存款减少，银行尚未登记减少。

(3) 接到上海甲工厂汇来购货款 10 000 元，银行已登记增加，企业尚未登记增加。

(4) 银行代企业支付电话费 8 000 元，银行已登记减少，企业尚未登记减少。

根据以上资料编制"银行存款余额调节表"，调整双方余额。其一般格式如表 7-6 所示。

表 7-6　　银行存款余额调节表

20××年 12 月 31 日　　单位：元

项　目	金　额	项　目	金　额
企业银行存款日记账余额	56 000	银行对账单余额	74 000
加：银行已收，企业未收款	10 000	加：企业已收，银行未收款	2 000
减：银行已付，企业未付款	8 000	减：企业已付，银行未付款	18 000
调节后的存款余额	58 000	调节后的存款余额	58 000

表 7-6 的编制方法为：企业与银行双方都在本身余额的基础上补记上对方已记账，本身未记账的未达账项(包括增加额和减少额)。采用这种方法进行调整，双方调节后的余额相等，说明双方记账相符；否则说明记账有错误，应给予更正。

银行存款日记账余额是企业需要列示在资产负债表中的款项(即资产),银行对账单余额是企业当下实际可以动用的款项,调节后的余额是企业实际拥有的款项。“银行存款余额调节表”只起到对账的作用,不能作为调节账面余额的凭证。银行存款日记账的登记,还应待收到有关原始凭证后再进行。需要指出的是,在财产清查过程中,要特别注意长期存在的未达账项,这样的款项可能是错账,应对时间较长的未达账项进行分析并查明原因。

上述银行存款清查方法,也适用于银行借款的清查。

五、结算往来款项的清查

对各项结算往来款项一般采用“询证核对法”进行清查,即通过与经济往来单位核对账目的方法。清查单位按每一个经济往来单位编制“往来款项对账单”(一式两份,其中一份作为回单联)送往各经济往来单位,对方经过核对相符后,在回单联上加盖公章退回,表示已核对;如果经核对数字不相符,对方应在回单联上注明情况或另抄对账单退回本单位,进一步查明原因,再进行核对,直到相符为止。“往来款项对账单”的格式和内容如表7-7所示。

表7-7　　往来款项对账单

________单位:

你单位20××年11月16日到我厂购甲产品1 000件已付货款4 000元,尚有4 000元货款未付,请核对后将回单联寄回。

清查单位:(盖章)

20××年12月20日

沿此虚线裁开,将以下回单联寄回!

- - - - - - - - - - - - - - - - - - - -

往来款项对账单(回单)

________单位:

你单位寄来的“往来款项对账单”已收到,经核对相符无误。

单位:(盖章)

20××年12月29日

清查单位根据结果填制“结算款项核对登记表”,经过分析研究后,据以作出处理。“结算款项核对登记表”的一般格式如表7-8所示。

表7-8　　结算款项核对登记表

单位名称:　　　　年　月　日　　　　单位:元

结算性质	对方单位	应结算金额	核对金额	备　注
应收款项 1. 2. 3.				
应付款项 1. 2. 3.				

负责人签章:　　　　　　制表:

第四节 财产清查结果的处理

一、财产清查结果的账户设置

财产清查后，如果实存数与账存数一致，账实相符，则不必进行账务处理。如果实存数与账存数不一致，会出现两种情况。当实存数大于账存数时，称为盘盈；当实存数小于账存数时，称为盘亏；实存数虽与账存数一致，但实存的财产物资有质量问题，不能按正常的财产物资使用的，称为毁损。不论是盘盈、盘亏还是毁损，都要进行账务处理。首先应调整账存数，使账存数与实存数一致，保证账实相符。盘盈时，增加账存数，使其与实存数一致；盘亏或毁损时，减少账存数，使其与实存数一致。盘盈、盘亏或毁损等说明企业在财产物资的保管中存在着一定的问题。因此，一旦发现账存数与实存数不一致时，应核准数字，并进一步分析形成差异的原因，明确经济责任，提出相应的处理意见，经规定的程序批准后，才能对差异进行处理。企业应于期末前对账实不相符查明原因，并根据企业的管理权限，经股东大会、董事会、经理(厂长)会议或类似机构批准后，在期末结账前处理完毕。

财产清查结果的账务处理分两步：首先，根据已查明属实的财产盘盈、盘亏或毁损的数字编制的“实存账存对比表”，填制记账凭证，据以登记有关账簿，调整账簿记录，使各项财产物资的实存数与账存数一致；其次，待查明原因，明确责任后，再根据审批后的处理文件，填制记账凭证，并分别记入有关账户。

为了核算和监督财产清查结果的账务处理情况，需设置“待处理财产损溢”账户。该账户的借方先用来登记发生的待处理盘亏、毁损的金额，待盘亏、毁损的原因查明，并经审批后，再从该账户的贷方转入有关账户的借方；该账户的贷方先用来登记发生的待处理盘盈的金额，待盘盈的原因查明，并经审批后再从该账户的借方转入有关账户的贷方。结转之后该账户没有余额。“待处理财产损溢”账户的结构如图 7-1 所示。

借方　　　　待处理财产损溢	贷方
发生额：发生的待处理财产盘亏和毁损数 批准转销的待处理财产盘盈数	发生额：发生的待处理财产盘盈数 批准转销的待处理盘亏和毁损数
余额：尚未批准处理的盘亏和毁损数 与盘盈数的差额	余额：尚未批准处理的盘盈数 与盘亏或毁损数的差额

图 7-1　待处理财产损溢账户结构

该账户下设“待处理流动资产损溢”和“待处理固定资产损溢”两个明细账户，分别对流动资产和固定资产损溢进行核算。

财产清查的对象不同，清查结果的账务处理也不一样。

二、财产清查盘盈的账务处理

(一) 固定资产盘盈的账务处理

固定资产盘盈是指在财产清查中发现的未曾入账或实存数超过账面数额的固定资产。

根据《企业会计准则第28号——会计政策、会计估计变更和差错更正》的第十一条规定，企业盘盈的固定资产应作为前期差错处理，通过"以前年度损益调整"账户进行核算，即按盘盈固定资产的重置完全价值减去按其新旧程度估计的价值损耗后的余额，借记"固定资产"账户，贷记"以前年度损益调整"账户。

【例7-2】 某企业在年终财产清查时，发现账外机器一台，估计其重置价值为20 000元，估计已提折旧数为8 000元。

在报经批准以前，应根据"财产清查报告表"所确定的固定资产盘盈情况编制如下会计分录：

借：固定资产 12 000
　　贷：以前年度损益调整 12 000

(二) 存货盘盈的账务处理

存货盘盈是指在财产清查中，通过实地盘存核实发现的存货的实有数大于其账面数。

对存货的盘盈，一般在批准之前，应根据"账存实存对比表"，将盘盈存货的价值记入"原材料""生产成本""库存商品"等有关账户的借方，同时贷记"待处理财产损溢——待处理流动资产损溢"账户。报经批准后，借记"待处理财产损溢——待处理流动资产损溢"账户，贷记"管理费用"账户。

【例7-3】 在进行存货清查中，发现原材料实存数比账存数多2 000元，根据原材料的盘盈数，编制的会计分录如下：

借：原材料 2 000
　　贷：待处理财产损溢——待处理流动资产损溢 2 000

经批准，上述盘盈的原材料冲减管理费用。根据上级批准意见，编制如下会计分录：

借：待处理财产损溢——待处理流动资产损溢 2 000
　　贷：管理费用 2 000

(三) 库存现金盘盈的账务处理

在库存现金清查中，发现库存现金短缺溢余时，除了设法查明原因外，还应及时根据"库存现金盘点报告表"进行会计处理。

【例7-4】 某企业在清点库存现金时，现金长款为108元，原因待查，编制会计分录如下：

借：库存现金 108
　　贷：待处理财产损溢——待处理流动资产损溢 108

上项库存现金溢余原因已经查明，有18元属于应付给员工李丽的款项，应转作其他应付款；其余90元原因不明，经批准转作营业外收入。编制的会计分录如下：

借：待处理财产损溢——待处理流动资产损溢 108
　　贷：其他应付款——李丽 18
　　　　营业外收入 90

三、财产清查盘亏的账务处理

（一）固定资产盘亏的账务处理

固定资产盘亏是指在财产清查中发现的有账无物或实际数小于账面数的固定资产。企业发生固定资产盘亏时，按照盘亏固定资产的净值，借记“待处理财产损溢”账户，按已提累计折旧额借记“累计折旧”账户，按固定资产原值贷记“固定资产”账户；盘亏的固定资产报经批准转销时，借记“营业外支出”账户，贷记“待处理财产损溢 ”账户。

【例 7-5】 某企业在年终财产清查时，发现短缺固定资产一台，其账面原值为 50 000 元，已提累计折旧额为 20 000 元。

根据“财产清查报告表”，编制的会计分录如下：

借：待处理财产损溢——待处理固定资产损溢	30 000	
累计折旧	20 000	
贷：固定资产		50 000

经上级批准，上项盘亏的固定资产列为营业外支出处理，编制的会计分录如下：

借：营业外支出	30 000	
贷：待处理财产损溢——待处理固定资产损溢		30 000

（二）存货盘亏的账务处理

存货盘亏是指在财产清查中，通过实地盘存核实发现存货的实存数小于其账面数。

当存货盘亏时，应先记入“待处理财产损溢——待处理流动资产损溢”账户的借方，同时记入有关存货账户的贷方。

由于存货种类繁多，收发频繁，在日常收发中，可能会发生计量差错和记账差错；在保管过程中，可能发生自然损耗，也可能由于其他原因造成损失等。所以在处理时，应根据不同情况，作不同会计处理。

(1) 如果存货盘亏属于供货单位责任，应借记“应付账款”账户，贷记“待处理财产损溢——待处理流动资产损溢”账户。

(2) 如果存货盘亏属于运输部门、保险公司的责任，应借记“其他应收款”账户，贷记“待处理财产损溢——待处理流动资产损溢”账户。

(3) 如果存货盘亏属于某些人员管理不善造成的，应责成责任人赔偿，应借记“其他应收款”账户，贷记“待处理财产损溢——待处理流动资产损溢”账户。

(4) 如果存货盘亏属于自然灾害造成的，应按扣除废料残值和保险公司赔偿后的净损失，从“待处理财产损溢”账户转入“营业外支出”账户。

(5) 如果存货盘亏属于无法收回的其他损失或由于物资本身的发生的自然损耗等，经批准后，将其从“待处理财产损溢”账户转入“管理费用”账户。

【例 7-6】 某企业在财产清查中，发现甲材料短少，其价值为 6 000 元，原因待查，编制的会计分录如下：

借：待处理财产损溢——待处理流动资产损溢	6 000	
贷：原材料——甲材料		6 000

上项甲材料短缺原因已经查明，其中属于供货单位原因造成损失 1 500 元，属于定额内消耗 2 000 元，非常损失 2 200 元，由于管理不善造成损失 300 元，应收保管员张晶赔偿，经上级主管部门同意按有关规定处理，假定不考虑增值税。编制的会计分录如下：

借：应付账款　　1 500
　　管理费用　　2 000
　　营业外支出　　2 200
　　其他应收款——张晶　　300
　　贷：待处理财产损溢——待处理流动资产损溢　　6 000

（三）库存现金盘亏的账务处理

在库存现金清查中，发现库存现金短缺时，除了设法查明原因外，还应及时根据“库存现金盘点报告表”进行会计处理。

【例 7-7】 某企业在清点库存现金时，发现库存现金短少 600 元，原因待查，编制的会计分录如下：

借：待处理财产损溢——待处理流动资产损溢　　600
　　贷：库存现金　　600

上项库存现金短少原因已经查明，经批准由出纳员李红赔偿 200 元，其余 400 元作为公司损失处理，编制的会计分录如下：

借：其他应收款——李红　　200
　　管理费用　　400
　　贷：待处理财产损溢——待处理流动资产损溢　　600

四、往来款项清查结果的账务处理

企业对在财产清查中发现的长期不清的往来款项，应及时进行处理。对于确定无法支付的应付账款，经批准转作营业外收入处理。

【例 7-8】 某企业在财产清查中，查明应付给大华公司的货款为 20 000 元，因为大华公司撤销确实无法支付，经批准转作营业外收入处理。根据上级批准，编制的会计分录如下：

借：应付账款——大华公司　　20 000
　　贷：营业外收入　　20 000

在财产清查过程中，还可能发现一些确实无法收回的应收账款，即坏账，对这些坏账应当予以转销。坏账损失的处理，不通过“待处理财产损溢”账户处理，可在按规定程序报经批准后，直接冲减企业已经计提的坏账准备。

【例 7-9】 某企业在财产清查中，查明应收账款 1 900 元确实无法收回，根据有关规定列入坏账损失。由于企业平时计提了坏账准备，核销坏账时，则应冲减“坏账准备”账户。编制的会计分录如下：

借：坏账准备　　1 900
　　贷：应收账款　　1 900

本章小结

1. 财产清查的定义和分类

财产清查是通过对各项财产物资进行盘点和核对，确定其实存数，查明实存数与其账存数是否相符的一种专门方法。财产清查是会计核算的专门方法之一。

财产清查按照清查的范围大小，可以分为全面清查和局部清查；按照清查时间是否事先有计划，可分为定期清查和不定期(临时)清查；按照清查的执行单位，可分为内部清查和外部清查。

2. 财产物资的盘存制度

财产物资的盘存制度有两种：永续盘存制和实地盘存制。

无论是采用哪一种盘存制度，对财产物资都必须定期或不定期地进行清查和盘点。

3. 财产清查的方法

财产清查的一般方法包括：对实物资产一般采用直接盘点、实物抽查和技术估算的方法；对银行存款和往来款项一般采用询证核对法。

具体来说，对实物资产和库存现金采用实地盘点法；对银行存款采用核对账目法，与银行对账单进行核对，编制银行存款余额调节表；对结算往来款项一般采用函证核对法。

4. 财产清查结果的会计处理

财产清查结果的会计处理需要设置“待处理财产损溢”账户，对财产盘盈、盘亏清查结果进行会计处理，但对于固定资产盘盈、坏账的核销则不需要通过“待处理财产损溢”账户。

复习思考题

1. 什么是财产清查？财产清查的意义有哪些？
2. 财产清查有哪些分类？如何具体分类？
3. 财产物资的盘存制度有哪些？每种盘存制度的优缺点如何？
4. 财产清查的程序及一般方法怎样？
5. 对企业的各项财产物资如何清查？
6. 什么是未达账项？未达账项有几种？如何进行调整？
7. 财产清查结果账务处理应设置什么账户？如何进行账务处理？

练习题

一、单项选择题

1. 一般说来，单位撤销、合并或改变隶属关系时，要进行(　　)。

A. 全面清查　　B. 局部清查　　C. 实地盘点　　D. 技术推算

2. 财产物资的盘存制度一般有(　　)两种。

A. 永续盘存制和实地盘存制　　B. 实地盘点制和技术推算盘点法

C. 实地盘点法和永续盘存制　　D. 实地盘存制和核对账目法

3. 库存现金清查时，在盘点结束后应根据盘点结果，编制(　　)。
A. 盘存单　　B. 账存实存对比表
C. 库存现金盘点报告表　　D. 对账单
4. 在盘点财产物资时，应将多项财产物资的盘点结果登记在(　　)。
A. 盘存单　　B. 账存实存对比表
C. 银行对账单　　D. 库存现金盘点报告表
5. 银行存款的清查就是将(　　)进行核对。
A. 银行存款日记账和总分类账
B. 银行存款日记账和银行存款收付款凭证
C. 银行存款日记账和银行对账单
D. 银行存款总分类账和银行存款收付款凭证
6. 对于大量成堆难以逐一清点的财产物资的清查，一般采用(　　)方法进行清查。
A. 实地盘点　　B. 抽查检验　　C. 查询核对　　D. 技术推算盘点
7. 在记账无误的情况下，银行对账单与银行存款日记账账面余额不一致的原因是(　　)。
A. 应付账款　　B. 应收账款　　C. 外埠存款　　D. 未达账项
8. 盘亏及毁损财产物资的数额中属于责任者个人赔偿的，应记入(　　)。
A. "其他应收款"账户的借方　　B. "营业外支出"账户的借方
C. "管理费用"账户的借方　　D. "应收账款"账户的借方
9. 坏账损失在按规定程序批准后，记入(　　)账户的借方。
A. "待处理财产损溢"　　B. "管理费用"
C. "应收账款"　　D. "坏账准备"

二、多项选择题

1. 财产清查按照清查的时间可分为(　　)。
A. 全面清查　　B. 局部清查　　C. 定期清查　　D. 不定期清查
2. 核对账目的方法适用于(　　)。
A. 固定资产清查　B. 库存现金的清查　C. 银行存款的清查　D. 往来账项的清查
3. 采用实地盘查法清查的有(　　)。
A. 固定资产　　B. 库存商品　　C. 应收账款　　D. 银行存款
4. 全面清查的时间一般有(　　)。
A. 年末　　B. 开展清产核资
C. 月末　　D. 单位撤销、改变隶属关系
5. 财产清查中，常用的方法有(　　)。
A. 局部清查　　B. 技术推算盘点　　C. 直接盘点　　D. 余额调节
6. 流动资产的盘亏和毁损，经批准后，所编制的会计分录，一般涉及的账户有(　　)。
A. "管理费用"账户的借方　　B. "营业外支出" 账户的借方
C. "待处理财产损溢" 账户的贷方　　D. "其他应收款" 账户的借方
7. 关于永续盘存制，下列说法中正确的有(　　)。
A. 便于加强存货管理　　B. 工作简单，工作量小
C. 可随时结出账面结存数　　D. 可能发生账实不符的情况

8. 下列凭证中，属于原始凭证的有(　　)。

A. “盘存单”　　B. “账存实存对比表”

C. “库存现金盘点报告表”　　D. “银行存款余额调节表”

9. 下列各项中，属于未达账项的有(　　)。

A. 企业收到支票存入银行，并已记银行存款增加，银行尚未记账

B. 银行代企业付水电费，企业尚未入账

C. 企业开出一张支票支付购料款，并记银行存款减少，银行未接到支票

D. 银行收到某单位给企业的汇款，已记银行存款增加，企业尚未收到通知

10. 在财产清查结果的账务处理中，经批准计入“营业外支出”的盘亏损失有(　　)。

A. 固定资产盘亏净损失　　B. 自然灾害造成的流动资产损失

C. 坏账损失　　D. 责任事故造成的流动资产损失

11. 关于“待处理财产损溢”账户，下列说法中，正确的有(　　)。

A. 借方登记发生的各种财产物资的盘亏数金额

B. 借方登记结转已批准的待处理财产物资的盘盈金额

C. 贷方登记发生的各种财产物资的盘盈金额

D. 期末余额在借方，表示待处理的盘盈或盘亏数

三、判断题

1. 采用永续盘存制，平时对发出的财产物资以及结存的财产物资不作详细的记录。(　　)

2. 实物清查和库存现金清查均应背对背进行，因此实物保管人员和出纳人员不能在场。(　　)

3. 核查无误的“银行存款余额调节表”是调整账面记录，使账实相符的原始依据。(　　)

4. 账实不符是财产管理不善或会计核算工作水平不高的结果。(　　)

5. 全面清查一般在年终进行。(　　)

6. 未达账项主要是由于企业与银行的入账时间不一致所造成的。(　　)

7. 在财产清查中对于确实无法收回的各项应收账款，经批准后应作为管理费用处理。(　　)

8. 在实地盘存制下，盘存后的实物量是登记账簿中财产物资发出数的唯一依据。(　　)

四、实务题

1. 某企业银行存款日记账月末余额为124 950元，银行对账单余额为129 395元，经核对，发现有下列未达账项：

(1) 企业已入账，银行尚未入账的企业存入转账支票11 200元。

(2) 企业购材料开出转账支票9 100元，银行尚未入账。

(3) 银行已入账，企业未入账的银行代收销售款6 790元。

(4) 银行已入账，企业未入账的银行借款利息245元。

要求：根据以上未达账项，编制银行存款余额调节表。

2. 某企业财产清查中，发现下列情况：

(1) 短缺机器一台，原价6 000元，已提折旧2 400元。

(2) 甲材料账面余额300千克，单价20元/千克，实地盘点数292千克。乙材料账面余

额450千克，单价15元/千克，实地盘点数460千克。

(3) 库存现金短缺55元。

经批准，上述盘亏的固定资产，列为营业外支出；甲材料盘亏系材料收发过程中计量误差所致，列作管理费用，材料盘盈作冲减管理费用处理；短缺库存现金责成有关过失人赔偿。

要求：根据以上资料编制会计分录。

3. 某企业在财产清查中，查明应收某工厂货款1 500元，因该厂已撤销，确实无法收回，经批准核销坏账。

要求：根据以上资料编制会计分录。

4. 某企业20××年11月对固定资产进行清查，发现以下账实不符：

(1) 盘盈机器一台，同类机器市价为9 700元，八成新，经批准作为以前年度损益调整。

(2) 盘亏机器一台，账面原值为65 000元，已提折旧为4 000元，经批准作为营业外支出处理。

要求：根据以上经济业务编制会计分录。

5. 某企业20××年12月进行材料清查，发现4种材料与账面数量不符。

(1) 甲材料账面余额为4 800千克，单价为每千克5元，共计24 000元，实存数为4 790千克，盘亏10千克，经查材料定额内损耗，批准后转入企业管理费用。

(2) 乙材料账面余额为6 500千克，单价为每千克6元，共计3 900元，实存数为6 590千克，盘盈90千克，经查系材料收发过程中计量误差所致，经批准后冲减管理费用。

(3) 丙材料账面余额为398千克，单价为每千克45元，共计17 910元，实际已经灭失，经查是由于暴风雨袭击仓库所致，经批准后作为营业外支出处理。

(4) 丁材料账面余额为365千克，单价为每千克16元，实存数为360千克，盘亏5千克，经查系保管人员责任心不强造成的损失，经批准责令其赔款，赔款尚未收到。

要求：根据以上经济业务编制会计分录。

第八章 会计核算组织程序

学习目的

本章阐述了正确建立会计核算组织程序的意义和基本要求，详细介绍了记账凭证核算组织程序、科目汇总表核算组织程序、汇总记账凭证核算组织程序的基本内容、基本步骤、优缺点和适用范围。学生应在了解各种核算组织程序的基础上，进一步掌握填制凭证、登记账簿及编制报表等会计核算方法；明确各种会计凭证、会计账簿及财务报表之间的联系及结合方式；熟练掌握会计核算方法的综合应用，使初学者加深对七种会计核算方法的认识，提高综合运用这些核算方法的能力。

第一节 会计核算组织程序的意义和种类

在会计工作中，填制凭证、登记账簿以及编制财务会计报告等会计核算方法是组织会计核算的工具，但它们并不是彼此孤立的，而是以一定的形式结合在一起的。取得和填制会计凭证是会计工作的初始阶段和首要环节，也是登记账簿的依据，而会计凭证的种类、格式和内容，则是由办理业务和登记账簿的要求所决定的。账簿既要用来对经济业务进行日常核算和监督，又要为编制财务会计报告提供资料，所以账簿的种类、格式和内容，是由日常管理要求和编制财务会计报告的要求所决定的。而财务会计报告应该提供哪些核算指标，财务会计报告的种类、格式和项目则是由会计信息使用者的要求所决定的。由此可见，凭证、账簿、报表的种类格式和内容既取决于各类经济管理的要求，同时彼此之间也是相互依存、互相影响的。

此外，进行会计核算时，各种凭证、账簿之间也需要有机地进行配合，合理地安排各种凭证的填制、各种账簿的登记，直至根据账簿记录编制出财务会计报告。由于凭证、账簿的形式和账务处理程序相互结合的方式不同，也就形成了不同的会计核算组织程序。

会计核算组织程序又称“账务处理程序”或“会计核算形式”。它是以账簿体系为核心，把会计凭证、会计账簿、记账程序和记账方法有机地结合起来的技术组织方式。其中，账簿体系是指账簿的种类、格式和各种账簿之间的相互关系。记账程序和记账方法是指从审核、整理原始凭证开始，到记账凭证的填制、登记各种账簿，直至编制财务会计报告等一系列工作的顺序和方法。

由于会计账簿、特别是总分类账簿的格式和登记方法不同，就决定了不同的记账凭证的格式和不同的记账程序，所以账簿组织是会计核算组织程序的核心部分。

一、会计核算组织程序的意义

为了更好地核算和监督企业的经济活动，为经济管理提供系统的核算资料，必须相互联系地运用会计核算的专门方法，采用一定的组织程序，按规定设置会计凭证、会计账簿及财务会计报告的种类和格式，规定各种凭证、账簿及各种报表之间的相互关系、填制方法和登记程序，这是会计制度设计的一个重要内容。不同的会计核算组织程序有不同的方法、特点和适用范围，企业应根据业务量的多少、规模的大小及其他具体情况，科学、合理地选择适合于本企业的会计核算组织程序，对提高会计工作的质量和效率、充分发挥会计的职能、实现会计目标具有重要的意义。

(1) 有利于会计工作程序的规范化。科学合理的会计核算组织程序可以保证会计数据在各个环节有条不紊地进行传递，保证会计记录正确、及时、完整，使会计核算的日常工作规范化。

(2) 有利于保证会计记录的完整性、正确性。科学合理的会计核算组织程序可以保证会计信息加工过程的严密性和及时性，并且通过凭证、账簿、财务报表之间的制约作用，增强会计信息的可靠性，为经济管理提供及时、全面、准确、相关的会计信息，提高会计核算的工作质量。

(3) 可以减少不必要的核算环节和手续。通过井然有序的会计核算组织程序，避免繁琐重复，节约人力、物力，提高会计核算工作的效率。

(4) 可以加强岗位责任制。科学合理的会计核算组织程序可以对会计核算工作进行合理分工，明确责任，健全企业的内部控制制度，充分发挥会计的监督职能。

二、确定会计核算组织程序的基本要求

确定合理、适用、科学的会计核算组织程序符合下列基本要求：

(1) 结合实际。要根据企业经营活动的特点、业务性质及繁简程度、规模大小、会计机构的设置、会计人员的配备等具体情况设置会计核算组织程序，保证会计核算工作的顺利进行。

(2) 满足需要。要从满足会计信息使用者的需求出发，及时、准确、全面、系统地提供与企业财务状况、经营成果和现金流量等有关的会计信息，既要反映企业管理层受托责任履行情况，又要满足投资者、债权人、政府及其有关部门和社会公众对会计信息的需求。

(3) 提高效率。在保证会计核算组织程序的各个环节紧密衔接，会计核算资料正确、及时和完整的前提下，尽可能地简化会计核算手续，节约记账时间和核算费用，提高工作效率。

三、会计核算组织程序的种类

会计核算组织程序经历了从简单到复杂，从不完善到完善的发展过程。目前我国企业、事业、机关等单位常用的会计核算组织程序主要有以下三种：

(1) 记账凭证核算组织程序。

(2) 科目汇总表核算组织程序。

(3) 汇总记账凭证核算组织程序。

除此之外还有日记总分类账核算组织程序、多栏式日记账核算组织程序等，由于这两种核算组织程序不常用，所以本章只介绍记账凭证、科目汇总表、汇总记账凭证核算组织程序。

上述各种会计核算组织程序有很多共同特点：它们都是在会计事项发生后，根据原始凭证(或原始凭证汇总表)填制记账凭证，再根据会计凭证登记日记账和明细分类账，然后根据账簿记录提供的会计信息编制财务报表。但是各种会计核算组织程序也存在着差异，其主要区别在于记账凭证的种类、账簿登记的方式和账页的格式、财务报表的格式和种类等。

(1) 记账凭证不同。记账凭证包括通用记账凭证、专用记账凭证、汇总记账凭证、科目汇总表等，不同会计核算组织程序选用的记账凭证也不一样，有的同时选用几种记账凭证，有的只能选用一种，如通用记账凭证与专用记账凭证不能同时出现在同一种会计核算组织程序中，而专用记账凭证与汇总记账凭证、通用记账凭证与科目汇总表可以被同一种信息组织程序选用。

(2) 会计账簿不同。会计账簿的种类多种多样，有序时账簿、分类账簿、备查账簿，还有订本式账簿和活页式账簿；账页格式有三栏式、多栏式、数量金额式。国家机关、社会团体、公司、企业、事业单位和其他组织必须按照相关法律、法规、制度规定设置总分类账、明细分类账、日记账和其他辅助性账簿，总分类账、日记账通常选用三栏式订本账簿，明细分类账可选用三栏式、多栏式、数量金额式的活页账。

(3) 登记总分类账方式不同。不同会计核算组织程序最主要的区别在于登记总分类账的依据和方法不同：总分类账既可以依据记账凭证逐笔登记，也可以依据科目汇总表或汇总记账凭证汇总登记。而登记明细分类账的方式基本都是逐笔登记。

(4) 财务报表格式不同。不同性质的单位财务报表的种类及格式也不同，例如，事业单位财务报表包括资产负债表、收入支出表或者收入费用表、财政补助收入支出表等；企业对外报出的财务报表包括资产负债表、利润表、现金流量表、所有者(股东)权益变动表等。就企业而言由于业务性质、主要经营活动内容不同，财务报表格式及内容也有所不同，如金融企业的财务报表与一般企业财务报表在格式及内容上有很大的差异。

第二节 记账凭证核算组织程序

记账凭证核算组织程序是指对发生的会计业务根据原始凭证或原始凭证汇总表编制记账凭证，然后根据记账凭证直接逐笔登记总分类账的一种核算组织程序。它是最基本的核算组织程序，其他各种核算组织程序都是在此基础上根据需要发展演变而成的。其特点是直接依据记账凭证逐笔登记总分类账。

记账凭证核算组织程序

一、记账凭证核算组织程序设置的会计凭证和账簿

(一) 记账凭证核算组织程序设置的会计凭证

在记账凭证核算组织程序下，记账凭证可以采用收款凭证、付款凭证和转账凭证等专用记账凭证，也可以采用通用记账凭证。

(二) 记账凭证核算组织程序设置的账簿

在此核算组织程序下，需设置现金日记账、银行存款日记账、总分类账和明细分类账。现金日记账、银行存款日记账、总分类账一般采用三栏式订本账簿，总分类账按每一总分类

科目开设账页。明细分类账根据管理的需要，结合经济业务的特点分别采用三栏式、数量金额式或多栏式活页账。总分类账与明细分类账按照平行登记的原则，根据会计凭证进行独立登记，期末总分类账与所属明细分类账应核对相符。日记账根据记账凭证逐笔逐日连续登记，其本期发生额、余额与相应的总分类账账户的本期发生额、余额应核对一致。

二、记账凭证核算组织程序的基本步骤

采用记账凭证核算组织程序由于直接根据记账凭证登记总分类账，所以应尽量将同类原始凭证进行汇总，编制汇总原始凭证后，再根据汇总原始凭证编制记账凭证，以减少记账凭证的数量，减轻登记总分类账的工作。其基本步骤如下：

(1) 根据原始凭证或汇总原始凭证，编制记账凭证(包括收款凭证、付款凭证和转账凭证)。

(2) 根据收款凭证和付款凭证序时逐笔登记现金日记账和银行存款日记账。

(3) 根据原始凭证、汇总原始凭证和记账凭证逐笔登记各种明细分类账。

(4) 根据记账凭证逐笔登记总分类账。

(5) 定期将现金日记账、银行存款日记账、各种明细分类账的本期发生额与期末余额，分别与总分类账中有关账户的本期发生额和余额进行核对。

(6) 月末，根据核对无误的总分类账和明细分类账记录，编制财务会计报告。

记账凭证核算组织程序的步骤如图 8-1 所示。

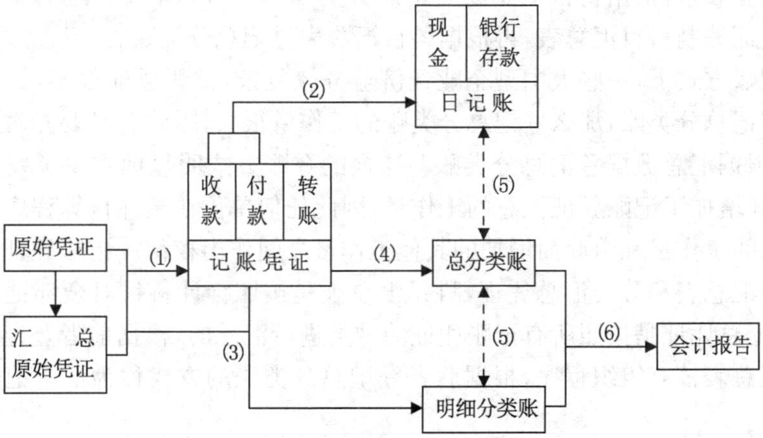

图 8-1　记账凭证核算组织程序步骤图

三、记账凭证核算组织程序的优缺点和适用范围

(一) 记账凭证核算组织程序的优点

1. 总分类账登记方法简单易行

记账凭证核算组织程序简单明了，易于理解，是最为简单的一种核算方法。

2. 总分类账详细记录、反映了经济业务的发生情况

在记账凭证核算组织程序下，不仅对各种日记账和明细分类账采取逐笔逐日登记的方法，总分类账也是直接根据记账凭证逐笔进行登记的，因而总分类账能够详细反映经济业务

的发生情况。

(二)记账凭证核算组织程序的缺点

1. 登记总分类账工作量大

在记账凭证核算组织程序下,对于发生的每一项会计业务既要在明细分类账中逐笔登记,又要在总分类账中逐笔登记,是一种重复登记,增加了会计人员登记总分类账的工作量,特别是经济业务量多的企业。

2. 账页耗用多

由于总分类账对发生的所有会计业务逐笔登记一遍,势必耗用更多的账页;另外会计人员很难准确预计发生经济业务的多少,对每一个账户预留账页的多少很难把握,预留过多也会造成账页的浪费,预留过少又会影响账户登记的连续性。

(三)记账凭证核算组织程序的适用范围

由于以上缺点,在采用手工记账方式下,记账凭证核算组织程序一般只适用于规模较小、经济业务量比较少、编制的记账凭证不是很多的会计主体,业务量多的大中型企业不宜采用该种核算组织程序。

第三节　科目汇总表核算组织程序

科目汇总表核算组织程序,又称为记账凭证汇总表核算组织程序,它是根据记账凭证定期编制科目汇总表,再根据科目汇总表登记总分类账的一种核算组织程序。其特点是:定期根据记账凭证编制科目汇总表,再根据科目汇总表登记总分类账。

在手工记账方式下,一些大中型企业经济业务较复杂,记账凭证很多,如果直接根据记账凭证逐笔登记总分类账,那么登记总分类账的工作量很大,因此有必要先对记账凭证进行汇总,然后再根据汇总数据登记总分类账。这样的登账方式明显地减少了登记总分类账的工作量,但是却增加了记账凭证汇总的工作量,因此任何单位在选择核算程序时都要在减少登记总分类账的工作量和由此而增加的其他工作量之间作出权衡。记账凭证按照汇总标准不同分为科目汇总表和分类汇总凭证,科目汇总表是按照会计科目对全部记账凭证进行的汇总,而分类汇总凭证是按照所有记账凭证的种类进行汇总的,根据前者登记总分类账的方式称为科目汇总表核算组织程序,根据后者登记总分类账的方式称为汇总记账凭证核算组织程序。

一、科目汇总表核算组织程序设置的凭证和账簿

在科目汇总表核算组织程序下,可以使用收款凭证、付款凭证和转账凭证等专用记账凭证,也可以使用通用记账凭证;此外还必须设置科目汇总表。账簿的设置与记账凭证核算组织程序基本相同:设置现金日记账和银行存款日记账,采用三栏式账页格式;设置总分类账,在总分类账簿中按每一总分类科目开设三栏式账页;设置各总分类账科目所属的明细分类账,根据所记录的经济业务的内容,可采用三栏式、数量金额式或多栏式的账页格式。

二、科目汇总表的编制方法

科目汇总表是根据一定时期内的全部记账凭证,按会计科目进行归类汇总编制的。科

目汇总表汇总的时间应根据业务量的多少而定，可选择 5 天、10 天、15 天或 1 个月。在实际工作中，根据实际需要，科目汇总表可以采用不同格式，其常用格式如表 8-1 和 8-2 所示。

表 8-1 **科目汇总表**

年 月 日至 年 月 日 第 号

会计科目	借方金额	贷方金额	总分类账页数	记账凭证起讫号数
合 计				

表 8-2 **科目汇总表**

年 月 第 号

会计科目	1～10 日		11～20 日		21～31 日		本月合计		总分类账页数
	借方	贷方	借方	贷方	借方	贷方	借方	贷方	
合 计									

编制科目汇总表时，首先将汇总期内各项经济业务所涉及的会计科目填在“会计科目”栏，为了便于登记总分类账，会计科目的顺序可与总分类账上会计科目的顺序一致；然后，根据汇总期内的全部记账凭证，按会计科目分别加总借方发生额和贷方发生额，并将其填列在相应会计科目行的“借方金额”和“贷方金额”栏；最后，将汇总完毕的所有会计科目的借方发生额和贷方发生额加总，进行发生额的试算平衡，平衡无误后可据此登记总分类账。

对每一个科目借贷方发生额的汇总一般是通过科目汇总表工作底稿进行的，如表 8-3 所示。首先，按科目汇总表中的科目顺序把所有科目列示在工作底稿中；其次，按照记账凭证的编号顺序把每一个账户的发生额过入科目汇总表工作底稿中，汇总出每一个科目的借贷方发生额合计数；最后，把汇总数据填入科目汇总表中相应位置。

【例 8-1】 某企业 20××年 11 月共发生 9 笔经济业务，编制的记账凭证如下(用会计分录表示)：

银付 1　借：库存现金　20 000
　　　　贷：银行存款　20 000

银付 2　借：应付职工薪酬　25 000
　　　　贷：银行存款　25 000

银收 1　借：银行存款　10 000
　　　　贷：应收账款　10 000

现付 1　借：其他应收款　500
　　　　贷：库存现金　500

现付 2　借：管理费用　800
　　　　贷：库存现金　800

银付 3　借：固定资产　6 000
　　　　贷：银行存款　6 000

银付 4　借：短期借款　10 000
　　　　贷：银行存款　10 000

银付 5　借：应付账款　20 000
　　　　贷：银行存款　20 000

银收 2　借：银行存款　50 000
　　　　贷：实收资本　50 000

编制科目汇总表工作底稿进行科目汇总，如表 8-3 所示。

表 8-3　　科目汇总表工作底稿

20××年 11 月

库存现金

借方		贷方	
银付 1	20 000	现付 1	500
		现付 2	800
合计	20 000	合计	1 300

银行存款

借方		贷方	
银收 1	10 000	银付 1	20 000
银收 2	50 000	银付 2	25 000
		银付 3	6 000
		银付 4	10 000
		银付 5	20 000
合计	60 000	合计	81 000

应收账款

借方		贷方	
		银收 1	10 000
合计	0	合计	10 000

其他应收款

借方		贷方	
现付 1	500		
合计	500	合计	0

实收资本

借方		贷方	
		银收 2	50 000
合计	0	合计	50 000

管理费用

借方		贷方	
现付 2	800		
合计	800	合计	0

（续表）

借方	固定资产		贷方
银付 3	6 000		
合计	6 000	合计	0

借方	短期借款		贷方
银付 4	10 000		
合计	10 000	合计	0

借方	应付账款		贷方
银付 5	20 000		
合计	20 000	合计	0

借方	应付职工薪酬		贷方
银付 2	25 000		
合计	25 000	合计	0

根据以上汇总结果编制科目汇总表，如表 8-4 所示。

表 8-4　　**科目汇总表**

20××年 11 月 1 日至 30 日　　第 1 号

会计科目	借方发生额	贷方发生额	总分类账页数	记账凭证起讫号数
库存现金	20 000	1 300		
银行存款	60 000	81 000		
应收账款	0	10 000		
其他应收款	500	0		
管理费用	800	0		
固定资产	6 000	0		
短期借款	10 000	0		
应付账款	20 000	0		
应付职工薪酬	25 000	0		
实收资本	0	50 000		
	142 300	142 300		

三、科目汇总表核算组织程序的基本步骤

（1）根据原始凭证或汇总原始凭证编制记账凭证。

（2）根据收款凭证和付款凭证序时逐笔登记现金日记账和银行存款日记账。

（3）根据原始凭证、汇总原始凭证和记账凭证逐笔登记各种明细分类账。

（4）根据一定时期内的全部记账凭证定期汇总编制科目汇总表。

（5）根据科目汇总表登记总分类账。

（6）期末将现金日记账、银行存款日记账以及各种明细分类账的发生额合计和余额，分别与总分类账中有关账户的发生额合计和余额进行核对。

（7）月末，根据核对无误的总分类账和明细分类账，编制财务会计报告。

科目汇总表核算组织程序的步骤如图 8-2 所示。

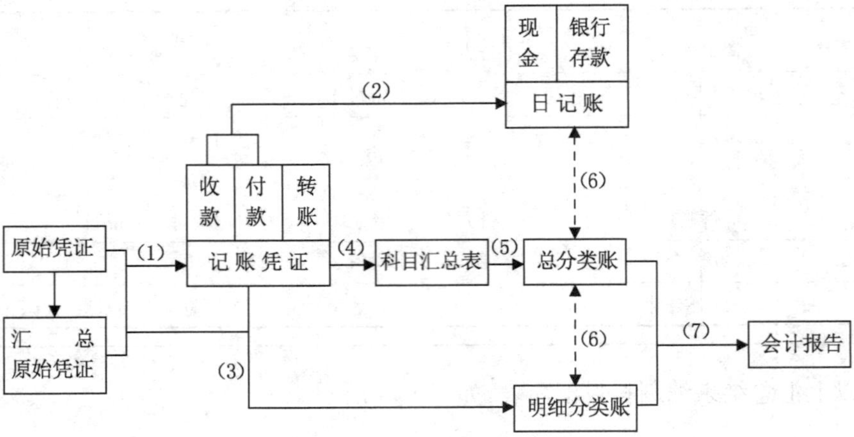

图 8-2 科目汇总表核算组织程序步骤图

四、科目汇总表核算组织程序的优缺点和适用范围

科目汇总表的汇总结果体现了一定会计期内所有账户的借贷方发生额之间的平衡关系，可以对记录的经济业务进行试算平衡，而总分类账又是根据科目汇总表登记的，在一定程度上保证了总分类账登记的正确性；另外，科目汇总表是定期汇总的会计凭证，其根据汇总结果定期登记总分类账，从而大大减少了登记总分类账的工作量。

但是，科目汇总表是按照总分类账科目汇总编制的，不能反映各个账户之间的对应关系，据以登记的总分类账看不出经济业务的来龙去脉。

由于科目汇总表核算组织程序汇总手续比较简便，程序清楚，又能够进行试算平衡，减少了登记总分类账的工作量，因而任何规模的会计主体都可以采用此程序，它的应用范围非常广泛，特别是对于经济业务量多的单位，其大大减少了登记总分类账的工作量。

第四节　汇总记账凭证核算组织程序

汇总记账凭证核算组织程序是定期根据记账凭证分类汇总，编制汇总记账凭证，并据以登记总分类账的一种核算组织程序。科目汇总表核算组织程序虽然大大减少了登记总分类账的工作量，但不能反映账户之间的对应关系，不便于经济业务的分析和检查，而汇总记账凭证核算组织程序正是针对此缺点而设计的，不仅能减少登账的工作量，而且还能体现经济业务的来龙去脉。汇总记账凭证核算组织程序特点是：定期将全部记账凭证按收款凭证、付款凭证和转账凭证分类汇总，分别编制汇总收款凭证、汇总付款凭证、汇总转账凭证，再根据汇总记账凭证登记总分类账。

一、汇总记账凭证核算组织程序设置的凭证和账簿

（一）记账凭证的设置

在汇总记账凭证核算组织程序下，设置的记账凭证有以下两种：

(1) 收款凭证、付款凭证和转账凭证等专用记账凭证，据以登记明细分类账。此核算组织程序下因为需要对记账凭证分类汇总，所以不能使用通用记账凭证。

(2) 与上述记账凭证设置相对应的汇总收款凭证、汇总付款凭证和汇总转账凭证，据以登记总分类账。

(二) 账簿的设置

设置的账簿与前两种核算组织程序相同，主要有三栏式订本现金日记账、银行存款日记账；明细分类账根据记录的经济业务内容，采用三栏式、数量金额式或多栏式的活页账；总分类账一般采用三栏式订本账，也可以采用多栏的棋盘式总分类账。

二、汇总记账凭证的编制方法

汇总记账凭证分为汇总收款凭证、汇总付款凭证和汇总转账凭证三种，分别根据收款凭证、付款凭证和转账凭证进行汇总编制。

汇总的间隔时间根据业务量多少而定，一般为 5 天或 10 天，每月汇总填制一张，月末结出合计数，把合计数登记到总分类账的相应账户中。

(一) 汇总收款凭证的编制方法

汇总收款凭证按库存现金和银行存款科目分别编制，它汇总了一定时期内库存现金和银行存款的收款业务。具体编制方法如下：分别按“库存现金”和“银行存款”科目的借方设置汇总收款凭证，将需要汇总的收款凭证，按其对应的贷方科目进行汇总，计算出每一个贷方科目发生额合计数，填入汇总收款凭证中。其一般格式如表 8-5 所示。

(二) 汇总付款凭证的编制方法

汇总付款凭证按库存现金和银行存款科目分别编制，它汇总了一定时期内库存现金和银行存款的付款业务。具体编制方法如下：分别按“库存现金”和“银行存款”科目的贷方设置汇总付款凭证，将需要汇总的付款凭证，按其对应的借方科目进行汇总，计算出每一个借方科目发生额合计数，填入汇总付款凭证中。其一般格式如表 8-6 和表 8-7 所示。

(三) 汇总转账凭证的编制方法

汇总转账凭证是按转账凭证中每一贷方科目分别设置的，用来汇总一定时期内的转账业务。具体编制方法如下：将需要汇总的转账凭证，按其对应的借方科目进行汇总，计算出每一个借方科目发生额合计数，填入汇总转账凭证中。其一般格式如表 8-8 所示。

汇总转账凭证上的科目对应关系是：一个贷方科目与一个或几个借方科目相对应。因此，在汇总记账凭证核算组织程序下，为了编制便于汇总转账凭证，所有转账凭证只能按一个贷方科目与一个或几个借方科目对应来填制，不能填制一个借方科目与几个贷方科目相对应的转账凭证。即可以填制一借一贷和一贷多借的转账凭证，不能填制一借多贷和多借多贷的转账凭证。

【例 8-2】 见[例 8-1]资料，假设 9 笔经济业务均发生在 11 月中旬，要编制汇总记账凭证。

编制汇总收款凭证时，应按收款凭证上会计科目的借方科目设置汇总收款凭证。本例中只有银行存款的收款凭证。汇总时按每一贷方科目发生额合计数，填入汇总收款凭证的相应栏次。编制的银行存款汇总收款凭证如表 8-5 所示。

表 8-5　　　　汇总收款凭证

借方科目：银行存款　　　　20××年 11 月　　　　汇收字 0202 号

贷方科目	金额				总分类账页数	
	(1)	(2)	(3)	合计	借方	贷方
应收账款		10 000		10 000		
实收资本		50 000		50 000		
合计		60 000		60 000		

* 附注：(1) 自___日至___日凭证共___张

(2) 自 11 日至 20 日凭证共 2 张

(3) 自___日至___日凭证共___张

编制汇总付款凭证时，应按付款凭证上会计科目的贷方科目设置汇总付款凭证。本例中库存现金和银行存款均有付款凭证，分别按其各自对应的借方科目发生额合计数，填入汇总付款凭证的相应栏次。编制的库存现金汇总付款凭证和银行存款汇总付款凭证如表 8-6 和表 8-7 所示。

表 8-6　　　　汇总付款凭证

贷方科目：库存现金　　　　20××年 11 月　　　　汇付字 0201 号

借方科目	金额				总账页数	
	(1)	(2)	(3)	合计	借方	贷方
其他应收款		500		500		
管理费用		800		800		
合计		1 300		1 300		

* 附注：(1) 自___日至___日凭证共___张

(2) 自 11 日至 20 日凭证共 2 张

(3) 自___日至___日凭证共___张

表 8-7　　　　汇总付款凭证

贷方科目：银行存款　　　　20××年 11 月　　　　汇付字 0202 号

借方科目	金额				总账页数	
	(1)	(2)	(3)	合计	借方	贷方
库存现金		20 000		20 000		
固定资产		6 000		6 000		
短期借款		10 000		10 000		
应付账款		20 000		20 000		
应付职工薪酬		25 000		25 000		
合计		81 000		81 000		

* 附注：(1) 自___日至___日凭证共___张

(2) 自 11 日至 20 日凭证共 5 张

(3) 自___日至___日凭证共___张

【例 8-3】 某企业 20××年 11 月 21～30 日发生如下发出材料转账业务，编制的记账凭证如下（以会计分录表示）：

转 1	借：生产成本	25 000	
	贷：原材料		25 000
转 2	借：制造费用	2 000	
	贷：原材料		2 000
转 3	借：生产成本	20 000	
	贷：原材料		20 000
转 4	借：销售费用	1 000	
	贷：原材料		1 000
转 5	借：管理费用	500	
	贷：原材料		500
转 6	借：制造费用	200	
	贷：原材料		200

以上 6 笔原材料转账业务用于产品生产的有 2 笔（见转 1、转 3），用于制造部门一般耗用的有 2 笔（见转 2、转 6），用于产品销售的耗用 1 笔（见转 4），用于管理部门耗用的 1 笔（见转 5）。

编制汇总转账凭证时，贷方设置科目为"原材料"，按对应的借方科目汇总，编制汇总转账凭证如表 8-8 所示。

表 8-8　　**汇总转账凭证**

贷方科目：原材料　　20××年 11 月　　汇转字 0201 号

借方科目	金　额				总账页数	
	(1)	(2)	(3)	合　计	借　方	贷　方
生产成本			45 000	45 000		
制造费用			2 200	2 200		
销售费用			1 000	1 000		
管理费用			500	500		
合　计			48 700	48 700		

三、汇总记账凭证核算组织程序下总分类账的登记方法

在汇总记账凭证核算组织程序下，总分类账的登记是在编制了汇总记账凭证以后，根据汇总收款凭证的合计数，计入总分类账"库存现金"和"银行存款"科目的借方，以及有关科目的贷方；根据汇总付款凭证的合计数，计入总分类账"库存现金"和"银行存款"科目的贷方，以及有关科目的借方；根据汇总转账凭证的合计数，计入总分类账科目的贷方，以及有关科目的借方。

四、汇总记账凭证核算组织程序的基本步骤

(1) 根据原始凭证或汇总原始凭证编制专用记账凭证。

(2) 根据收款凭证和付款凭证序时逐笔登记现金日记账和银行存款日记账。

(3) 根据原始凭证、汇总原始凭证和记账凭证逐笔登记各种明细分类账。

(4) 根据一定时期的全部记账凭证，汇总编制汇总收款凭证、汇总付款凭证和汇总转账凭证。

(5) 期末根据汇总收款凭证、汇总付款凭证和汇总转账凭证，登记总分类账。

(6) 期末将现金日记账、银行存款日记账以及各种明细分类账的余额及发生额合计数，分别与总分类账中有关账户的余额及发生额合计数核对相符。

(7) 月末，根据核对无误的总分类账和明细分类账，编制财务会计报告。

汇总记账凭证核算组织程序的核算组织程序如图 8-3 所示。

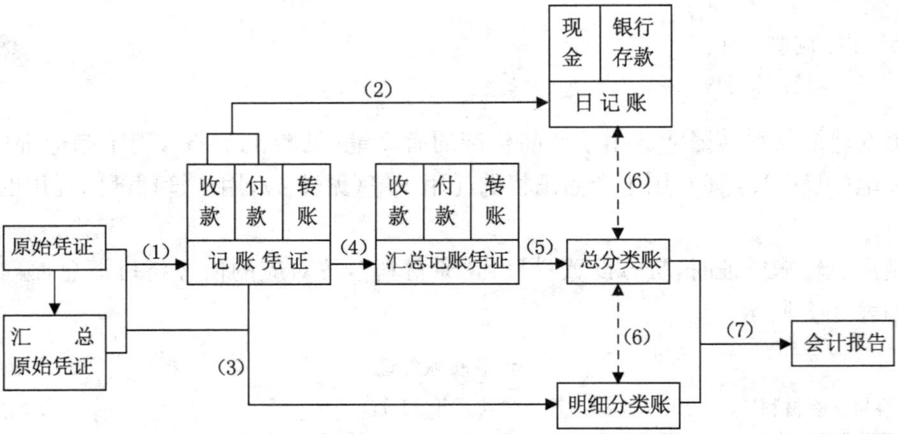

图 8-3　汇总记账凭证核算组织程序步骤图

五、汇总记账凭证核算组织程序的优缺点和适用范围

(一) 汇总记账凭证核算组织程序的优点

汇总记账凭证是按照会计科目的对应关系进行汇总编制的，能够清晰地反映账户之间的对应的关系，能够了解经济业务的来龙去脉；总分类账根据汇总记账凭证的发生额合计数期末登记一次，从而减少了登记总分类账的工作量。

(二) 汇总记账凭证核算组织程序的缺点

汇总记账凭证核算组织程序对发生的经济业务先填制记账凭证，再填制汇总记账凭证，因此增加了编制汇总记账凭证的工作量，尤其是业务量少的单位不仅起不到减少工作量的目的，反而会增加会计人员的工作量。

(三) 适用范围

在手工记账方式下，汇总记账凭证核算组织程序适用于规模大、经济业务多，尤其是现金、银行存款收付业务较多的会计主体。

本章小结

1. 会计核算组织程序的定义和种类

会计核算组织程序是以账簿体系为核心，把会计凭证、会计账簿、记账程序和记账方法有机地结合起来的技术组织方式。

常用的企业会计核算组织程序有：记账凭证核算组织程序、科目汇总表核算组织程序、汇总记账凭证核算组织程序。

各种会计核算组织程序的根本区别在于登记总分类账的依据和方法不同。

2. 记账凭证核算组织程序

记账凭证核算组织程序的特点是直接依据记账凭证逐笔登记总分类账。它是最基本的核算组织程序，其他会计核算组织程序都是在此基础上发展演变而形成的。

这种核算组织程序的优点是程序简单，易于理解，总分类账记录的经济业务详细；缺点是登记总分类账的工作量大，预留账页不好把握。适用于规模较小、经济业务量比较少、需要编制记账凭证不是很多的会计主体。

3. 科目汇总表核算组织程序

科目汇总表核算组织程序的特点是记账凭证要定期汇总，编制科目汇总表，然后再根据科目汇总表登记总分类账。

这种核算组织程序的优点是减少了登记总分类账的工作量，科目汇总表能起到试算平衡表的作用；缺点是通过总分类账看不出账户之间的对应关系，不便于查对账目。由于科目汇总表核算组织程序汇总手续比较简便，故而广泛应用于任何规模的会计主体。

4. 汇总记账凭证核算组织程序

汇总记账凭证核算组织程序的特点是定期将全部记账凭证按收款凭证、付款凭证和转账凭证分别归类汇总，编制汇总记账凭证，然后再根据汇总记账凭证登记总分类账。

这种核算组织程序的优点是减少了登记总分类账的工作量，能通过总分类账看出账户之间的对应的关系，了解经济业务的来龙去脉；缺点是当转账凭证数量多时，编制汇总转账凭证的工作量较大。它适用于规模较大、经济业务较多、专用记账凭证也比较多的会计主体。

复习思考题

1. 什么是核算组织程序？确定核算组织程序的原则有哪些？
2. 我国核算组织程序主要有哪些种类？各种核算组织程序有何特点？
3. 记账凭证核算组织程序有哪些优缺点？其步骤如何？
4. 科目汇总表核算组织程序有哪些优缺点？其步骤如何？
5. 汇总记账凭证核算组织程序有哪些优缺点？其步骤如何？
6. 如何编制科目汇总表？
7. 如何编制汇总收款凭证、汇总付款凭证和汇总转账凭证？
8. 科目汇总表核算组织程序与汇总记账凭证核算组织程序有何异同？

练 习 题

一、单项选择题

1. 各种核算组织程序的根本区别是(　　)。
   A. 登记日记账的依据和方法不同　　B. 登记明细分类账的依据和方法不同
   C. 登记总分类账的依据和方法不同　　D. 编制财务会计报告的依据和方法不同
2. 科目汇总表的汇总范围是(　　)。
   A. 全部科目的借方余额　　B. 全部科目的贷方余额
   C. 全部科目的借、贷发生额　　D. 部分科目的借、贷发生额
3. 汇总收款凭证的编制依据是(　　)。
   A. 原始凭证　　B. 汇总原始凭证
   C. 收款凭证　　D. 付款凭证
4. 科目汇总表核算组织程序的主要缺点是(　　)。
   A. 登记总分类账的工作量大　　B. 编制科目汇总表的工作量大
   C. 不利于会计核算的分工　　D. 看不出账户之间的对应关系
5. 汇总转账凭证是按(　　)定期汇总的。
   A. 收款凭证上的借方科目　　B. 付款凭证上的贷方科目
   C. 转账凭证上的贷方科目　　D. 转账凭证上的借方科目
6. 汇总付款凭证是按(　　)定期汇总的。
   A. 收款凭证上的借方科目　　B. 收款凭证上的贷方科目
   C. 付款凭证上的借方科目　　D. 付款凭证上的贷方科目
7. (　　)的特点是直接根据记账凭证逐笔登记总分类账。
   A. 记账凭证核算组织程序　　B. 科目汇总表核算组织程序
   C. 汇总记账凭证核算组织程序　　D. 多栏式日记账核算组织程序
8. 规模小、业务简单、使用会计科目少的单位一般采用的是(　　)。
   A. 记账凭证核算组织程序　　B. 汇总记账凭证核算组织程序
   C. 科目汇总表核算组织程序　　D. 多栏式日记账核算组织程序

二、多项选择题

1. 记账凭证核算组织程序需要设置的凭证有(　　)。
   A. 收款凭证　　B. 付款凭证　　C. 转账凭证　　D. 汇总收款凭证
2. 总分类账的登记依据有(　　)。
   A. 记账凭证　　B. 汇总收款凭证
   C. 科目汇总表　　D. 汇总转账凭证
3. 汇总记账凭证核算组织程序下，转账凭证一般应采用(　　)。
   A. 一借一贷　　B. 一借多贷　　C. 一贷多借　　D. 多借多贷
4. 编制汇总记账凭证时的要求有(　　)。
   A. 收款凭证以借方科目为主，按对应的贷方科目归类汇总
   B. 付款凭证以贷方科目为主，按对应的借方科目归类汇总

C. 付款凭证以借方科目为主,按对应的贷方科目归类汇总

D. 转账凭证以贷方科目为主,按对应的借方科目归类汇总

5. 各种核算组织程序的相同之处有(　　)。

A. 根据原始凭证编制汇总原始凭证

B. 根据记账凭证和有关原始凭证或汇总原始凭证登记明细分类账

C. 根据记账凭证逐笔登记总分类账

D. 根据总分类账及明细分类账编制财务会计报告

6. 科目汇总表核算组织程序适用的范围包括(　　)。

A. 业务量较多　B. 记账凭证较多　C. 经济业务少　D. 企业规模较大

7. 科目汇总表核算组织程序的优点有(　　)。

A. 减少了登记总分类账的工作量　B. 能够进行试算平衡

C. 能够反映经济业务的来龙去脉　D. 核算程序简单明了,便于理解

8. 汇总记账凭证核算组织程序的优点有(　　)。

A. 减少了登记总分类账的工作量　B. 能够进行试算平衡

C. 能够反映经济业务的来龙去脉　D. 核算程序简单明了,便于理解

9. 企业选择会计核算组织程序时应考虑的因素有(　　)。

A. 企业的规模大小　B. 经济管理的需要

C. 经济业务的特点　D. 简化核算手续的要求

三、判断题

1. 由于各单位的经营规模、业务性质和管理要求不同,其采用的会计核算组织程序也应有所不同。(　　)

2. 科目汇总表和汇总记账凭证都是在记账凭证的基础上汇总形成的,因此均可反映账户间的对应关系。(　　)

3. 在汇总记账凭证核算组织程序下,现金日记账可以根据汇总收款凭证和汇总付款凭证登记。(　　)

4. 在科目汇总表核算组织程序下,总分类账均应依据科目汇总表登记。(　　)

5. 任何核算组织程序的第一步必须将所有的原始凭证都汇总,编制汇总原始凭证。(　　)

6. 同一单位采用的会计核算组织程序不同,最终核算结果也不同。(　　)

7. 记账凭证核算组织程序下,总分类账是逐日逐笔进行登记的。(　　)

8. 记账凭证核算组织程序是最基本的核算组织程序,所以它适用于任何单位。(　　)

9. 各种会计核算组织程序采用的记账凭证只能是专用记账凭证。(　　)

四、实务题

1. 练习编制科目汇总表。

资料:A公司20××年4月1～10日发生以下经济业务:

(1) 1日,外购材料一批,价格为800元,货款未付。

(2) 2日,外购材料一批,价格为1 000元,货款通过银行转账支付。

(3) 4日,以库存现金支付1日采购材料的运费20元、2日采购材料的运费30元;上述两批材料同时验收入库。

(4) 5 日，用库存现金支付所欠 1 日的购货款。

(5) 6 日，从银行提取库存现金 1 000 元备用。

(6) 7 日，销售产品取得收入 5 000 元，增值税销项税额为 650 元，货款收存银行。

(7) 8 日，销售产品取得收入 10 000 元，增值税销项税额为 1 300 元，货款尚未收回。

(8) 8 日，以现金 100 元购买办公用品。

(9) 9 日，以银行存款缴纳上月应交增值税 2 000 元。

(10) 10 日，将 8 日销售货款收存银行。

(11) 10 日，基本生产领用材料为 750 元、生产一般耗费为 250 元、管理部门耗费为 300 元。

(12) 10 日，用银行存款支付广告费 10 000 元。

要求：根据上述资料编制一张科目汇总表。

2. 练习编制汇总收款凭证、汇总付款凭证和汇总转账凭证。

资料：见上题资料。

要求：根据上述资料编制库存现金科目的汇总收款凭证、银行存款科目的汇总付款凭证和原材料科目的汇总转账凭证。

第九章 财 务 报 表

学习目的

本章介绍了编制财务报表的基本方法。学生应掌握资产负债表、利润表、现金流量表及所有者权益变动表的结构、内容及其列报方法，为学习财务报表分析打下基础。

第一节 财务报表概述

财务报表是对企业财务状况、经营成果和现金流量的结构性表述，是财务报告的主要组成部分。编制财务报表是会计工作的一项重要内容，也是会计核算过程的终结阶段。在会计核算中，从填制凭证到提供有关资产、负债、所有者权益、收入、费用和利润等方面的核算资料都是非常重要的，但日常核算资料中记录的是分散、零散的会计信息，不能集中揭示和反映一定会计期间的经营活动和财务收支全貌，也不便于向有关各方面提供系统、综合的信息。通过对日常核算资料加工、汇总，使之集中反映于财务报表之中，可以为有关各方了解企业的生产经营情况，评价企业的财务状况、经营业绩，为经济活动预测、决策、控制等提供重要的依据。

一、财务报表的组成

财务报表的组成

财务报表至少应当包括下列组成部分：

（1）资产负债表，反映企业在某一特定日期的财务状况的会计报表。

（2）利润表，反映企业在一定会计期间的经营成果的会计报表。

（3）现金流量表，反映企业一定会计期间现金和现金等价物流入和流出的报表。

（4）所有者权益变动表，反映构成所有者权益的各组成部分当期的增减变动情况的报表。

（5）附注，是财务报表不可或缺的组成部分，对在资产负债表、利润表、现金流量表和所有者权益变动表等报表中列示项目的文字描述或明细资料，以及对未能在这些报表中列示项目的说明等。

二、财务报表的分类

（1）按财务报表编报期间的不同，财务报表分为中期财务报表和年度财务报表。

中期财务报表是以短于一个完整会计年度的报告期间为基础编制的财务报表，包括月报、季报和半年报等。中期财务报表至少应当包括资产负债表、利润表、现金流量表和附注，其中，中期资产负债表、利润表和现金流量表应当是完整报表，其格式和内容应当与年度财务报表相一致。与年度财务报表相比，中期财务报表中的附注披露可适当简略。

（2）按财务报表编报主体不同，财务报表分为个别财务报表和合并财务报表。个别财务报表是由企业在自身会计核算基础上对账簿记录进行加工而编制的财务报表，它主要反映企业自身的财务状况、经营成果和现金流量情况。合并财务报表是以母公司和子公司组成的企业集团为会计主体，根据母公司和所属子公司的财务报表，由母公司编制的反映企业集团整体财务状况、经营成果和现金流量的财务报表。

三、财务报表的列报的意义

一套完整的财务报表至少应当包括"四表一注"，即资产负债表、利润表、现金流量表、所有者权益变动表和附注，并且这些组成部分在列报上具有同等的重要程度。列报是指交易和事项在报表中的列示和在附注中的披露，其中，"列示"通常反映资产负债表、利润表、现金流量表和所有者权益（或股东权益，下同）变动表等报表中的信息，"披露"通常反映附注中的信息。财务报表列报的意义主要体现在以下几个方面：

（1）有助于投资者评价企业的资产质量、偿债能力、盈利能力和营运效率，评估投资的价值和风险，为投资决策提供依据。

（2）有助于债权人评估企业能否如期还本付息和能否如期支付所欠货款等，为信贷决策提供依据。

（3）有助于政府及有关部门监管企业的经济活动、制定经济政策、进行税收征管和国民经济统计等，为社会资源的有效配置提供依据。

四、财务报表列报的基本要求

财务报表的列报要求

（一）列报基础

企业应当以持续经营为基础，根据实际发生的交易事项，按照《企业会计准则——基本准则》和其他各项具体会计准则的规定进行确认和计量，在此基础上编制财务报表，企业不应以附注披露代替确认和计量。以持续经营为基础编制财务报表不再合理的，企业可以采用其他基础编制财务报表，并在附注中披露这一事实。

在编制财务报表的过程中，企业管理层应当对企业持续经营的能力进行评价，评价后对企业持续经营的能力产生严重怀疑的，应当在附注中披露导致对持续经营能力产生重大怀疑的重要的不确定因素。

（二）列报的一致性

财务报表项目的列报应当在各个会计期间保持一致，不得随意变更，目的是使同一企业不同期间和同一期间不同企业的财务报表相互可比，这一要求不仅只针对财务报表中的项目名称，还包括财务报表项目的分类、排列顺序等方面。当会计准则要求改变或企业经营业务的性质发生重大变化后，变更财务报表项目的列报能够提供更可靠、更相关的会计信息时，财务报表项目的列报是可以改变的。

（三）项目的列报

项目在财务报表中是单独列报还是汇总列报，应当依据重要性原则来判断。总的原则为：如果某项目单独不具有重要性，则可将其与其他项目汇总列报；如具有重要性，则应当单独列报。财务报表某项目的省略或错报会影响使用者据此作出经济决策的，则该项目具有重要性。重要性应当根据企业所处环境，从项目的性质和金额大小两方面加以判断：一方面，应当考虑该项目的性质是否属于企业日常活动、是否对企业的财务状况和经营成果具有较大影响等因素；另一方面，判断项目金额大小的重要性，应当通过单项金额占资产总额、负债总额、所有者权益总额、营业收入总额、净利润等直接相关项目金额的比重加以确定。

财务报表是通过对大量的交易或其他事项进行处理而生成的，这些交易或其他事项按其性质或功能汇总归类而形成财务报表中的项目。性质或功能不同的项目，应当在财务报表中单独列报，但不具有重要性的项目除外，如存货和固定资产在性质上和功能上都有本质差别，必须分别在资产负债表上单独列报；性质或功能类似的项目，一般可以合并列报，但其所属类别具有重要性的，应当按其类别在财务报表中单独列报，即如果某项目单个看不具有重要性，则可将其与其他项目合并列报，如果具有重要性，则应当单独列报。

（四）比较信息的列报

企业在列报当期财务报表时，至少应当提供所有列报项目上一可比会计期间的比较数据，以及与理解当期财务报表相关的说明，目的是向报表使用者提供对比数据，提高信息在会计期间的可比性，以反映企业财务状况、经营成果和现金流量的发展趋势，提高报表使用者的判断与决策能力。

在财务报表项目的列报确需发生变更的情况下，企业应当对上期比较数据按照当期的列报要求进行调整，并在附注中披露调整的原因和性质，以及调整的各项目金额。但是，在某些情况下，对上期比较数据进行调整是不切实可行的，则应当在附注中披露不能调整的原因。

（五）财务报表项目金额列报要求

财务报表项目应当以总额列报，资产和负债、收入和费用不能相互抵销，即不得以净额列报，但企业会计准则另有规定的除外。以下两种情况不属于相互抵销：

（1）资产项目按扣除减值准备后的净额列示。资产计提的减值准备，实质上意味着资产的价值确实发生了减损，以净额列示才能反映资产当时的真实价值。

（2）非日常活动产生的损益应当以同一交易形成的收入扣减费用后的净额列示。非日常活动并非企业主要业务，且具有偶然性，从重要性来讲，以收入和费用抵销后的净额列示，对公允反映企业财务状况和经营成果影响不大。

（六）财务报表表首的列报要求

财务报表一般分为表首、正表两部分，其中，在表首部分企业应当概括地说明下列基本信息：

（1）编报企业的名称，如企业名称在所属当期发生了变更的，还应明确标明。

（2）资产负债表应当列示资产负债表日，利润表、现金流量表、所有者权益变动表应当列示涵盖的会计期间。

（3）企业应当以人民币列报，并标明金额单位，如人民币元、人民币万元等。

（4）财务报表是合并财务报表的，应当予以标明。

(七) 报告期间要求

企业至少应当编制年度财务报表。根据《中华人民共和国会计法》的规定，会计年度自公历1月1日起至12月31日止。因此，在编制年度财务报表时，可能存在年度财务报表涵盖的期间短于一年的情况，比如企业在年度中间(如3月1日)开始设立等，在这种情况下，企业应当披露年度财务报表的实际涵盖期间及其短于一年的原因，并应当说明由此引起财务报表项目与比较数据不具可比性这一事实。

资产负债表

第二节 资产负债表

资产负债表是反映企业在某一特定日期财务状况的会计报表。资产负债表是根据资产、负债和所有者权益之间相互关系，按照一定的分类标准和一定的排列顺序，对日常会计核算工作形成的大量数据进行高度浓缩整理后编制而成的，它是企业在某一特定日期所拥有的资源、所承担的债务和所有者在企业所持有的权益的静态反映。

资产负债表编制的依据是会计恒等式“资产＝负债＋所有者权益”，是把企业特定日期(通常是期末)的资产、负债和所有者权益项目按一定的分类标准和排列次序予以排列而形成的一定格式的报表。

一、资产负债表的作用

资产负债表反映了企业的财务状况，提供了企业的经营者、债权人等各方面所需要的信息，其具体作用如下：

(1) 可以提供某一特定日期资产的总额及其结构，表明企业拥有或控制的资源及其分布情况，使使用者可以一目了然地从资产负债表上了解企业在某一特定日期所拥有的资产总量及其结构。

(2) 可以提供某一特定日期的负债总额及其结构，表明企业未来需要用多少资产或劳务清偿债务以及清偿时间。

(3) 可以反映所有者所拥有的权益，据以判断资本保值、增值的情况以及对负债的保障程度。

(4) 可以提供进行财务分析的基本资料，以表明企业的变现能力、偿债能力和资金周转能力，从而有助于报表使用者作出经济决策。

二、资产负债表的结构

资产负债表的基本结构是以资产、负债和所有者权益三者之间的会计平衡公式为基础。资产负债表正表的列报格式一般有两种：报告式资产负债表和账户式资产负债表。

账户式资产负债表直接根据“资产＝负债＋所有者权益”会计等式，采用左右排列的结构。左方列示资产各项目；右方列示负债和所有者权益各项目。资产负债表左右双方平衡，资产总计等于负债和所有者权益总计。通过账户式资产负债表，可以反映资产、负债及所有者权益之间的内在关系，这种报表格式直观清晰，将资产与负债及所有者权益平行列示，便于对比分析。

此外，为了使使用者通过比较不同时期资产负债表的数据，掌握企业财务状况的变动情况及发展趋势，企业需要提供比较资产负债表，资产负债表还就各项目再分为“上年年末余额”和“期末余额”两栏分别填列，其基本格式如表 9-1 所示。

表 9-1 **账户式资产负债表(简化格式)**

编制单位：×× 公司 年 月 日 单位：元

资 产	期末余额	上年年末余额	负债和所有者权益	期末余额	上年年末余额
一、流动资产	×××	×××	一、流动负债	×××	×××
二、非流动资产	×××	×××	二、非流动负债	×××	×××
			三、所有者权益	×××	×××
资产总计	×××	×××	负债和所有者权益合计	×××	×××

报告式资产负债表又称竖式资产负债表。它是将资产、负债和所有者权益项目按纵向顺序排列，采用上下排列的结构，上半部列示资产，下半部列示负债和所有者权益。其基本格式如表 9-2 所示。

表 9-2 **报告式资产负债表(简化格式)**

编制单位：××公司 年 月 日 单位：元

资 产	
一、流动资产	×××
二、非流动资产	×××
资产合计	×××
负 债	
一、流动负债	×××
二、非流动负债	×××
负债合计	×××
所有者权益	
所有者权益合计	×××
负债及所有者权益合计	×××

三、资产负债表的列报要求

(一) 资产负债表列报总体要求

1. 分类别列报

资产负债表列报最根本的目标是如实反映企业在资产负债表日所拥有的资源、所承担的负债以及所有者所拥有的权益。因此，资产负债表应当按照资产、负债和所有者权益三大类别分类列报。

2. 资产和负债按流动性列报

资产和负债按照流动性分为流动资产和非流动资产、流动负债和非流动负债。流动性通常按资产的变现或耗用时间长短或者负债的偿还时间长短来确定，应先列报流动性强的资产或负债，再列报流动性弱的资产或负债。

3. 列报相关的合计、总计项目

资产负债表中的资产类至少列示流动资产和非流动资产的合计项目;负债类至少列示流动负债、非流动负债以及负债的合计项目;所有者权益类列示所有者权益的合计项目。除此之外还要分别列示资产总计项目和负债与所有者权益之和的总计项目,并且二者的金额相等。

(二)资产、负债及所有者权益的列报

(1) 资产按照流动性分别流动资产和非流动资产列示。在流动资产和非流动资产类别下进一步按性质分项列示。流动性大、变现能力强的资产如"货币资金""交易性金融资产""应收票据""应收账款""预付账款""其他应收款"和"存货"等流动资产排在前面;流动性小、变现能力弱的资产如"长期股权投资""固定资产"和"无形资产"等非流动资产排在后面。

(2) 负债按照流动性分别流动负债和非流动负债列示。在流动负债和非流动负债类别下再进一步按性质分项列示。清偿时间短的如"短期借款""应付票据""应付账款"等流动负债排在前面;清偿时间长的如"长期借款""长期应付款"等非流动负债排在后面。

(3) 所有者权益是企业资产扣除负债后由所有者享有的剩余权益,一般按照净资产的不同来源和特定用途进行分类,按照"实收资本(或股本)""资本公积""盈余公积""未分配利润"等项目分项列示。

显而易见,以上这种排列层次明晰,能够比较清楚地反映出资产、负债和所有者权益的各项目的结构,这为信息使用者分析评价企业的财务状况和偿债能力、进行决策提供了便利条件。

四、资产负债表的列报方法

资产负债表的列报是以日常会计核算记录的数据为基础进行归类、整理和汇总,进而加工成报表项目并予以填列的过程。资产负债表是静态会计报表,其编制依据是各有关账户即资产、负债及所有者权益各账户的期末余额。资产负债表提供的是企业本期期末余额和上年年末余额的比较资料,即报表主体部分的各项目都有"上年年末余额"和"期末余额"两栏,是一种比较资产负债表。

1. 上年年末余额栏的列报

资产负债表的"上年年末余额"栏内各项数字,应根据上年年末资产负债表"期末余额"栏内所列数字填列。

2. 期末余额栏的列报方法

资产负债表"期末余额"栏内各项数字,一般应根据资产、负债和所有者权益类账户的期末余额填列,具体可通过以下几种方法列报。

(1) 根据总账账户的余额填列。大多数报表项目可以根据总账余额直接填列,如"交易性金融资产""递延所得税资产""短期借款""交易性金融负债""应付票据""应付职工薪酬""应交税费""其他应付款""递延所得税负债""实收资本(或股本)""资本公积""盈余公积"等项目。

有些项目则需根据几个总账账户的余额计算填列:如"货币资金"项目,应根据"库存现金""银行存款""其他货币资金"三个总账账户余额的合计数填列。

(2) 根据明细账账户的余额计算填列。"开发支出"项目,应根据"研发支出"账户中所属的“资本化支出”明细账户期末余额填列；“应付账款”项目，应根据“应付账款”和“预付账款”账户所属的相关明细账户的期末贷方余额合计数填列；“预收账款”项目，需要根据“预收账款”和“应收账款”所属明细账的期末贷方余额计算填列。“一年内到期的非流动资产”和“一年内到期的非流动负债”项目，应根据有关非流动资产或非流动负债项目的明细账户余额分析填列；“未分配利润”项目根据“利润分配”所属的“未分配利润”明细账户期末余额填列，未弥补的亏损，在本项目内以“一”号反映。

（3）根据总账账户和明细账账户的余额分析计算填列。“长期借款”项目，需根据“长期借款”总账账户余额扣除“长期借款”账户所属的明细账户中将在自资产负债表日起一年内到期、且企业不能自主地将清偿义务展期的长期借款后的金额计算填列；“长期待摊费用”项目，应根据“长期待摊费用”账户的期末余额减去将于一年内（含一年）摊销的数额后的金额填列。

（4）根据有关账户余额减去其备抵账户余额后的净额填列。“长期股权投资”、“在建工程”等项目，应根据相关账户的期末余额填列，已计提减值准备的，还应扣减相应的减值准备；“固定资产”“无形资产”“投资性房地产”等项目，应根据相关账户的期末余额扣减相关的累计折旧（或摊销、折耗）填列，已计提减值准备的，还应扣减相应的减值准备。

（5）综合运用上述填列方法分析填列。主要包括：“应收票据”“其他应收款”项目，应根据相关账户的期末余额，减去“坏账准备”账户中有关坏账准备期末余额后的金额填列；“应收账款”项目，应根据“应收账款”和“预收账款”账户所属各明细账户的期末借方余额合计数，减去“坏账准备”账户中有关应收账款计提的坏账准备期末余额后的金额填列；“存货”项目，应根据“材料采购”“原材料”“发出商品”“库存商品”“周转材料”“委托加工物资”“生产成本”等账户的期末余额合计，减去“存货跌价准备”账户期末余额后的金额填列，材料采用计划成本核算，还应加上或减去材料成本差异。

（6）根据报表中各相关项目的数字计算填列。在资产负债表中，有些项目的数据来源既非总账账户，也非明细账户，而是根据报表中的有关项目数据计算得来，这类项目包括流动资产合计、非流动资产合计、资产总计、流动负债合计、非流动负债合计、负债合计、所有者权益合计、负债和所有者权益总计等。

【例 9-1】　A 公司为上市公司，是一家多元化、科技型的全球工业集团，产业覆盖空调、生活电器、高端装备、通信设备等四大领域。20×1 年 12 月 31 日，其总分类账户和有关明细分类账户余额如表 9-3 所示。

表 9-3　　**总分类账户和有关明细分类账户余额表**

单位：万元

总账账户	明细账户	借方余额	贷方余额	总账账户	明细账户	借方余额	贷方余额
库存现金		32 969		短期借款			177 591
银行存款		694 000		应付票据			98 815
其他货币资金		300 000		应付账款			258 000
交易性金融资产		4 860			——A 工厂		167 000
应收票据		146 474			——B 工厂	39 000	
应收账款		171 737			——C 工厂		130 000

（续表）

总账账户	明细账户	借方余额	贷方余额	总账账户	明细账户	借方余额	贷方余额
	——甲公司	113 000		预收账款			91 708
	——乙公司		23 000		——A单位		111 708
	——丙公司	81 737			——B单位	20 000	
预付账款		26 734		应付职工薪酬			12 448
	——甲单位	80 077		其中：超过一年			1 308
	——乙单位		53 343	应交税费			29 029
坏账准备	——应收账款		10 737	应付利息			1 087
应收利息		18 031		其他应付款			650 800
其他应收款		145 377		递延收益			307
其中：超过一年		1 303		递延所得税负债			3 114
原材料		36 676		实收资本			60 157
生产成本		7 676		资本公积			1 796
库存商品		40 940		其他综合收益			−3 303
可供出售金融资产		7 642		盈余公积			34 971
长期股权投资		125 389		利润分配	未分配利润		481 238
固定资产		52 306					
累计折旧			20 796				
在建工程		1 681					
无形资产		8 556					
累计摊销			1 072				
递延所得税资产		109 315					

根据上述资料，编制A公司20×1年12月31日的资产负债表，如表9-4所示。表9-4的资产负债表中“上年年末余额”栏中的数字，是根据该企业20×0年12月31日资产负债表中的“期末余额”栏的数字直接填列的。

表9-4　　资产负债表　　会企01表

编制单位：A公司　　20×1年12月31日　　单位：万元

资产	期末余额	上年年末余额	负债和所有者权益	期末余额	上年年末余额
流动资产：			流动负债：		
货币资金	1 026 969	978 293	短期借款	177 591	121 742
交易性金融资产	4 860	3 163	应付票据	98 815	104 126
应收票据	146 474	123 611	应付账款	350 343	369 173
应收账款	204 000	170 700	预收账款	134 708	165 489
预付款项	119 077	87 286	应付职工薪酬	11 140	8 087
应收利息	18 031	16 663	应交税费	29 029	28 485
其他应收款	144 074	78 152	应付利息	1 087	1 842

（续表）

资产	期末余额	上年年末余额	负债和所有者权益	期末余额	上年年末余额
存货	85 292	108 034	其他应付款	650 800	615 377
流动资产合计	1 748 777	1 565 902	流动负债合计	1 453 513	1 414 321
非流动资产：			非流动负债：		
可供出售金融资产	7 642	4 938	长期应付职工薪酬	1 308	1 127
长期股权投资	125 389	84 594	递延收益	307	278
固定资产	31 510	33 974	递延所得税负债	3 114	2 546
在建工程	1 681	1 158	非流动负债合计	4 729	3 951
无形资产	7 484	5 138	负债合计	1 458 242	1 418 272
递延所得税资产	109 315	105 120	所有者权益：		
其他非流动资产	1 303	1 228	实收资本（或股本）	60 157	60 157
非流动资产合计	284 324	236 150	资本公积	1 796	1 910
			其他综合收益	－3 303	－699
			盈余公积	34 971	34 971
			未分配利润	481 238	287 441
			所有者权益合计	574 859	383 780
资产总计	2 033 101	1 802 052	负债和所有者权益合计	2 033 101	1 802 052

第三节 利 润 表

利润表

利润表是反映企业在一定会计期间的经营成果的会计报表，主要提供有关企业经营成果方面的信息。它是根据“收入－费用＝利润”这一动态会计等式编制的。通过编制利润表，可以反映企业生产经营的收益情况、成本耗费情况，表明企业生产经营的成果。同时，通过其提供的不同时期的比较数字，还可以帮助报表使用者全面了解企业的经营成果，分析企业的获利能力及盈利增长趋势，从而为其经济决策提供依据。

一、利润表的作用

利润的多少及其发展趋势是企业生存和发展的关键，也是投资者和债权人关注的焦点。因此，利润表的编制和披露对信息使用者是至关重要的，利润表的作用主要有以下几点：

（1）可以反映企业一定会计期间收入的实现情况和费用的发生情况。实现情况包括实现的营业收入有多少、实现的投资收益有多少、实现的营业外收入有多少等；费用的发生情况包括发生的营业成本有多少、税金及附加有多少及销售费用、管理费用、财务费用各有多少、营业外支出有多少等。

（2）有助于分析和预测企业的获利能力。获利能力是指企业运用一定的资产获取利润的能力，获利能力直接关系到投资者的回报。如果企业的获利能力强，则未来实现的利润就会多，企业可供分配的利润也会多，一般情况下投资者可以分得较多的红利；反之，若获利能力低，则企业分配红利就缺乏足够的利润基础。因此，投资者可利用利润表披露的信息，对企业的盈利能力作出分析与评价，从而作出投资决策。

（3）有助于考核管理当局的经营业绩。管理当局的业绩可以体现在很多方面，但最主要的是反映在利润上。可以说，利润是企业管理工作是否成功的最重要的标准。通过对利润变动进行分析，企业可以对有关职能部门的工作绩效作出评估，以便作出机构增减变动及有关人员奖惩任免的决定。

二、利润表的内容和结构

（一）利润表的内容

利润表是报告企业经营成果的手段，至少应当单独列示反映下列信息的项目：营业收入、营业成本、税金及附加、管理费用、销售费用、财务费用、投资收益、公允价值变动损益、资产减值损失、所得税费用、净利润。

企业采用"功能法"对费用进行列报，即按照费用在企业所发挥的功能进行分类列报，通常分为从事经营业务发生的成本、管理费用、销售费用和财务费用等，并且将营业成本与其他费用分开披露。对企业而言，其活动通常可以划分为生产、销售、管理、融资等，每一种活动上发生的费用所发挥的功能并不相同，因此，按照费用功能法将其分开列报，有助于使用者了解费用发生的活动领域。例如，企业为销售产品发生了多少费用、为一般行政管理发生了多少费用、为筹措资金发生了多少费用。这种方法通常能向报表使用者提供具有结构性的信息，能更清楚地揭示企业经营业绩的主要来源和构成。

（二）利润表的结构

为了完整反映企业经营成果形成的过程，向报表使用者提供有关利润（或亏损）的计算及其结果的财务信息，利润表是按净利润的计算公式设置结构和项目的。《企业会计准则应用指南》规定了利润表采用多步式结构，即通过对当期的收入、费用、支出项目按性质加以归类，按利润形成的主要环节列示一些中间性利润指标，如营业利润、利润总额、净利润等，并分步计算当期净损益。企业按以下三个步骤编制利润表：

（1）以营业收入为基础，减去营业成本、税金及附加、销售费用、管理费用、研发费用、财务费用、信用减值损失、资产减值损失，加上其他收益、投资收益（减去投资损失）、公允价值变动收益（减去公允价值变动损失）、资产处置收益（减去资产处置损失），计算出营业利润。

（2）以营业利润为基础，加上营业外收入，减去营业外支出，计算出利润总额。

（3）以利润总额为基础，减去所得税费用，计算出净利润（或净亏损）。

利润表的具体格式和内容如表 9-5 所示。

表 9-5　　利　润　表

编制单位：　　　年　月　　　单位：元

项　目	本期金额	上期金额
一、营业收入		
减：营业成本		
税金及附加		
销售费用		
管理费用		

（续表）

项目	本期金额	上期金额
研发费用		
财务费用		
加：其他收益		
投资收益（损失以"－"号填列）		
其中：对联营企业和合营企业的投资收益		
公允价值变动收益（损失以"－"号填列）		
信用减值损失（损失以"－"号填列）		
资产减值损失（损失以"－"号填列）		
资产处置收益（损失以"－"号填列）		
二、营业利润（亏损以"－"号填列）		
加：营业外收入		
减：营业外支出		
三、利润总额（亏损总额以"－"号填列）		
减：所得税费用		
四、净利润（净亏损以"－"号填列）		
（一）持续经营净利润（净亏损以"－"号填列）		
（二）终止经营净利润（净亏损以"－"号填列）		
五、其他综合收益的税后净额		
六、综合收益总额		
七、每股收益：		
（一）基本每股收益		
（二）稀释每股收益		

三、利润表的列报方法

月报利润表中的各项目需要分为"本月数"和"本年累计数"两栏分别填列。"本月数"栏应根据各有关会计账户的本期发生额分析填列。"本年累计数"栏反映各项目自年初起至本报告期为止的累计发生额，应根据上月"利润表"的累计数加上本月"利润表"的本月数之和填列。

年度、半年度利润表各项目均需填列"本期金额"和"上期金额"两栏。其中"上期金额"栏内各项数字，应根据上年该期利润表的"本期金额"栏内所列数字填列。"本期金额"栏内各期数字，除"其他综合收益的税后净额""综合收益总额""基本每股收益""稀释每股收益"项目外，应当按照相关账户的发生额分析填列。

（1）"营业收入"项目，反映企业销售产品的销售收入和提供劳务等经营业务取得的收入总额。本项目应根据"主营业务收入"账户和"其他业务收入"账户的发生额分析计算填列。

（2）"营业成本"项目，反映企业销售产品和提供劳务等经营业务的实际成本。本项目应根据“主营业务成本”账户和“其他业务成本”账户的发生额分析计算填列。

(3)“税金及附加”项目，反映企业销售产品、提供劳务等业务应负担的消费税、城市维护建设税、资源税和教育费附加等税费。本项目应根据“税金及附加”账户的发生额分析填列。

(4)“销售费用”项目，反映企业在销售产品和提供劳务等主要经营业务过程中所发生的各项销售费用。本项目应根据“销售费用”账户的发生额分析填列。

(5)“管理费用”项目，反映企业发生的管理费用。本项目应根据“管理费用”账户的发生额分析填列。

(6)“研发费用”项目，反映企业进行研究与开发过程中发生的费用化支出，以及计入管理费用的自行开发无形资产的摊销。本项目应根据“管理费用”科目下的“研发费用”明细科目的发生额，以及“管理费用”科目下的“无形资产摊销”明细科目的发生额分析填列。

(7)“财务费用”项目，反映企业发生的财务费用。本项目应根据“财务费用”账户的发生额分析填列。

(8)“其他收益”项目，反映计入其他收益的政府补助，以及其他与日常活动相关且计入其他收益的项目。本项目应根据“其他收益”账户的发生额分析填列。企业作为个人所得税的扣缴义务人，根据《中华人民共和国个人所得税法》收到的扣缴税款手续费，应作为其他与日常活动相关的收益在该项目中填列。

(9)“投资收益”项目，反映企业以各种方式对外投资所取得的收益，其中包括分得的投资利润、债券投资的利息收入以及收回投资时发生的收益等。本项目应根据“投资收益”账户发生额分析填列。如为投资损失，以“－”号填列。

(10)“公允价值变动收益”项目，反映企业采用公允价值模式计量的资产公允价值大于账面价值产生的收益，根据该账户的发生额分析填列，如为公允价值变动损失，以“－”号填列。

(11)“信用减值损失”项目，反映企业按照《企业会计准则第22号——金融工具确认和计量》的要求计提的各项金融工具信用减值准备所确认的信用损失。该项目应根据“信用减值损失”账户的发生额分析填列。

(12)“资产减值损失”项目，反映企业资产减值发生的损失。本项目应根据“资产减值损失”账户的发生额分析填列。

(13)“资产处置收益”项目，反映企业出售划分为持有待售的非流动资产(金融工具、长期股权投资和投资性房地产除外)或处置组(子公司和业务除外)时确认的处置利得或损失，以及处置未划分为持有待售的固定资产、在建工程、生产性生物资产及无形资产而产生的处置利得或损失。债务重组中因处置非流动资产(金融工具、长期股权投资和投资性房地产除外)产生的利得或损失和非货币性资产交换中换出非流动资产(金融工具、长期股权投资和投资性房地产除外)产生的利得或损失也包括在本项目内。该项目应根据“资产处置损益”科目的发生额分析填列；如为处置损失，以“－”号填列。

(14)“营业利润”项目，反映企业实现的营业利润。如为亏损，以“－”号填列。

(15)“营业外收入”项目，反映企业发生的除营业利润以外的收益，主要包括与企业日常活动无关的政府补助、盘盈利得、捐赠利得(企业接受股东或股东的子公司直接或间接的捐赠，经济实质属于股东对企业的资本性投入的除外)等。该项目应根据“营业外收入”科目的发生额分析填列。

(16)“营业外支出”项目，反映企业发生的除营业利润以外的支出，主要包括公益性捐赠支出、非常损失、盘亏损失、非流动资产毁损报废损失等。该项目应根据“营业外支出”科目的发生额分析填列。

(17)“利润总额”项目，反映企业实现的利润。如为亏损，以“－”号填列。

(18)“所得税费用”项目，反映企业从当年损益中扣除的所得税费用。本项目应根据“所得税费用”账户的发生额分析填列。

(19)“净利润”项目，反映企业扣除所得税费用后的净利润，如为净亏损以“－”号填列。其中：“(一)持续经营净利润”和“(二)终止经营净利润”项目，分别反映净利润中与持续经营相关的净利润和与终止经营相关的净利润；如为净亏损，以“－”号填列。该两个项目应按照《企业会计准则第 42 号——持有待售的非流动资产、处置组和终止经营》的相关规定分别填列。

(20)“每股收益”项目，是向资本市场广大投资者反映上市公司(公众公司)每一股普通股所创造的收益水平，按照《企业会计准则第 34 号——每股收益》的规定计算填列。

【例 9-2】 A 公司 20×1 年度有关会计账户的累计发生额如表 9-6 所示。

表 9-6 **损益类账户本年发生额** 单位：万元

会计账户	本年 1～12 月累计发生额
贷方累计发生额：	
主营业务收入	1 391 083
其他业务收入	226 455
其他收益	706
投资收益	38 470
公允价值变动损益	508
营业外收入	393
财务费用	21 903
借方累计发生额：	
主营业务成本	1 087 976
其他业务成本	103 413
税金及附加	7 950
销售费用	196 902
管理费用	60 607
其中：研发费用	51 205
资产减值损失	710
营业外支出	52
所得税费用	28 111

根据表9-6数据，编制A公司20×1年度利润表如表9-7所示，其中“上期金额”栏直接根据上年度该表的“本期金额”栏直接填列。

表9-7 **利 润 表** 会企02表

编制单位：A公司 20×1年度 单位：万元

项 目	本期金额	上期金额
一、营业收入	1 617 538	1 333 420
减：营业成本	1 191 389	998 244
税金及附加	7 950	7 770
销售费用	196 902	152 811
管理费用	9 402	4 354
研发费用	51 205	17 426
财务费用	−21 903	4 457
其中：利息费用	10 329	7 487
利息收入	29 580	25 643
加：其他收益	706	1 631
投资收益(损失以“−”号填列)	38 470	113 738
其中：对联营企业和合营企业的投资收益	—	65
公允价值变动收益(损失以“−”号填列)	508	−2 469
资产减值损失(损失以“−”号填列)	−710	−231
二、营业利润(亏损以“−”填列)	221 567	261 027
加：营业外收入	393	233
减：营业外支出	52	31
三、利润总额(亏损总额以“−”填列)	221 908	261 229
减：所得税费用	28 111	21 889
四、净利润(净亏损以“−”填列)	193 797	239 340
五、其他综合收益的税后净额	−2 604	−515
六、综合收益总额	191 193	238 825
七、每股收益：		
(一) 基本每股收益	3.22	3.98
(二) 稀释每股收益	3.22	3.98

现金流量表

第四节 现金流量表

现金流量表是反映企业一定会计期间现金及现金等价物流入和流出的报表。

现金是指企业的库存现金以及可以随时支付的存款。包括库存现金、银行存款和其他货币资金。

现金等价物是指企业持有的期限短、流动性强、易于转换为已知金额现金、价值变动风险很小的投资。现金等价物虽然不是现金，但其支付能力和流动性与现金差不多，可视为现金。

现金流量是指企业现金和现金等价物的流入和流出。从性质上看，现金流量表属于动态报表，因为现金的流入和流出都必须在一定的时期中进行，现金流量表所反映的内容，其实就是现金这种特殊资金的增减变化及其原因。

一、现金流量表的作用

现金流量表的作用主要表现在以下几个方面：

(1) 编制基础明确，企业不容易操纵。现金流量表的编制基础是现金，由于现金流量较难为企业所操纵，从而使这一信息能够较客观地反映企业的资金流转情况。

(2) 较好地说明了企业的支付能力。流动资产中各项目的流动性不尽相同，如应收账款，若难以从客户收回款项，即使金额巨大，仍不能说明公司的流动性较好和有较强的偿债能力；库存积压存货也属于类似情况，难以将其转换为现金。而现金是可以立即用来购买物品、支付各项费用或用来偿还债务的交换媒介或支付手段，可以很好地反映企业的支付能力。

(3) 能从一个侧面评价公司利润的质量。利润质量的高低可用主营业务利润占利润总额的比重反映，也可通过经营活动现金流量与本期净利润的比较加以说明。但由于会计处理包含了许多主观判断，如折旧方法与年限、坏账准备提取比例、发出存货的计价方法等，从而使会计利润具有一定的局限性。在实际工作中，很可能利润数额较大，但没有相应的现金流入，即企业实现大量销售并形成利润，但却出现巨额的应收账款而不能收回，使利润的质量下降。

二、现金流量表的内容

现金流量表包括经营活动、投资活动、筹资活动产生的现金流量，从现金流入和流出两方面列示各有关现金收支项目和各类活动所产生的现金流量净额。现金流量表的一般格式如表 9-8 所示。

(1) 经营活动产生的现金流量。经营活动是指企业投资活动和筹资活动以外的所有交易和事项。也就是说，除归属于企业投资活动和筹资活动以外的所有交易和事项，都可归属于经营活动。对于工商企业而言，经营活动主要包括销售商品、提供劳务、购买商品、接受劳务、支付税费等。经营活动产生的现金流量净额＝经营活动现金流入－经营活动现金流出。

(2) 投资活动产生的现金流量。投资活动是指企业长期资产的购建和不包括在现金等价物范围内的投资及其处置活动。投资活动包括实物资产的投资，也包括金融资产的投资。投资活动产生的现金流量净额＝投资活动现金流入－投资活动现金流出。

(3) 筹资活动产生的现金流量。筹资活动是指导致企业资本及债务规模和构成发生变化的活动。这里所说的资本，包括实收资本(股本)，也包括资本溢价(股本溢价)；这里所说的债务是指对外举债，包括向银行借款、发行债券等。应付账款、应付票据等商业应付款属于经营活动，不属于筹资活动。筹资活动产生的现金流量净额＝筹资活动现金流入－筹资活动现金流出。

【例 9-3】 A 公司 20×1 年度现金流量表如表 9-8 所示，其中“本期金额”栏根据本年度相关账户和报表项目分析计算填列(具体填列过程略)，“上期金额”栏根据上年度该表的“本期金额”直接填列。

表 9-8 **现金流量表** 会企 03 表

编制单位：A 公司 20×1 年度 单位：万元

项　　目	本期金额	上期金额
一、经营活动产生的现金流量：		
销售商品、提供劳务收到的现金	1 043 078	977 238
收到的税费返还	18 800	14 119
收到其他与经营活动有关的现金	83 106	18 303
经营活动现金流入小计	1 144 984	1 009 660
购买商品、接受劳务支付的现金	748 992	587 164
支付给职工以及为职工支付的现金	33 421	31 355
支付的各项税费	94 826	87 691
支付其他与经营活动有关的现金	131 577	136 700
经营活动现金流出小计	1 008 816	842 910
经营活动产生的现金流量净额	136 168	166 750
二、投资活动产生的现金流量：		
收回投资所收到的现金	15 203	0
取得投资收益收到的现金	397	144
处置固定资产、无形资产和其他长期资产收回的现金净额	53	19
收到的其他与投资活动有关的现金	50 252	6 810
投资活动现金流入小计	65 905	6 973
购建固定资产、无形资产和其他长期资产支付的现金	6 845	4 229
投资支付的现金	110 091	62 282
取得子公司及其他营业单位支付的现金净额	12 471	
支付其他与投资活动有关的现金	77 854	436 170
投资活动现金流出小计	207 261	502 681
投资活动产生的现金流量净额	−141 356	−495 708
三、筹资活动产生的现金流量：		
吸收投资收到的现金	0	0
取得借款收到的现金	234 434	163 222
收到其他与筹资活动有关的现金	17 275	13 870
筹资活动现金流入小计	251 709	177 092
偿还债务支付的现金	176 486	109 116
分配股利、利润或偿付利息支付的现金	7 689	110 294
支付其他与筹资活动有关的现金	4 585	
筹资活动现金流出小计	188 760	219 410
筹资活动产生的现金流量净额	62 949	−42 318
四、汇率变动对现金及现金等价物的影响	9 530	−28 884
五、现金及现金等价物净增加额	67 291	−400 160
加：期初现金及现金等价物余额	255 867	656 027
六、期末现金及现金等价物余额	323 158	255 867

查阅财务报表附注可知资产负债表的货币资金与现金流量表的现金及现金等价物余额的差异是由于企业存在使用受限制的存款和定期存款，具体项目如表 9-9 所示。

表 9-9　　货币资金与现金及现金等价物余额差异调节表　　单位：万元

项　目	本期金额	上期金额
货币资金	1 026 969	978 293
减：使用受到限制的存款	54 536	113 484
其中：法定存款准备金	28 500	28 884
票据、信用证等保证金	26 036	84 600
减：不属于现金及现金等价物范畴的定期存款	649 275	608 942
期末现金及现金等价物余额	323 158	255 867

三、现金流量表的列报方法

现金流量表的编制基础是收付实现制。在具体编制现金流量表时，企业可以根据业务量的大小及复杂程度，采用“工作底稿法”“T 形账户法”和“分析填列法”。工作底稿法是以工作底稿为手段，以利润表和资产负债表数据为基础，结合有关账户的记录，对现金流量表的每一项进行分析并编制调整分录，从而编制现金流量表的一种方法；T 形账户法是以 T 形账户为手段，以利润表和资产负债表数据为基础，对每一项目进行分析，并编制调整分录，从而编制现金流量表；分析填列法是直接根据资产负债表、利润表和有关会计账户的明细资料记录，分析计算出现金流量表各项目的金额，并据以编制现金流量表的一种方法。

现金流量表的项目主要有经营活动产生的现金流量、投资活动产生的现金流量、筹资活动产生的现金流量、汇率变动对现金及现金等价物的影响、现金及现金等价物净增加额、期末现金及现金等价物余额等项目。其中经营活动产生的现金流量是现金流量表的重要构成部分，列报经营活动现金流量的方法有两种：直接法和间接法。

直接法是指按现金收入和现金支出的主要类别直接反映企业经营活动产生的现金流量，如销售商品、提供劳务收到的现金；购买商品、接受劳务支付的现金等就是按现金收入和支出的类别直接反映的。在直接法下，一般是以利润表中的营业收入为起算点，调节与经营活动有关的项目的增减变动，然后计算出经营活动产生的现金流量；也可以从会计记录中(有关“库存现金”“银行存款”和“其他货币资金”等账户)直接获得。直接法的优点是直接显示经营活动现金流量各项内容流入的来源和流出的用途，有助于预测未来的经营活动现金流量，能够揭示未来的经营活动现金流量，能够揭示企业从经营活动中产生现金偿付其债务的能力、进行再投资的能力和支付股利的能力。

间接法是指以本期利润表中的净利润为起算点，调整不涉及现金的收入、费用、营业外收支等有关项目的增减变动，剔除投资活动、筹资活动对现金流量的影响，据此计算出经营活动的现金流量。间接法的优点是有助于分析影响现金流量的原因以及从现金流量角度分析企业净利润的质量。

我国《企业会计准则》规定企业应当采用直接法编报现金流量表，同时要求在附注中提供以净利润为基础调节为经营活动现金流量的信息。

第五节 所有者权益变动表

所有者权益变动表也称股东权益变动表，是反映构成所有者权益的各组成部分当期的增减变动情况的报表。所有者权益变动表是一种动态报表，全面反映一定时期所有者权益变动的情况，不仅包括所有者权益总量的增减变动，还包括所有者权益增减变动的重要结构性信息，特别是要反映直接计入所有者权益的利得和损失，让报表使用者准确理解所有者权益增减变动的原因；另外，所有者权益变动表体现了投资者利益保护的理念，揭示了股东权益如何因企业经营的盈亏及现金股利的发放而发生的变化，反映了股东权益内部结构的变动。

一、所有者权益变动表的内容

所有者权益变动表至少应当单独列示下列信息的项目：

(1) 净利润。

(2) 直接计入所有者权益的利得和损失项目及其总额。

(3) 会计政策变更和差错更正的累计影响金额。

(4) 所有者投入资本和向所有者分配利润等。

(5) 按照规定提取的盈余公积。

(6) 实收资本、资本公积、盈余公积、未分配利润的期初和期末余额及其调节情况。

根据财务报表列报准则的规定，企业需要提供比较所有者权益变动表，因此，所有者权益变动表还就各项目再分为“本年金额”和“上年金额”两栏分别填列。所有者权益变动表的以矩阵的形式列示，如表 9-9 所示。

二、所有者权益变动表的列报方法

1. “上年年末余额”项目

反映企业上年资产负债表中实收资本(或股本)、资本公积、盈余公积、未分配利润的年末余额。

2. “会计政策变更”和“前期差错更正”项目

反映企业采用追溯调整法处理的会计政策变更的累积影响金额和采用追溯重述法处理的会计差错更正的累积影响金额。

3. “本年增减变动额”项目

该部分相关项目反映的内容为：

(1) “综合收益总额”项目，反映企业当年的综合收益总额，应根据当年利润表中“其他综合收益的税后净额”和“净利润”项目填列，并对应填列在“其他综合收益”和“未分配利润”栏。

(2) “所有者投入和减少资本”项目，反映企业当年所有者投入的资本和减少的资本。其中：

“所有者投入的普通股”项目，反映企业接受投资者投入形成的实收资本(或股本)和资本溢价或股本溢价，并对应填列在“实收资本”和“资本公积”栏。

“其他权益工具持有者投入资本”项目，反映企业发行的除普通股以外分类为权益工具的金融工具的持有者投入资本的金额，该项目应根据金融工具类科目的相关明细科目的发生额分析填列。

“股份支付计入所有者权益的金额”项目，反映企业处于等待期中的权益结算的股份支付当年计入资本公积的金额，并对应填列在“资本公积”栏。

(3)“利润分配”项目，反映当年对所有者(或股东)分配的利润(或股利)金额和按照规定提取的盈余公积金额，并对应填列在“未分配利润”和“盈余公积”栏。其中：

“提取盈余公积”项目，反映企业按照规定提取的盈余公积。

“对所有者(或股东)的分配”项目，反映对所有者(或股东)分配的利润(或股利)金额。

(4)“所有者权益内部结转”项目，反映不影响当年所有者权益总额的所有者权益各组成部分之间当年的增减变动，包括资本公积转增资本(或股本)、盈余公积转增资本(或股本)、盈余公积弥补亏损、设定收益计划变动额结转留存收益、其他综合收益结转留存收益等金额。其中：

“其他综合收益结转留存收益”项目主要反映：企业指定为以公允价值计量且其变动计入其他综合收益的非交易性权益工具投资终止确认时，之前计入其他综合收益的累计利得或损失从其他综合收益中转入留存收益的金额；企业指定为以公允价值计量且其变动计入当期损益的金融负债终止确认时，之前由企业自身信用风险变动引起而计入其他综合收益的累计利得或损失从其他综合收益中转入留存收益的金额等。该项目应根据“其他综合收益”科目的相关明细科目的发生额分析填列。

所有者权益变动表“上年金额”栏内各项数字是根据上年度所有者权益变动表“本年金额”栏内所列数字进行填列的。如果上年度所有者权益变动表规定的各个项目的名称和内容同本年度不相一致，应对上年度所有者权益变动表各项目的名称和数字按本年度的规定进行调整，填入所有者权益变动表“上年金额”栏内。

【例9-4】 根据相关会计资料编制A公司20×1年度的所有者权益变动表，如表9-9所示，其中“上年金额”栏省略。

表9-9 所有者权益变动表 会企04表

编制单位：A公司 20×1年度 单位：万元

项目	本年金额					
	实收资本(股本)	资本公积	其他综合收益	盈余公积	未分配利润	所有者权益合计
一、上年年末余额	60 157	1 910	−699	34 971	287 441	383 780
加：会计政策变更						
前期差错更正						
二、本年年初余额	60 157	1 910	−699	34 971	287 441	383 780
三、本年增减变动金额(减少以“−”号填列)		−114	−2 604		193 797	191 079
(一) 综合收益总额			−2 604		193 797	191 193
(二) 所有者投入和减少资本		−114				−114

（续表）

项 目	本年金额					
	实收资本（股本）	资本公积	其他综合收益	盈余公积	未分配利润	所有者权益合计
1. 所有者投入的普通股						
2. 其他权益工具持有者投入资本						
3. 股份支付计入所有者权益的金额		−114				−114
4. 其他						
（三）利润分配						
1. 提取盈余公积						
2. 对所有者（或股东）的分配						
3. 其他						
（四）所有者权益内部结转						
1. 资本公积转增资本（或股本）						
2. 盈余公积转增资本（或股本）						
3. 盈余公积弥补亏损						
4. 设定收益计划变动额结转留存收益						
5. 其他综合收益结转留存收益						
6. 其他						
四、本年年末余额	60 157	1 796	−3 303	34 971	481 238	574 859

财务报表附注

第六节　财务报表附注

财务报表附注（以下简称“附注”）是对在资产负债表、利润表、现金流量表和所有者权益变动表等报表中列示项目的文字描述或明细资料，以及对未能在这些报表中列示项目的说明等。财务报表中的数字是经过分类与汇总后的结果，是对企业发生的经济业务的高度简化和浓缩的数字，如果没有形成这些数字所使用的会计政策、理解这些数字所必需的披露，财务报表就不可能充分发挥效用。附注是为了方便报表使用者理解报表的内容而对报表的编制基础、编制依据、编制原则和方法及主要项目等所作的解释。编制和提供附注有利于报表使用者全面、正确地理解财务报表。但企业不应以附注披露代替确认和计量。

附注的编制拓展了企业财务信息的内容，打破了四张主要报表内容必须符合会计要素的定义，又必须同时满足相关性和可靠性的限制；弥补了会计要素必须用货币加以计量的局限性；充分满足了企业财务报表为使用者提供有助于经济决策的有用信息的要求，增进了会计信息的可理解性；同时，提高了会计信息的可比性，如通过揭示会计政策的变更原因及事后的影响，可以使不同行业或同一行业不同企业的会计信息更具可比性，从而便于进行对比分析。

一、附注披露的基本要求

(1) 附注披露的信息应是定量信息和定性信息的结合，从而能从量和质两个角度对企业经济事项完整地进行反映，才能满足信息使用者的决策需求。

(2) 附注应当按照一定的结构进行系统合理的排列和分类，有顺序地披露信息。由于附注的内容繁多，因此更应按逻辑顺序排列，分类披露，条理清晰，具有一定的组织结构，便于使用者理解和掌握，更好地实现财务报表的可比性。

(3) 附注相关信息应当与资产负债表、利润表、现金流量表和所有者权益变动表等报表中列示的项目相互参照，有助于使用者联系相关联的信息，由此从整体上更好地理解财务报表。

二、附注的内容

附注一般包括企业基本情况、财务报表的编制基础、不符合基本会计假设的说明、主要的会计政策、会计报表项目注释、分部情况和重要事项揭示等内容，按照如下顺序进行披露。

(一) 企业基本情况

(1) 企业注册地、组织形式和总部地址。

(2) 企业的业务性质和主要经营活动。

(3) 母公司以及集团最终母公司的名称。

(4) 财务报告的批准报出者和财务报表批准报出日。

(二) 财务报表的编制基础

企业以持续经营为基础，以权责发生制为记账基础。企业一般采用历史成本对会计要素进行计量，在保证所确定的会计要素金额能够取得并可靠计量的前提下，采用重置成本、可变现净值、现值及公允价值进行计量的，在此基础上编制财务报表。

以持续经营为基础编制财务报表不再合理的，企业应当采用其他基础编制财务报表，并在附注中披露这一事实。

(三) 遵循企业会计准则的声明

企业应当声明编制的财务报表符合企业会计准则的要求，真实、完整地反映企业的财务状况、经营成果和现金流量等有关信息。

(四) 重要会计政策和会计估计

企业应当披露采用的重要会计政策和会计估计，不重要的会计政策和会计估计可以不披露。在披露重要会计政策和会计估计时，应当披露重要会计政策的确定依据和财务报表项目的计量基础，以及会计估计中所采用的关键假设和不确定因素。

(五) 会计政策和会计估计变更以及差错更正的说明

企业应当按照企业会计准则中的规定，披露会计政策和会计估计变更以及差错更正的有关情况。会计政策是企业在会计确认、计量和报告中所采用的原则、基础和会计处理方法。披露会计政策是会计报表附注的主要内容之一。特别是会计政策、会计估计发生变更时，企业应在报表附注中披露会计政策变更内容、理由、影响数，以及累计影响数不能合理确定的理由；会计估计变更的内容、理由、影响数，以及累计影响数不能合理确定的理由；重大会计差错的内容及更正金额。

(六) 报表重要项目的说明

企业应当以文字和数字描述相结合、尽可能以列表形式披露报表重要项目的构成或当期增减变动情况，并且报表重要项目的明细金额合计，应当与报表项目金额相衔接。在披露顺序上，一般按照资产负债表、利润表、现金流量表、所有者权益变动表的顺序及其项目列示的顺序。

(七) 其他需要说明的重要事项

主要包括或有和承诺事项、资产负债表日后非调整事项、关联方关系及其交易等，具体的披露要求须遵循相关准则的规定。

本章小结

1. 财务报表

财务报表是对企业财务状况、经营成果和现金流量的结构性表述。财务报表包括：资产负债表、利润表、现金流量表、所有者权益变动表、附注。

2. 资产负债表

资产负债表是反映企业在某一特定日期(期末)全部资产、负债和所有者权益情况的会计报表。该表按月编制，对外报送，年度终了还应编报年度资产负债表。资产负债表是静态报表，编制的理论依据是“资产＝负债＋所有者权益”的会计恒等式。

3. 利润表

利润表是反映企业在一定会计期间经营成果的报表，主要提供有关企业经营成果方面的信息。该表按月编制，对外报送，年度终了还应编报年度利润表。利润表属于动态报表，编制的理论依据是“利润＝收入－费用”。

4. 现金流量表

现金流量表是反映企业一定会计期间内现金及现金等价物流入和流出情况的报表。编制基础是现金及现金等价物。

5. 所有者权益变动表

所有者权益变动表也称股东权益变动表，是反映构成所有者权益的各组成部分当期的增减变动情况的报表。

复习思考题

1. 编制财务报表列报有哪些要求？
2. 什么是资产负债表？它有哪些作用？
3. 资产负债表各项目填列依据是什么？各项目如何填列？
5. 什么是利润表？它有哪些作用？
6. 利润表有几种格式？各项目如何填列？
7. 什么是现金流量表？它由哪几部分构成？
8. 什么是所有者权益变动表？它是如何编制的？

9. 附注主要包括哪些内容？

练习题

一、单项选择题

1. 财务报表按照编制主体的不同，可分为(　　)。
   A. 个别财务报表与合并财务报表　B. 中期财务报表与年度财务报表
   C. 多步式与单步式　D. 账户式与分步式
2. 反映企业在一定时期内经营成果的财务报表是(　　)。
   A. 资产负债表　B. 利润表
   C. 现金流量表　D. 所有者权益变动表
3. 资产负债表是反映企业某一特定日期的(　　)。
   A. 资产状况　B. 所有者权益状况　C. 负债状况　D. 财务状况
4. 资产负债表左方各项目的前后顺序是按(　　)。
   A. 重要性排列的　B. 偿付期限长短排列的
   C. 流动性排列的　D. 货币性和非货币性排列的
5. 依照我国的会计准则，利润表采用的格式是(　　)。
   A. 单步式　B. 多步式　C. 账户式　D. 混合式
6. 以"收入－费用＝利润"这一会计等式作为编制依据的报表是(　　)。
   A. 资产负债表　B. 利润表
   C. 现金流量表　D. 所有者权益变动表
7. 利润表中的"管理费用"项目，是根据"管理费用"账户的(　　)。
   A. 借方发生额填列
   B. 贷方发生额填列
   C. 借方发生额或贷方发生额填列
   D. 期末转入"本年利润"账户借方的数额填列
8. 下列项目中，属于经营活动产生的现金流量的是(　　)。
   A. 支付的所得税款　B. 支付的借款利息
   C. 从银行取得的贷款　D. 收到分来的股利款
9. 以"资产＝负债＋所有者权益"这一会计等式作为编制依据的报表是(　　)。
   A. 资产负债表　B. 利润表
   C. 现金流量表　D. 所有者权益变动表

二、多项选择题

1. 财务报表列报至少应当包括(　　)。
   A. 资产负债表　B. 利润表
   C. 现金流量表　D. 所有者权益变动表
2. 资产负债表具有的作用有(　　)。
   A. 反映企业的资源总量及构成状况
   B. 反映资本结构情况

C. 反映流动资产和流动负债的对应关系

D. 有助于分析和预测企业的获利能力

3. 资产负债表“期末余额”的填列方法有（　　）。

A. 根据总分类账户的期末余额填列

B. 根据明细分类账户的期末余额填列

C. 根据总分类账户和明细分类账户的期末余额分析计算填列

D. 根据若干个明细分类账户期末余额分析计算填列

4. 利润表提供的信息包括（　　）。

A. 营业收入　　B. 投资收益　　C. 固定资产　　D. 交易性金融资产

5. “资产负债表”中，与“存货” 项目有关的包括（　　）。

A. 材料采购　　B. 在建工程　　C. 原材料　　D. 库存商品

6. 以下各项中，属于动态报表的有（　　）。

A. 资产负债表　　B. 利润表

C. 现金流量表　　D. 所有者权益变动表

7. 利润表中与“营业成本”有关的账户有（　　）。

A. 主营业务成本的总分类账户　　B. 主营业务成本的明细分类账户

C. 其他业务成本的总分类账户　　D. 其他业务成本的明细分类账户

8. 现金等价物应具备的特点有（　　）。

A. 期限短　　B. 流动性高

C. 易于转化为现金　　D. 价值变动风险小

9. 现金流量表中的现金流量一般包括（　　）。

A. 经营活动产生的现金流量　　B. 投资活动产生的现金流量

C. 筹资活动产生的现金流量　　D. 销售活动产生的现金流量

10. 下列各项中，属于附注内容的有（　　）。

A. 企业基本情况　　B. 报表编制基础

C. 遵循会计准则　　D. 会计政策与会计估计

三、判断题

1. 财务报表等同于财务报告。（　　）

2. 按报表的编制主体，可以分为内部报表和外部报表。（　　）

3. 企业财务报表由资产负债表、利润表、现金流量表及所有者权益变动表组成。（　　）

4. 如果本年度资产负债表规定的各个项目的名称同上年度不一致，年初数可以不填。（　　）

5. 资产负债表在性质上属于静态报表，反映的是企业资金运动取得的成果。（　　）

6. 现金流量表中的“现金”是指企业库存现金以及可以随时用于支付的存款。（　　）

7. 所有者权益变动表反映一定时期所有者权益变动的情况。（　　）

8. 在现金流量表中，利息收入和利息支出反映为投资活动的现金流量，股利收入和股利支出反映为筹资活动的现金流量。（　　）

9. 利润表中“营业成本”项目，应根据“主营业务成本”账户和“其他业务成本”账户的发生额合计填列。（　　）

10. 通过所有者权益变动表，可以了解企业某一会计年度所有者权益的各项目变动情况。 （ ）

四、实务题

AM公司20××年利润表数据及20××年损益类账户发生净额如下，其他资料如表9-10所示。

表9-10 损益类账户本年、上年发生额表 单位：元

项 目	上年年末利润表本年累计数	12月发生额	1～11月累计发生额
主营业务收入	800 000	250 000	810 000
主营业务成本	550 000	200 000	420 000
销售费用	50 000	50 000	51 000
税金及附加	20 000	13 000	17 000
其他业务收入	30 000	14 000	31 000
其他业务成本	15 000	9 000	20 000
管理费用	4 000	7 000	25 000
财务费用	10 000	3 000	14 000
投资收益	60 000	65 000	15 000
营业外收入	5 000	3 000	6 800
营业外支出	3 000	1 000	3 000
所得税费用	62 000	28 000	92 000

要求：编制20××年度的利润表。

第十章　财务报表分析

学习目的

本章介绍了财务报表分析的基本方法和分析基础。学生应了解财务报表分析的概念、作用和内容，熟悉财务报表分析的基本方法，掌握财务报表分析的框架和路径；掌握企业财务报告的组成内容及相关概念；理解基本会计假设与一般会计原则对报表信息的影响，了解制约企业财务报表编制和分析的法规体系；掌握财务比率分析的内容。

第一节　财务报表分析的概述

财务报表分析的概述和作用

一、财务报表分析的概念

企业财务报表分析的概念有狭义与广义之分。狭义的财务报表分析是指以企业财务报表为主要依据，有重点、有针对性地对有关项目及其质量加以分析和考察，对企业的财务状况、经营成果进行评价和剖析，以反映企业在运营过程中的利弊得失及发展趋势，为报表使用者的经济决策提供重要的信息支持。广义的财务报表分析在此基础上还包括公司概况分析、企业优势分析（地域、资源、政策、行业、人才、管理等）、企业战略实施情况分析、企业管理质量透视以及投资价值分析等。

财务报表分析的主体和目的

二、财务报表分析的作用

财务报表是企业会计信息的主要载体，而财务报表分析又是以企业对外报送的财务报表为主要分析依据，因此，财务报表分析的作用必然与会计的作用以及财务报表的作用密不可分。概括起来说，财务报表分析至少应具有以下三个方面的作用：

(1) 财务报表分析可以为投资者和债权人进行投资决策和信贷决策提供有用的信息。企业现有投资者、潜在投资者和债权人是企业外部重要的财务报表使用者，他们为了选择投资和信贷对象，衡量投资和信贷风险，进行投资和信贷决策，不仅需要了解企业盈利能力和发展趋势方面的信息，还要了解企业偿债能力方面的信息，更要了解企业所处行业、竞争地位以及经营战略等方面的非财务信息。在此基础上，可以通过进一步分析投资后的收益水平和风险程度，预测企业价值或者评价企业信用等级，作出更科学的投资和信贷决策。因此，财务报表分析可以为投资者和债权人提供非常有用的投资和信贷决策信息。

(2) 财务报表分析可以为企业管理者进行经营决策提供有用的信息。企业财务管理的根本目标是努力实现企业价值的最大化。财务报表分析作为企业财务管理的重要组成部分，有助于管理者了解企业的盈利能力和资产周转状况，不断挖掘企业改善财务状况、扩大财务成果的内部潜力，充分认识未被利用的人力资源和物资资源，寻找不良资产区域及形成原因，发现进一步提高资产利用效率的可能性，以便从各方面揭露矛盾、找出差距、寻求措施，实现企业生产经营活动按照企业价值最大化目标的良性运行。同时，由于财务报表分析不仅分析企业的历史业绩水平，还注重分析企业未来的发展潜力，因此它还可以为企业战略的制定和实施提供重要的信息支持。

此外，在企业发展过程中，并购与重组是最常见的企业扩张形式。从基本形态来看，并购与重组包括资产重组、资本重组、债务重组、业务重组、人事重组等。上述重组中，前四种重组均与财务报表分析密切相关。如果不能对重组与并购对象的财务报表进行分析，也难以恰当地决定被并购与重组企业的价值，更难以协调重组各方的经济利益关系。因此，财务报表分析可以为企业管理者提供非常有用的经营决策信息。

(3) 财务报表分析可以为投资者评价企业管理层受托责任的履行情况提供重要的信息。企业接受了包括国家在内的所有投资者和债权人的投资，就有责任按照其预定的发展目标和要求，合理利用资源，加强经营管理，提高经济效益，接受考核和评价。财务报表分析通过了解企业的偿债能力、营运能力和盈利能力，采用趋势分析和同行业对比分析等方法，便可以大致判断企业的财务健康状况、业绩改善程度、未来发展趋势以及行业竞争性，从而为投资者和债权人评价企业管理层受托责任的履行情况提供重要的信息支持，同时也为企业进行管理薪酬与激励决策提供重要的依据。

三、财务报表分析的内容

财务报表分析的内容

不同财务报表的分析主体由于利益倾向的差异，决定了在对企业进行财务报表分析时，必然有共同的要求和不同的侧重点。

(1) 企业所有者。对于一般投资者来讲，比较关心企业股息、红利的发放水平；而对于拥有企业控制权的投资者，考虑更多的则是如何增强竞争实力，扩大市场占有率，降低财务风险，追求长期利益的持续稳定增长。

(2) 企业债权人。对于短期债权人来说，比较关心目前企业资产的流动性和现金充足程度；而对于长期债权人来说，考虑更多的则是企业整体的负债水平、盈利能力以及企业的发展前景。

(3) 企业管理者。为满足不同利益主体的需要，协调各方的利益关系，企业管理者必须对企业经营理财的各个方面，包括营运能力、偿债能力、盈利能力以及社会贡献能力等全部信息予以详尽的了解和掌握，以便及时发现问题，采取对策，规划和调整市场定位目标、经营战略，进一步挖掘潜力，为经济效益的持续稳定增长奠定基础。

(4) 政府经济管理机构。政府考核企业经营理财状况，不仅需要了解企业资金占用的使用效率，预测财务收入的增长情况，有效地组织和调整社会资金资源的配置，还要借助财务报表分析，检查企业是否存在违法违纪、浪费国家财产的问题，最后通过综合分析，对企业的发展潜力以及对社会的贡献程度进行分析考察。

(5) 商品和劳务供应商。大多数商品和劳务供应商对企业的短期偿债能力感兴趣，某些供应商可能与企业存在着较为长久、稳固的经济联系，在这种情况下，他们又对企业的长期偿债能力加以关注。

(6) 顾客。顾客关心的是企业连续提供商品或劳务的能力，因此，顾客关心企业的长期发展前景以及有助于对此作出估计的盈利能力指标与财务杠杆指标等。

(7) 企业雇员。企业的雇员通常与企业存在长久、持续的关系，他们关心工作岗位的稳定性、工作环境的安全性以及获取报酬的前景。因而，他们对企业的盈利能力和偿债能力均感兴趣。

(8) 社会公众。社会公众对特定企业的关心是多方面的。一般而言，他们关心企业的就业政策、环境政策、产品政策以及社会责任履行情况等方面。而对这些方面的分析，往往可以借助于盈利能力的分析。

(9) 竞争对手。竞争对手希望获取关于企业财务状况的会计信息及其他有用信息，借以判断企业间相对效率与竞争优势。同时，还可为未来可能出现的企业兼并提供信息。因此，竞争对手可能把企业作为接管目标，他们对企业财务状况的各个方面均感兴趣。

尽管不同利益主体进行财务报表分析有着各自的侧重点，但还是可以从中得出以下结论：财务信息使用者所要求的信息大部分都是面向未来的；不同的信息使用者有其不同的目的，因此，即使对待同一对象，他们所要求得到的信息也是不同的；不同的信息使用者所需信息的深度和广度不同；企业财务报表中并不包括使用者需要的所有信息。

一般而言，财务报表分析可归纳为三个主要方面：偿债能力分析、营运能力分析和盈利能力分析。其中，偿债能力是财务目标实现的稳健保证，营运能力是财务目标实现的物质基础，盈利能力是两者共同作用的结果，同时也对两者的增强起着推动作用。三者相辅相成，共同构成了传统企业财务报表分析的基本内容。

四、财务报表分析方法

财务报表分析方法

1. 结构分析法

结构分析法又称为垂直分析法、纵向分析法或者共同比分析法。它是将财务报表中的某个总体指标作为整体，再计算出其各组成项目占该总体指标的百分比，揭示各个项目的相对地位和总体结构关系，通过比较各个项目百分比的增减变动，判断有关财务活动的变化趋势。

2. 趋势分析法

趋势分析法又称为水平分析法或者横向分析法。它是将两期或连续数期财务报表中的相同指标进行对比，确定其增减变动的方向、数额和幅度，以说明企业财务状况和经营成果的变动趋势的一种方法。采用这种方法时，确定基期是至关重要的，通常有两种：固定基期和移动基期。趋势分析的目的在于：引起财务和经营变动的主要项目；变动趋势的性质是否有利；预测将来的发展趋势。

3. 比率分析法

比率分析法是把某些彼此存在关联的项目加以对比，计算出比率，据以确定经济活动基本特征的分析方法。其作用为：

(1) 由于比率是相对数，采用这种方法，能够把某些条件下的不可比指标变为可以比较的指标，将复杂的财务信息加以简化，有利于分析。

（2）它揭示了报表内各有关项目（有时还包括表外项目，如附注中的项目）之间的相关性，实际上产生了许多新的更为有用的信息。

4. 比较分析法

比较分析法是通过比较不同的数据，发现规律性的东西并找出比较对象差别的一种分析方法。用于比较的可以是绝对数，也可以是相对数，其主要作用在于揭示指标间客观存在的差距，并为进一步分析指出方向。比较形式可以是本期实际与计划或定额指标的比较、本期实际与以前各期的比较，也可以将企业相关项目和指标与国内外同行业企业进行比较，通过比较可以了解企业经济活动的变动情况和变动趋势。

5. 项目质量分析法

项目质量分析法主要是通过对财务报表的各组成项目金额、性质以及状态的分析，找出重大项目和异动项目，还原企业对应的实际经营活动和理财活动，并根据各项目自身特征和管理要求，在结合企业具体经营环境和经营战略的基础上对各项目的具体质量进行评价，进而对企业的整体财务状况质量作出判断。在这种方法下，财务报表分析可以包括资产质量分析、资本结构质量分析、利润质量分析以及现金流量质量分析，最终上升到财务状况整体质量分析。

在财务报表分析方法的运用上，应将多种方法进行有机地整合，不断地加以完善和创新，在财务数据的基础上更多地结合其他相关信息，最大限度地挖掘财务比率背后的企业财务状况的实际质量。只有这样，才能为财务信息使用者提供更为科学、有效的决策依据。

第二节 财务报表分析的框架与路径

一、财务报表分析的框架

出于不同目的的分析主体试图从财务报表中提取不同类型的信息，这便会导致对财务报表分析的侧重点有所不同，使用的分析方法和程序也会有所差异。因此，财务报表分析框架的设计应以不同信息使用者的不同需求为导向。

（一）基于投资决策的财务报表分析框架

一般认为，企业内在价值来源于企业的经营活动和投资活动，而财务报表因其反映了企业经营活动、投资活动的财务后果，包含了大量有关企业内在价值的信息。由于种种局限，财务报表反映出的企业内在价值并不十分全面和准确，但不管怎样，以财务报表分析为基础所展开的企业基本分析在投资决策中仍会起到核心作用。

基于投资决策的财务报表分析框架可以简单概括为：

（1）企业盈利能力分析。

（2）企业投资风险分析。

（3）未来盈利预测（包括会计利润和现金流量）。

（4）利用适当的价值评估模型估计企业的内在价值。

（二）基于信贷决策的财务报表分析框架

债权人的主要决策是：是否给企业提供信用，以及是否需要提前收回债权。债权人要在财务报表中寻找借款企业有能力定期支付利息和到期偿还贷款本金的证明。因而，基于信贷决策的财务报表分析框架可以简单概括为：

（1）企业偿债能力分析。

（2）企业创造现金流能力分析。

（3）企业的信用质量分析。

（4）企业发展前景预测和财务危机预警。

（5）企业综合信用风险评估。

（三）基于管理决策的财务报表分析框架

无论是企业进行收购兼并、风险管理还是业绩评价，财务报表分析所提供的信息在管理决策中均起到不可忽视的作用。基于管理决策的财务报表分析框架要视具体的管理行为和管理目的而定，呈现出灵活多样的特点，因此难以统一概括。

由此可见，财务报表分析框架应从分析主体的分析目的出发，以不同的需求为导向，构建出逻辑清晰、实用简洁的框架体系。

财务报表分析路径

二、财务报表分析的路径

从图 10-1 中可以看出，虽然企业的经营活动是财务报表试图反映和揭示的对象，但财务报表分析并没有包含有效分析企业经营活动的全部内容，而只是其中一个技术化的组成部分。对企业的经营背景进行分析，了解企业所处的经营环境和经营战略，是财务报表分析的基础和先行条件。如果企业财务报表的阅读者和分析者不了解企业所面临的经营环境、经营战略和相关的会计环境与会计政策，而是陷入了会计数字的迷宫，那就很难理解企业经营活动的实质，难以把握企业财务状况的真实质量。这种企业财务报表分析的新思路并没有单纯地“就报表论报表”，而是建立了“经营环境分析—经营战略选择—经营活动开展—财务状况质量评价—管理质量与经营战略实施透视—发展前景预测”一体化的财务报表分析路径，强调经营环境决定着企业的经营战略，而财务状况质量恰恰可以透视企业的经营战略与管理质量，这样便构建出一种内外部分析视角相结合、企业战略与财务后果相联系、企业管理质量与财务状况质量融为一体的财务报表分析框架。

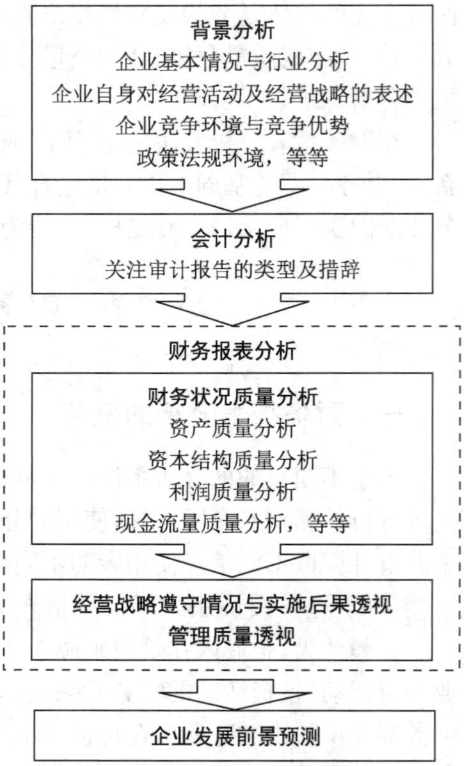

图 10-1 财务报表分析路径

需要说明的是，财务报表数据是经过一套复杂的会计程序加工后生成的财务信息，信息质量本身会受到诸如会计准则制定和执行质量、会计政策的选择质量、审计质量、信息披露质量等众多因素的影响。因此，在进行财务报表分析之前，应首先设计一个必不可少的会计分析环节。会计分析的目的是理解企业会计信息处理的原则与方法，了解会计政策的灵活性，评价企业会计处理反映经济业务的真实程度，尽可能消除报表分析的“噪音”，为提高财务报表分析结论的可靠性奠定基础。

第三节 财务报表分析基础

一、基本财务报表

基本财务报表

从基本财务报表的发展演变过程来看,世界各国的报表体系逐渐趋于形式上的一致(尽管其概念内涵、指标口径等在各国间有不同程度的差异)。目前,世界各国的基本财务报表一般包括资产负债表、利润表、现金流量表和所有者(股东)权益变动表。

(一) 资产负债表

资产负债表是基本财务报表之一,反映企业在某一特定日期财务状况的报表,它揭示企业某一特定日期所拥有或控制的经济资源、所承担的现时义务和所有者享有的剩余权益。其在财务报表分析中的作用主要体现在:

(1) 反映企业资产的构成及其状况,分析企业在某一日期所拥有的经济资源及其分布情况。资产代表企业的经济资源,是企业经营的基础,资产总量的高低一定程度上可以说明企业的经营规模和盈利基础大小,资产的结构即资产的分布反映其生产经营过程的特点,有利于报表使用者进一步分析企业生产经营的稳定性。

(2) 反映企业某一日期的负债总额及其结构,揭示公司的资产来源及其构成。负债总额表示企业承担债务的多少,负债和所有者权益的比重反映了企业的财务安全程度。负债结构反映了企业偿还负债的紧迫性和偿债压力的大小,通过资产负债表可以了解企业负债的基本信息。

(3) 反映企业所有者权益的情况,了解企业现有投资者在企业投资总额中所占的份额。实收资本和留存收益是所有者权益的重要内容,反映了企业投资者对企业的初始投入和资本积累,也反映了企业的资本结构和财务实力,有助于报表使用者分析、预测企业生产经营安全程度和抗风险的能力。

(4) 可据以解释、评价和预测企业的短期偿债能力。资产负债表分门别类地列示流动资产与流动负债,本身虽未直接反映出短期偿债能力,但通过将流动资产与流动负债的比较,并借助于报表附注,可以解释、评价和预测企业的短期偿债能力。

(5) 可据以分析和评价企业的资本结构。负债与所有者权益的数额表明企业所支配的资产有多少是债权人提供,又有多少是所有者提供。这两者的比例关系,既影响债权人和所有者的利益分配,又牵涉债权人和所有者投资的相对风险,以及企业的长期偿债能力。资产负债表为管理部门和债权人信贷决策提供重要的依据。

(二) 利润表

利润表是反映企业某一会计期间经营成果的报表,它可以提供企业月度、季度或年度净利润或亏损情况。编制利润表的主要目的是将企业经营成果的信息,提供给各种报表使用者,以供他们作为决策的依据或参考。其在财务报表分析中的作用主要体现在:

(1) 可据以解释、评价和预测企业的经营成果和获利能力。经营成果是一个绝对值指标,可以反映企业财富增长的规模;获利能力是一个相对值指标,它指企业运用一定经济资源(如人力、物力)获取经营成果的能力。经营成果的信息直接由利润表反映,而获利能力的信息除利润表外,还要借助于其他会计报表和注释附表才能得到。

（2）可据以解释、评价和预测企业的偿债能力，尤其是长期偿债能力，并揭示偿债能力的变化趋势。资产的流动性和资本结构反映了企业的偿债能力，也就是说，利润表本身并不提供偿债能力的信息，但是从长远来看偿债能力取决于企业的获利能力。

（3）管理人员可据以作出经营决策。比较和分析利润表中各种构成要素，可知悉各项收入、费用与利润之间的消长趋势，发现和揭示工作中存在的问题，找出差距，改善经营管理，努力增收节支，减少损失，作出合理的经营决策。

（4）可据以评价和考核管理人员的绩效。比较前后期利润表中各项收入、费用、利润的增减变动情况，并考查其增减变动的原因，可以较为客观地评价各职能部门、各生产经营单位的绩效，以及这些部门和人员的绩效与整个企业经营成果的关系，以便评判各部门管理人员的功过得失，及时作出采购、生产、销售、筹资和人事等方面的调整，使各项活动趋于合理。

（三）现金流量表

现金流量表反映经营活动、投资活动和筹资活动对企业现金流入流出的影响，在评价企业的实现利润、财务状况及财务管理时，相对于利润表来说能够提供更好的分析基础。现金流量表对于财务报表分析的全面性具有重大意义，具体表现为：

（1）弥补了资产负债表信息量的不足。资产负债表是利用资产、负债、所有者权益三个会计要素的期末余额编制的，本期的发生额与本期净增加额并未得到合理地运用，而现金流量表的内容恰恰弥补了这一缺憾。

（2）便于从现金流量的角度对企业进行考核。利润是根据权责发生制原则核算出来的，企业确认的收入费用与现金流量经常是不同步的，通过现金流量表可以了解现金从哪里来又去了哪里，与利润产生了多少差异，产生差异的原因是什么，从现金流量的角度对企业作出更加全面合理的评价。

（3）了解企业筹措现金、生成现金的能力。企业筹措现金、生成现金的能力，是企业加强经营管理、合理使用调度资金的重要信息，是资产负债表和利润表所不能提供的。

（四）所有者（股东）权益变动表

所有者（股东）权益变动表是反映构成所有者权益的各个组成部分当期增减变动情况的报表。所有者（股东）权益变动表全面反映一定时期所有者权益变动的情况，它实际上是资产负债表的附表。通过所有者权益变动表，既可以为报表使用者提供所有者权益总量增减变动的信息，也能为其提供所有者权益增减变动的结构性信息，特别是能够让报表使用者了解所有者权益增减变动的根源。

二、报表附注

报表附注是对在资产负债表、利润表、现金流量表和所有者（股东）权益变动表等报表中列示项目的文字描述或明细资料，以及对未能在这些报表中列示项目的说明等。附注应当披露财务报表的编制基础，相关信息应当与资产负债表、利润表、现金流量表和所有者（股东）权益变动表等报表中列示的项目相互参照。附注一般应当包括下列内容：

（1）企业的基本情况，包括企业注册地、组织形式和总部地址，母公司以及集团最终母公司的名称等。

（2）财务报表的编制基础。

（3）遵循企业会计准则的说明。

(4) 重要会计政策和会计估计的说明，包括财务报表项目的计量基础和会计政策的确定依据，下一会计期间内很可能导致资产、负债账面价值重大调整的会计估计的确定依据等。

(5) 会计政策和会计估计变更以及差错更正的说明。

(6) 报表重要项目的说明。企业应按照资产负债表、利润表、现金流量表、所有者权益变动表及其项目列示的顺序，对报表重要项目的说明采用文字和数字描述相结合的方式进行披露。

(7) 或有和承诺事项、资产负债表日后非调整事项、关联方关系及其交易等需要说明的事项。

(8) 关于其他综合收益各项目的信息，包括其他综合收益各项目及其所得税影响；其他综合收益各项目原计入其他综合收益、当期转出计入当期损益的金额；其他综合收益各项目的期初和期末余额及其调节情况。

(9) 终止经营的收入、费用、利润总额、所得税费用和净利润，以及归属于母公司所有者的终止经营利润。

(10) 在资产负债表日后、财务报告批准报出日前提议或宣布发放的股利总额和每股股利金额(或向投资者分配的利润总额)。

三、审计报告

审计报告是指注册会计师根据独立审计准则的要求，在实施了必要的审计程序后出具的、用于对被审计单位年度财务报表发表审计意见的书面文件。审计报告是审计工作最终成果的体现，具有法定证明效力。审计报告一般包括标题、收件人、范围段、意见段、签章、会计师事务所地址和报告日期等基本内容。注册会计师根据审计结果和被审计单位对有关问题的处理情况，形成不同的审计意见，出具四种基本类型审计意见的审计报告。

(1) 无保留意见的审计报告。无保留意见是指注册会计师对被审计单位的财务报表，依照中国注册会计师独立审计准则的要求进行审查后确认的审计意见。被审计单位采用的会计处理方法遵循了会计准则及有关规定；财务报表反映的内容符合被审计单位的实际情况；财务报表内容完整，表述清楚，无重要遗漏；报表项目的分类和编制方法符合规定要求，因而对被审计单位的财务报表无保留地表示满意。无保留意见意味着注册会计师认为财务报表的反映是合法、公允和一贯的，能满足非特定多数利害关系人的共同需要。

(2) 保留意见的审计报告。保留意见是指注册会计师对财务报表的反映有所保留的审计意见。注册会计师经过审计后，认为被审计单位财务报表的反映就其整体而言是恰当的，但还存在下述情况之一时，应出具保留意见的审计报告：个别重要财务会计事项的处理或个别重要财务报表项目的编制不符合《企业会计准则》和国家其他有关会计法规的规定，而且被审计单位拒绝进行调整；因审计范围受到局部限制，无法按照独立审计准则的要求取得应有的审计证据；个别会计处理方法的选用不符合一贯性原则。

(3) 否定意见的审计报告。否定意见是指与无保留意见相反，认为财务报表不能合法、公允、一贯地反映被审计单位财务状况、经营成果和现金流动情况。注册会计师经过审计后，认为被审计单位的财务报表存在下述情况之一时，应当出具否定意见的审计报告：会计处理方法的选用严重违反《企业会计准则》和国家其他有关会计法规的规定，被审计单位拒绝进行调整;财务报表严重歪曲了被审计单位的财务状况、经营成果和现金流动情况,而且被审计单位拒绝进行调整。

(4) 无法(拒绝)表示意见的审计报告。无法表示意见是指注册会计师说明其对被审计单位财务报表的合法性、公允性和一贯性无法发表意见。注册会计师在审计过程中,由于审计范围受到委托人、被审计单位或客观环境的严重限制,不能获取必要的审计证据,以致无法对财务报表整体反映发表审计意见时,应当出具无法表示意见的审计报告。

四、关于合并财务报表与母公司财务报表

合并财务报表是指反映母公司及其全部子公司所形成的企业集团的整体财务状况、经营成果和现金流量的财务报表。其中,母公司是指有一个或一个以上子公司的企业(或主体),子公司是指被母公司控制的企业。合并财务报表至少应当包括下列组成部分:合并资产负债表、合并利润表、合并现金流量表、合并所有者权益(或股东权益)变动表以及报表附注。合并财务报表应当由母公司负责编制,反映作为经济主体的集团(母公司和子公司)合并的会计信息。而母公司报表则仅仅提供作为法律主体的母公司自身的会计信息。

母公司和子公司的债权人对企业债务的求偿权是针对法律主体而非经济主体的,合并报表实际上是母公司和各子公司报表数据的混合,并不能反映每个法律主体的偿债能力。因此,只有当母、子公司存在债务交叉担保,或对企业集团进行整体授信时,合并报表才能为债权人提供更为有用的信息。

西方主要发达国家对财务报表存在两种制度安排:一种是以合并报表取代母公司报表,母公司只对外提供合并报表,而不提供其自身的财务报表,即所谓"单一披露制",如美国和加拿大等;另一种则是要求母公司同时提供合并报表和母公司报表,即所谓"双重披露制",如英国、美国、德国和日本等。我国目前实行的是双重披露制。

总体而言,各国准则制定机构和相关证券监管机构不管选择单一披露制还是双重披露制,合并财务报表的重大作用都是不言而喻的,它能提供有关母公司直接或间接控制的经济资源,以及整个企业集团的经营成果等方面的综合信息,同时也全面地反映了母公司的股东在企业集团中所享有的权益。

五、年度财务报告与中期财务报告

1. 年度财务报告

年度财务报告是指以整个会计年度为基础编制的财务报告。《公司法》第一百六十四条规定,公司应当在每一会计年度终了时编制财务会计报告,并依法经会计师事务所审计。

公司应在年度报告文本扉页刊登如下(不限于)重要提示:本公司董事会、监事会及董事、监事、高级管理人员保证本报告所载资料不存在任何虚假记载、误导性陈述或者重大遗漏,并对其内容的真实性、准确性和完整性承担个别及连带责任。

年度报告正文应包括如下主要内容:重要提示,公司简介,会计数据和财务指标摘要,股份变动及股东情况,董事、监事、高级管理人员和员工情况,公司治理,董事会报告,内部控制,重要事项,财务报告,备查文件目录等。

公司应当在每个会计年度结束之日起 4 个月内将年度报告全文刊登在中国证监会指定网站上;同时将年度报告摘要刊登在至少一种中国证监会指定报纸上,刊登篇幅原则上不超

过报纸的1/4版面，也可以刊登在中国证监会指定网站上。公司可以将年度报告刊登在其他媒体上，但不得早于在中国证监会指定媒体披露的时间。

2. 中期财务报告

中期财务报告是指以中期为基础编制的财务报告。中期是指短于一个完整的会计年度（自公历1月1日起至12月31日止）的报告期间，它可以是一个月、一个季度或者半年，也可以是其他短于一个会计年度的期间，如1月1日至9月30日的期间等。因此，中期财务报告包括月度财务报告、季度财务报告、半年度财务报告，也包括年初至本中期末的财务报告。中期财务报告至少应当包括：资产负债表、利润表、现金流量表以及报表附注等项内容。

资产负债表、利润表、现金流量表和附注是中期财务报告至少应当编制的法定内容，对其他财务报表或者相关信息，如所有者权益（或股东权益）变动表等，企业可以根据需要自行决定。

中期资产负债表、利润表和现金流量表的格式和内容，应当与上年度财务报表相一致。但如果当年新施行的会计准则对财务报表格式和内容做了修改的，中期财务报表应当按照修改后的报表格式和内容编制，与此同时，在中期财务报告中提供的上年度比较财务报表的格式和内容也应当作相应的调整。

中期财务报告中的附注相对于年度财务报告中的附注而言，是适当简化的。中期财务报表附注的编制应当遵循重要性原则，但企业至少应当在中期财务报表附注中披露如下相关信息：中期财务报表所采用的会计政策与上年度财务报表相一致的声明，会计估计变更的内容、原因及其影响数，前期差错的性质及其更正金额，企业经营的季节性或者周期性特征，存在控制关系的关联方发生变化的情况，合并财务报表的合并范围发生变化的情况，对性质特别或者金额异常的财务报表项目的说明，证券发行、回购和偿还情况，向所有者分配利润的情况。

3. 分部报告

根据《企业会计准则第35号——分部报告》的规定，企业存在多种经营或跨地区经营的应当披露分部信息。披露分部报告信息的，应当区分主要报告形式和次要报告形式，对于主要报告形式，企业应当在附注中披露分部收入、分部费用、分部利润（亏损）、分部资产总额和分部负债总额等。分部信息的主要报告形式是业务分部的，应当就次要报告形式披露下列信息：

（1）对外交易收入占企业对外交易收入总额10%或者以上的地区分部，以外部客户所在地为基础披露对外交易收入。

（2）分部资产占所有地区分部资产总额10%或者以上的地区分部，以资产所在地为基础披露分部资产总额。

分部信息的主要报告形式是地区分部的，应当就次要报告形式披露下列信息：

（1）对外交易收入占企业对外交易收入总额10%或者以上的业务分部，应当披露对外交易收入。

（2）分部资产占所有业务分部资产总额10%或者以上的业务分部，应当披露分部资产总额。

六、制约企业报表编制的法规体系

在我国,制约企业财务报表编制的法规体系包括会计规范体系以及约束上市公司信息披露的法规体系。从目前的情况来看,制约我国企业财务报表编制法规体系中的会计规范体系包括以下几个层次,如图 10-2 所示。

(一)《中华人民共和国会计法》

《中华人民共和国会计法》是调整我国经济活动中会计关系的法律总规范,是会计法律规范体系的最高层次,是制定其他会计法规的基本依据,也是指导会计工作的最高准则,相当于规范会计工作的“宪法”。其中明确规定了会计的作用、适用范围、会计人员行使职权的保障措施和会计工作的管理体制等,明确规定了会计信息的内容和要求及企业会计核算、监督的原则、会计机构的设置、会计人员的配备以及相关人员的法律责任。

(二)企业会计准则体系

我国企业会计准则体系由基本会计准则、具体会计准则、会计准则应用指南和解释公告等组成。

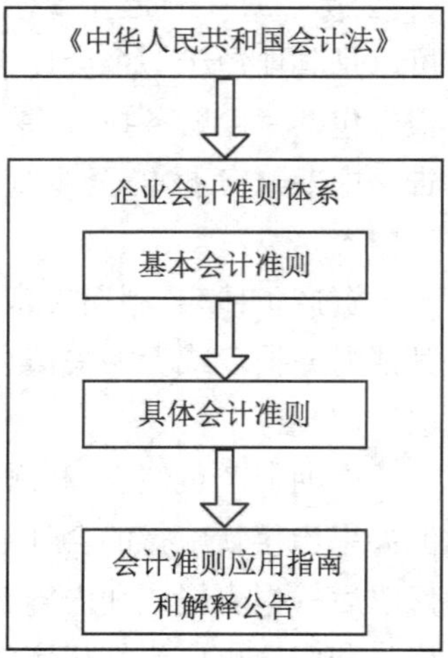

图 10-2　制约企业财务报表编制的会计规范体系

(1) 基本会计准则。其主要内容包括财务会计的目标、会计核算的基本前提、会计核算的一般原则以及会计要素。虽然基本会计准则不具备实务操作性,但它是制定和指导具体会计准则的前提条件,为具体会计准则的制定提供了基本框架,在会计准则体系中起到了统驭作用。

(2) 具体会计准则。财政部于 2006 年 3 月发布了 38 项具体会计准则,以后陆续进行了修订并增加了一些具体准则,至 2019 年 12 月 31 日已发布的具体会计准则共 42 项。这些具体会计准则全面规范了企业的财务会计活动,具体规范了如下三类经济业务或会计事项的处理:一般业务处理准则、特定业务处理准则、特殊行业会计准则。

(3) 会计准则应用指南和解释公告。应用指南的发布有助于会计人员完整、准确地理解和掌握新准则,确保新准则的贯彻实施,同时也标志着我国企业会计准则体系的构建工作已基本完成。解释公告是随着企业会计准则的贯彻实施,就实务中遇到的实施问题而对准则作出的具体解释。

七、上市公司的信息披露制度

信息披露制度,也称公示制度或公开披露制度,是上市公司为保障投资者利益、接受社会公众的监督而依照法律规定必须将其自身的财务变化、经营状况等信息和资料向证券管理部门和证券交易所报告,并向社会公开或公告,以使投资者充分了解情况的制度。

上市公司信息披露的内容主要分为两类:一是投资者评估公司状况所需要的信息;二是对股价运行有重要影响的事项。从上市公司披露信息时段来看,可分为上市前和上市后会计信息两部分内容。

我国现行的上市公司信息披露规范体系主要由证券发行信息披露制度和持续性信息披露制度(定期报告制度和临时报告制度等)两个方面组成。具体而言,会计信息披露文件一般包括：招股说明书、上市公告、年度报告、中期报告（包括半年度报告和季度报告）以及临时报告（包括重大事件公告和收购与合并公告）；前两者构成首次披露，后三者构成持续披露。

信息披露的评价标准是及时性、有效性和充分性。从各市场经济国家证券市场的监管实践来看，信息披露制度是每一个国家证券监管制度不可分割的组成部分。为了应对证券市场中欺诈行为和内幕交易等市场失灵的现象，改善市场中客观存在的不公平竞争状态，世界上几乎所有国家的证券法规都规定，一切已经上市的和即将上市的股份有限公司都负有公开、公平和及时地向投资者和潜在投资者披露一切有关公司重要信息的持续性责任。因此，历来的证券监管都把信息披露监管作为重中之重。

近年来，随着上市公司数量的不断增加，我国上市公司的信息披露制度逐渐完善。当前规范我国上市公司信息披露制度的体系包括四个层次：第一层次为基本法律，主要包括《中华人民共和国证券法》《中华人民共和国公司法》《中华人民共和国刑法》等国家基本法律；第二层次为行政法规，主要包括《首次公开发行股票并上市管理办法》《上市公司监督管理条例》等；第三层次为部门规章，主要包括《上市公司信息披露管理办法》《公开发行证券的公司信息披露的内容与格式准则》《公开发行证券的公司信息披露编报规则》《上市公司证券发行管理办法》等；第四层次为自律性规则，主要包括《证券交易所股票上市规则》《上市公司信息披露工作指引》《格式指引》等。

第四节　财务报表的总体分析

一、资产负债表的总体分析

资产负债表
总体分析

资产负债表是企业基本财务报表之一，揭示在某一特定日期企业拥有或控制的资产、承担的现时义务和所有者权益，是依据会计等式"资产＝负债＋所有者权益"编制的，是静态报表。

（一）资产负债表的解读

资产负债表中的资产项目是资金的具体运用，包括流动资产和非流动资产，负债和所有者权益项目是资金的具体来源，也称为资本项目，包括流动负债、非流动负债和所有者权益。为了便于分析，对资产负债表主要项目进行了分类，如表 10-1 所示。

表 10-1　　资产负债表主要项目类别

流动资产：	流动负债：
货币资金	短期金融性负债
短期投资	经营性负债
经营性债权	长期负债：
存货	长期金融性负债
非流动资产：	递延所得税负债
长期投资	所有者权益：
固定资产	投入资本
无形资产	留存收益
递延所得税资产	
资产总计	负债和所有者权益总计

货币资金包括库存现金、银行存款和其他货币资金，是企业生产经营中处于货币形态的资金，可以作为立即支付的手段，所以常被看作是企业的“血液”。企业为了维持正常运转和不时之需，必须留有一定数量的货币资金，但货币资金的收益率很低，过多的货币资金会造成投资机会的浪费，降低收益水平。所以企业需要根据自己的实际情况来调整货币资金数量，既要满足生产经营和投资的需要，又不能造成资金的闲置。

短期投资主要包括交易性金融资产，是企业为了近期出售而持有的金融资产。为了提高货币资金的收益率，保持其高度的流动性，企业会用一部分闲置的货币资金购入以赚取差价为目的的有价证券，该项资产期末采用公允价值计量且其变动计入当期损益，在利润表上形成一种持有损益，如果这种持有损益金额过大可能会影响对企业真实业绩的判断，因为该损益的实现取决于未来短期投资的出售，具有很大的不确定性。

经营性债权包括应收票据、应收账款、预付账款、应收利息、应收股利、其他应收款等各种应收暂付的款项。其中应收票据、应收账款、预付账款是由于企业销售商品、提供劳务形成的应收未收的款项或预付的款项，金额大小与企业的信用政策有关，企业放宽信用政策将会扩大销售，增加债权的规模，加大发生坏账的可能；反之亦然。所以企业应制定适当的信用政策，保有一定规模的经营性债权，加速其周转，减少坏账的发生。其他应收款包括拨付的备用金、存出的保证金、应收的各种赔款及罚款、出租包装物租金等各种应收、暂付的款项，该项债权的金额及比例不应过大，如果金额很高，属于不正常现象，容易产生不明原因的资金占用。

存货是指企业持有的以备出售的产品或商品、处于生产过程的在产品、将被耗用的原材料等，企业持有一定规模的存货是为了保障生产经营的正常运转、实现顺利销售、降低波动风险等目的。存货是资产负债表上一项重要的流动资产，是企业尤其是工业企业和商业企业盈利的主要物质基础，但它通常又会占有大量资金，增加企业的持有成本，加大存货贬值的风险，因此企业在提高存货盈利性的同时，加速其周转，减少持有风险。

长期投资分为长期债权投资、长期股权投资，其中长期债权投资包括以摊余成本计量的债权投资和以公允价值计量且其变动计入其他综合收益的其他债权投资。企业持有长期债权投资是为了通过定期收取利息来获得长期稳定的收益，并到期收回本金。长期股权投资包括对子公司、联营企业、合营企业的长期股权投资和企业指定为以公允价值计量且其变动计入其他综合收益的其他权益工具投资。企业进行长期股权投资的目的多种多样，可能是为了维持与被投资企业之间的业务关系，可能是为了横向联合提高竞争力，可能是为了多元化经营提高抗风险能力，还可能是为了提高资金的收益率，但不管出于什么目的，最终是为了提升企业自身的获利水平。长期投资的投资时间长、金额大、不确定因素多、风险大，对企业财务状况的影响比较大，企业需要在收益与风险之间进行衡量。

固定资产是指为生产产品、提供劳务或经营管理而持有的使用期限超过一年的有形资产，包括固定资产、在建工程及工程物资等项目，在企业尤其是传统工业企业中发挥着重要作用，决定着该类企业的生产规模，反映了其生产能力的大小及在行业中的相对竞争地位，是企业获取盈利的主要物质基础。固定资产投资数额大，回收时间长，经营风险相对较大；另外折旧和减值损失会计处理的选择对会计利润的影响较大。

无形资产包括无形资产和开发支出，是指企业拥有或者控制的没有实物形态的可辨认非货币性资产，如专利权、专有技术、商标权、土地使用权、特许经营权等。无形资产作为一项特殊资源，影响着企业可持续发展能力和竞争能力，一般情况下无法直接为企业创造财富，必须直接或间接依附于物质载体才能表现其内在价值，并且其增值潜力也不确定；另外，企业自创的商誉在会计上不确认为资产，游离于资产负债表外。综上所述无形资产对于企业未来盈利能力的影响具有很大的不确定性。

短期金融性负债是指从金融机构借入的期限在一年以下(含一年)的短期借款，主要是为了满足生产经营短期需要，补充流动资金不足而借入的，利率相对较低，利息费用计入当期损益，分析时依据企业的流动资产规模判断偿还风险。

经营性负债又称为商业债务，包括应付票据、应付账款、预收账款、应付职工薪酬、应交税费、其他应收款等通过经营活动产生的各项债务，不需要支付利息，是企业可以免息使用的短期资金。其中应付票据与应付账款的规模在一定程度上反映了企业对上下游企业的议价能力；而预收账款不需要支付现金，只需要提供相应的货物或劳务，所以当企业拥有较多预收账款时会增强企业的偿债能力。

长期金融性负债是指企业从金融机构或资本市场上通过债务融资形成的期限长于一年的资本，主要包括长期借款、应付债券、长期应付款等。该类负债通常金额大，期限长，利息规模大，对利润的影响较大，并且企业支付利息和归还本金的压力也较大，但相对于股权融资来说，它既可以解决企业发展和扩张过程中的资金问题，又可以保证企业的控制权不会被稀释。

递延所得税资产和递延所得税负债是指由于暂时性差异产生的所得税费用与应纳所得税额之间的差异。可抵扣暂时性差异在未来期间转回时会减少转回期间的应纳税所得额，形成递延所得税资产，应纳税暂性差异在未来期间转回时会增加转回期间的应纳税所得额，形成递延所得税负债，但它们并不代表真正意义上的资产或负债。

投入资本是指股东投入企业的资本，包括实收资本(股本)和资本公积，是企业经营活动的原始资金，反映了债权人权益的保障程度。它不需要偿还本金也不需要支付利息，是一项可以永久使用的资金，但股东凭借出资比例可以分配企业的利润。企业通过股权形式再融资会稀释原有股东对企业的控制权。

留存收益是指企业没有分配出去的、留存在企业的自身累积的利润，包括盈余公积和未分配利润。它是企业最稳定的内部融资来源，既不会增加企业偿债压力也不会稀释股东的控制权。

(二) 资产负债表结构分析

资产负债表的结构分析分为资产结构分析和资本结构分析。其中资产结构是指各项资产占资产总额的比重，资本结构是指各项负债资本和所有者权益资本占总资本的比重。通过比重分析可以了解企业资产结构和资本结构的合理性。以第九章A公司的资产负债表为例编制的主要项目结构百分比如表10-2所示。

表10-2　　A公司资产负债表主要项目结构百分比　　单位：万元

资产	期末金额	结构百分比	上年年末余额	结构百分比
货币资金	1 026 969	50.51%	978 293	54.29%
应收票据	146 474	7.20%	123 611	6.86%
应收账款	204 000	10.03%	170 700	9.47%

（续表）

资产	期末金额	结构百分比	上年年末余额	结构百分比
预付账款	119 077	5.86%	87 286	4.84%
其他应收款	144 074	7.09%	78 152	4.34%
存货	85 292	4.20%	108 034	6.00%
流动资产合计	1 748 777	86.02%	1 565 902	86.90%
长期股权投资	125 389	6.17%	84 594	4.69%
固定资产	31 510	1.55%	33 974	1.89%
递延所得税资产	109 315	5.38%	105 120	5.83%
非流动资产合计	284 324	13.98%	236 150	13.10%
资产总计	2 033 101	100%	1 802 052	100%
负债和所有者权益	期末金额	结构百分比	期初余额	结构百分比
短期借款	177 591	8.73%	121 742	6.76%
应付票据	98 815	4.86%	104 126	5.78%
应付账款	350 343	17.23%	369 173	20.49%
预收账款	134 708	6.63%	165 489	9.18%
其他应付款	650 800	32.01%	615 377	34.15%
流动负债小计	1 453 513	71.49%	1 414 321	78.48%
非流动负债小计	4 729	0.23%	3 951	0.22%
负债合计	1 458 242	71.73%	1 418 272	78.70%
实收资本	60 157	2.96%	60 157	3.34%
未分配利润	481 238	23.67%	287 441	15.95%
所有者权益合计	574 859	28.27%	383 780	21.30%
负债和所有者权益总计	2 033 101	100%	1 802 052	100%

注：(1)"其他应收款"账户期末余额包含结构性存款 119 150 万元，理财产品 7 203 万元，期初余额包含结构性存款 39 075 万元，理财产品 29 700 万元。

(2)"其他应付款"账户期末余额包含销售返利 633 482 万元，期初余额包含销售返利 609 007 万元。

(三) 资产资本的质量分析

1. 资产的质量分析

不同形式的资产在企业经营中发挥的作用不同，预期效用的设定也各不相同，但总的来说资产是能够给企业带来经济利益的资源，盈利性是资产的内在属性，是其存在的原因，所以资产的质量是指资产的盈利性。在企业的日常经营中资产运用的越充分，周转速度越快，赚取收益的能力越强，资产的质量就越好，相反资产闲置，周转速度慢，收益差，质量就差。另外当企业的资产发生减值时，会给企业带来减值损失，降低企业的利润，减少资产的规模，减值越多，资产的质量越差。可见资产的盈利性是资产运作结果的综合表现，企业要不断进行资产结构的优化，削除呆账、积压的存货、闲置的固定资产、失控的投资，从而提高资产的质量。

2. 资本的质量分析

作为企业资金的来源，资本质量是指资本成本与资产报酬的匹配性和资本结构与资产结构的适应性。资本成本是指企业取得和使用资本的代价，包括筹资费用和使用费用，企业使用资本会产生成本同样也会获得报酬，只有当资产报酬大于资本成本时企业的利润才能增加，并且资产报酬越高资本的质量就越好。

资本按期限长短分为短期资本和长期资本，短期资本是指使用期限在一年以内（包括一年）的资本，包括流动负债，长期资本是指使用期限超过一年的资本，包括非流动负债和所有者权益。资本结构与资产结构的适应形式千差万别，但归纳起来分为保守结构、稳健结构、平衡结构和风险结构四种，如图 10-3 至图 10-6 所示。其中保守结构的长短期资产全部由长期资本提供；稳健结构中流动资产由短期资本和长期资本共同解决，长期资产全部由长期资本解决；平衡结构中短期资本满足流动资产的需要，长期资本满足长期资产的需要；风险结构中短期负债不仅满足流动资产的需要，还要满足一部分长期资产的需要。

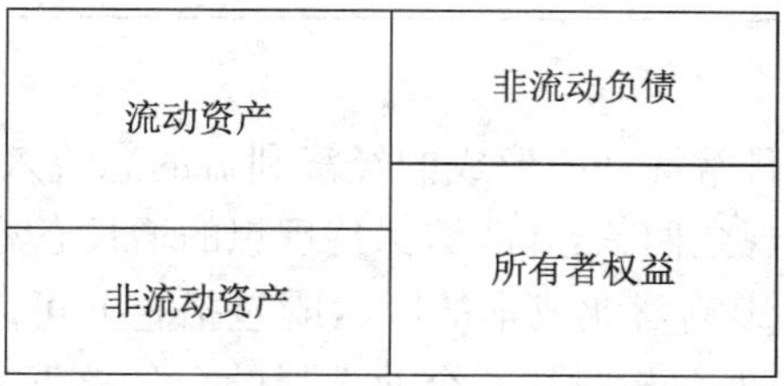

图 10-3　保守结构

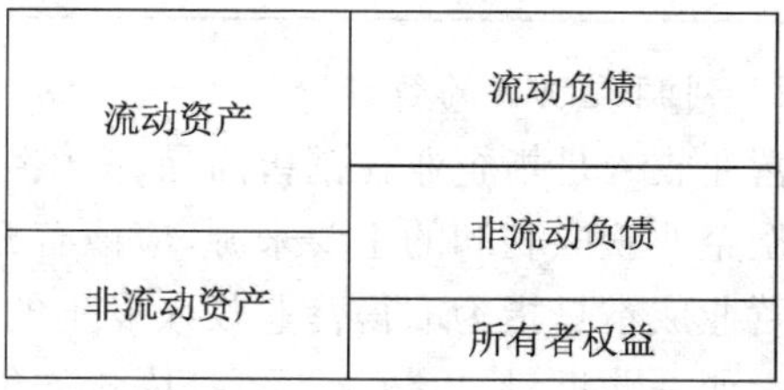

图 10-4　稳健结构

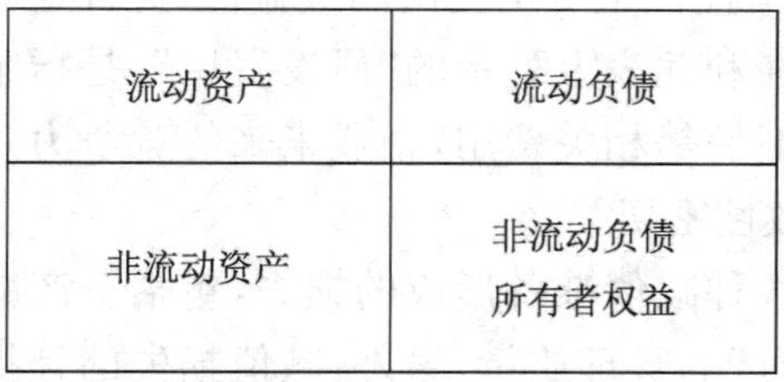

图 10-5　平衡结构

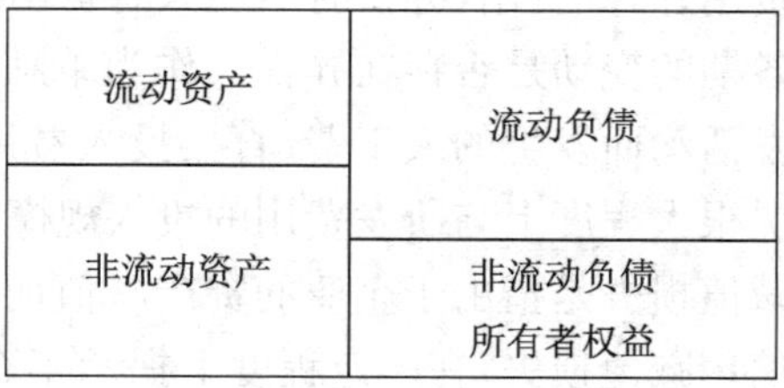

图 10-6　风险结构

二、利润表的总体分析

利润表的
总体分析

利润表反映了企业一定期间的经营成果，是动态报表，揭示了企业在一定会计期间收入、费用及利润的增减变动情况。

（一）利润表的解读

1. 收益的解读

企业的收益按不同层次分为核心利润、投资收益、营业利润、利润总额、净利润、其他综合收益税后净额、综合收益总额，它们的计算如表 10-3 所示。

表 10-3　　收益的类型及计算公式

项　目	说　明	计算公式
核心利润	企业销售商品、提供劳务及让渡资产使用权等日常活动所带来的利润，即企业自身经营活动带来的利润	核心利润＝营业收入－营业成本－税金及附加－期间费用
投资收益	企业在从事对外投资的日常活动中获取的净收益	投资收益＝投资收益－投资损失
营业利润	企业从事日常活动取得的利润，包括核心利润、投资收益、其他收益等	营业利润＝核心利润＋投资收益－资产减值损失－信用减值损失＋其他收益＋公允价值变动收益＋资产处置收益
利润总额	既包括企业日常活动中取得的利润，又包括非日常活动中获得的利得与发生的损失	利润总额＝营业利润＋营业外收入－营业外支出
净利润	企业的利润总额减去所得税费用后的净额	净利润＝利润总额－所得税费用
其他综合收益税后净额	根据企业准则规定未在当期损益中确认而直接计入所有者权益的利得和损失	其他综合收益税后净额＝其他综合收益×(1－所得税税率)
综合收益总额	既包括计入当期损益的收入、费用、利得、损失，又包括没有计入当期损益的利得和损失，即包含了企业当期所有的收入、费用、利得、损失	综合收益总额＝净利润＋其他综合收益税后净额

2. 利润表项目的解读

营业收入是指企业在销售商品、提供劳务等日常活动中形成的经济利益的总流入，作为经营型企业获取利润的主要来源，应该有充足的现金回款，并能够保持理想的增长态势。

营业成本是指为取得营业收入发生的成本，影响营业成本的因素既包括企业可以控制的因素如采购批量，也包括不可控因素如价格波动，分析时注意企业选择的会计核算方法是否恰当、一致，是否存在异常波动等情况。

期间费用是指与生产产品或提供劳务没有直接关系的费用，包括销售费用、管理费用、研发费用、财务费用，分析时不能只看费用的大小，应注重费用支出的效益性，此外还要注意前后各期的变动是否存在异常。作为单独项目在利润表上列示的“研发费用”，是指企业从事研发活动而发生的人工费、直接投入费用、折旧费等相关费用，企业未来的竞争力乃至生存状况很大程度上与研发费用的投入规模及有效性密切关。

减值损失是指由于企业的资产减值而计提各种减值准备形成的损失，包括资产减值损失与信用减值损失，在一定程度上揭示了企业资产的管理质量，另外，减值损失的计提金额依赖于对资产公允价值的估计，既然是估计就存在人为因素，因此减值损失计提的恰当性直接影响了利润的真实性与利润的质量。

其他收益是指与企业日常活动相关但不宜确认为收入，也不能冲减资产、成本费用的政府补助，由于企业发展的动态变化及政府补助政策的动态调整，一个企业不可能长久依靠政府补助获得持续性发展，所以分析时应关注前后各期其他收益在利润中所占的比重。

公允价值变动收益是指根据会计准则要求以公允价值计量且其变动计入当期损益的资产(如交易性金融资产、投资性房地产等)期末公允价值变动所形成的利得或损失，在一定程度上反映了这些资产的保值情况。在期末此类资产并没有实际出售交割，因此该收益只是一种持有净收益，是一种未实现的净收益，它的实现结果取决于未来真正的出售交割。

投资收益是指企业对外投资所取得的净收益，主要包括持有收益和处置收益。在分析时应注意对合营企业和联营企业的长期股权投资，由于该类投资的后续计量采用权益法，即按照被投资企业实现的净利润（或净亏损）的相应份额确认投资收益，所以只要子公司没有把全部利润用于分配，就有可能造成投资企业有利润而没有现金流的现象。

资产处置收益、营业外收入和营业外支出三项收支虽然会影响利润的规模，但对于企业来说属于偶然性收支或一次性收支，不具有持久性，所以不易长久在利润中所占的比重过大。

所得税费用由当期所得税费用和递延所得税费用构成，其中当期所得税费用是指按照应纳税所得额计算的当期应当缴纳的所得税形成的费用，而递延所得税费用来源于暂行性差异，而该差异是由于会计准则与税法对于收支项目确认时间不一致产生的。

其他综合收益包括不能重分类进损益的其他综合收益（如重新计量设定受益计划变动额、其他权益工具投资公允价值变动等）和将重分类进损益的其他综合收益（如金融资产重分类计入其他综合收益的金额、外币财务报表折算差额等），该收益在当期属于未实现损益，只影响所有者权益，不影响当期损益，也不会为当期带来现金流量，但很有可能会影响企业未来的损益和未来的现金流量。

（二）利润表的趋势分析和结构分析

1. 利润表的趋势分析

一般是通过编制趋势分析表，将企业利润表中各项目连续若干期的实际数进行比较，说明各损益项目的变动趋势。趋势分析可以采用环比比较也可以采用定基比较。

变动百分比＝利润变动额÷基期金额×100%

利润变动额＝比较期金额－基期金额

以第九章 A 公司的利润表为例，编制的变动趋势表如表 10-4 所示。

表 10-4　　A 公司利润表的项目变动趋势表　　单位：万元

	本期金额	上期金额	变动额	变动百分比
一、营业收入	1 617 538	1 333 420	284 118	21.31%
减：营业成本	1 191 389	998 244	193 145	19.35%
税金及附加	7 950	7 770	180	2.32%
销售费用	196 902	152 811	44 091	28.85%
管理费用	9 402	4 354	5 048	115.94%
研发费用	51 205	17 426	33 779	193.84%
财务费用	－21 903	4 457	－26 360	－591.43%
其中：利息费用	10 329	7 487	2 842	37.96%
利息收入	29 580	25 643	3 937	15.35%
加：其他收益	706	1 631	－925	－56.71%
投资收益（损失以"－"号填列）	38 470	113 738	－75 268	－66.18%
其中：对联营企业和合营企业的投资收益	—	65	－65	－100%
公允价值变动收益（损失以"－"号填列）	508	－2 469	2 977	—
资产减值损失（损失以"－"号填列）	－710	－231	－479	—

（续表）

	本期金额	上期金额	变动额	变动百分比
二、营业利润（亏损以“－”填列）	221 567	261 027	－39 460	－15.12％
加：营业外收入	393	233	160	68.67％
减：营业外支出	52	31	21	67.74％
三、利润总额（亏损总额以“－”填列）	221 908	261 229	－39 321	－15.05％
减：所得税费用	28 111	21 889	6 222	28.43％
四、净利润（净亏损以“－”填列）	193 797	239 340	－45 543	－19.03％

2. 利润表的结构分析

又称为利润表垂直分析，是将利润表中各项目实际数与营业收入数进行对比，计算各项目占营业收入的百分比，通过前后各期的结构对比及与同行业的对比，分析说明利润表各项目的合理性。

某项目结构百分比＝某项目金额÷营业收入金额×100％

以第九章A公司的利润表为例编制的结构百分比如表10-5所示。

表10-5　　A公司利润表的结构百分比　　单位：万元

	本期金额	结构百分比	上期金额	结构百分比
一、营业收入	1 617 538	100％	1 333 420	100％
减：营业成本	1 191 389	73.65％	998 244	74.86％
税金及附加	7 950	0.49％	7 770	0.58％
销售费用	196 902	12.17％	152 811	11.46％
管理费用	9 402	0.58％	4 354	0.33％
研发费用	51 205	3.17％	17 426	1.31％
财务费用	－21 903	－1.35％	4 457	0.33％
其中：利息费用	10 329	0.64％	7 487	0.56％
利息收入	29 580	1.83％	25 643	1.92％
加：其他收益	706	0.04％	1 631	0.12％
投资收益（损失以“－”号填列）	38 470	2.38％	113 738	8.53％
公允价值变动收益（损失以“－”号填列）	508	0.03％	－2 469	－0.19％
资产减值损失（损失以“－”号填列）	－710	－0.04％	－231	－0.02％
二、营业利润（亏损以“－”填列）	221 567	13.70％	261 027	19.58％
加：营业外收入	393	0.02％	233	0.02％
减：营业外支出	52	0.00％	31	0.00％
三、利润总额（亏损总额以“－”填列）	221 908	13.72％	261 229	19.59％
减：所得税费用	28 111	1.74％	21 889	1.64％
四、净利润（净亏损以“－”填列）	193 797	11.98％	239 340	17.95％

（二）利润的质量分析

盈利能力是决定一个企业生存和发展的最根本的能力，而利润是企业供、产、销等各环节经营结果的综合体现。一般认为一个企业的利润越高，盈利能力也越强，但在日常实践中发现，有的企业利润表中的利润很高，而其真正的盈利能力并不是很强，究其原因主要是利润质量方面出现了问题。利润质量是指利润的含金量与企业战略的吻合性。

1. 利润的含金量

利润的含金量是指企业的主要利润的构成项目获取现金流量的能力。利润是基于权责发生制核算的，会受到会计政策、会计估计等主观选择的影响，存在一定的人为因素，而现金流量基本不受这些因素的影响，有利于判断利润的真实性。尽管企业确认收入和费用的时间与实际收付款时间不一定一致，但一般来说在企业回款和付款等各项经营活动相对正常的情况下，利润与现金流量之间大体会保持一个比较稳定的比例，所以可以通过比较不同活动的利润与相应的现金流量，评价利润的含金量。

其他收益的质量一般较高，因为政府补贴收入往往会使企业直接获得货币资金；投资活动产生的投资收益与带来的现金流量关系错综复杂，而大多数企业是经营型的，所以下面重点分析经营活动利润的含金量。

由前述可知核心利润是企业自身开展经营活动带来的利润，因此可以通过与经营活动产生的现金净流量进行比较，评价核心利润的含金量，但是两者在计算口径上不一致，需要进行调整，计算同口径核心利润。

同口径核心利润＝核心利润＋固定资产折旧＋无形资产及其他长期资产摊销＋计提的减值准备＋财务费用－所得税费用

在稳定发展的条件下同口径核心利润与经营活动现金净流量大体相当，如果差距很大，有可能是收款不正常或者付款不正常，还有可能是不恰当地资金动作等原因造成的。

A公司核心利润＝1 617 538－1 191 389－7 950－196 902－9 402－51 205＋21 903＝182 593(万元)

A公司同口径核心利润＝182 593＋2 050＋160－710－21 903－28 111＝134 079(万元)

同口径核心利润是134 079万元，基本相当于经营活动产生的现金流量净额136 168万元，所以该企业的核心利润含金量较高。

2. 企业战略的吻合性

有的企业以自身经营为主，有的企业以对外投资为主，可见不同的资源配置体现了不同的战略，从而会导致不同的资产结构，构成不同的盈利模式，形成不同的利润结构和现金流结构。资产结构、利润结构、现金流结构的关系如表 10-6 所示。

表 10-6　　资产结构、利润结构、现金流结构的关系

资产	利润	现金流
经营性资产：一般包括商业债权、存货、固定资产、无形资产等	核心利润	经营活动产生的现金净流量
投资性资产：一般包括交易性金融资产、债权投资、其他债权投资、长期应收款、长期股权投资、其他权益工具投资等	投资收益或子公司的核心利润	取得投资收益收回的现金、收回投资收到的现金

A公司的经营性资产＝146 474＋204 000＋119 077＋18 031＋144 074＋85 292＋31 510＋1 681＋7 484
＝757 623(万元)

A公司投资性资产＝4 860＋7 642＋125 389＝137 891(万元)

该企业的经营性资产远远大于投资性资产，所以A公司是经营型企业，其核心利润为182 593万元，约占利润总额221 908万元的82%，经营活动现金流量净额为136 168万元，是本期现金及现金等价物净增加额67 291万元的2.02倍，可见该企业利润的战略吻合性较好。

三、现金流量表的总体分析

现金流量表的总体分析

现金流量表反映了企业在一定时期内现金流入和流出情况，是按照收付实现制编制的报表，是对其他报表提供信息不足的补充。其中的“现金”是指可以用于随时支付的现金及现金等价物，被指定了特殊用途而不能随意支付的部分不包括在内，如银行承兑汇票开票保证金、受当地外汇管理而无法正常使用的外币等。

(一) 现金流量表的解读

1. 现金流量的解读

现金流量表的项目有六项，分别为经营活动产生的现金流量、投资活动产生的现金流量、筹资活动产生的现金流量、汇率变动对现金及现金等价物的影响、现金及现金等价物净增加额、期末现金及现金等价物余额。根据企业业务活动的性质和现金流量的来源，现金流量表把现金流量分为经营活动现金流量、投资活动现金流量和筹资活动现金流量三类，如表10-7所示。

表10-7　　现金流量的类型

种类	说明	流入项目	流出项目
经营活动现金流量	即企业投资活动和筹资活动以外的所有交易和事项引起的现金流量	(1) 销售商品、提供劳务收到的现金 (2) 收到的税费返还 (3) 收到其他与经营活动有关的现金	(1) 购买商品、接受劳务支付的现金 (2) 支付给职工以及为职工支付的现金 (3) 支付的各项税费 (4) 支付其他与经营活动有关的现金
投资活动现金流量	即企业长期资产的购建和不包括在现金等价物范围的投资及其处置活动引起的现金流量	(1) 收回投资收到的现金 (2) 取得投资收益收到的现金 (3) 处置固定资产、无形资产和其他长期资产收回的现金净额 (4) 处置子公司及其他营业单位收到的现金净额 (5) 收到其他与投资活动有关的现金	(1) 购建固定资产、无形资产和其他长期资产支付的现金 (2) 投资支付的现金 (3) 取得子公司及其他营业单位支付的现金净额 (4) 支付其他与投资活动有关的现金
筹资活动现金流量	导致企业资本及债务规模和构成发生变化的活动引起的现金流量	(1) 吸收投资收到的现金 (2) 取得借款收到的现金 (3) 收到其他与筹资活动有关的现金	(1) 偿还债务支付的现金 (2) 分配股利、利润或偿付利息支付的现金 (3) 支付其他与筹资活动有关的现金

2. 现金流量表项目的解读

1) 经营活动产生的现金流量

“销售商品、提供劳务收到的现金”反映企业销售商品、提供劳务实际收到的现金，包括销售收入和应向购买者收取的增值税销项税额，具体包括：本期销售商品、提供劳务收到的现金，前期销售商品、提供劳务本期收到的现金，本期预收的款项，企业销售材料和代购代销业务收到的现金，减去本期销售本期退回的商品和前期销售本期退回的商品支付的现金。“收到的税收返还”反映企业收到返还的各种税费，如收到的增值税、所得税、消费税、关税和教育费附加返还款等。“收到其他与经营活动有关的现金”反映企业收到的其他与经营活动有关的现金，如罚款收入、经营租赁固定资产收到的现金、投资性房地产收到的租金收入、流动资产损失中由个人赔偿的现金收人、除税费返还外的其他政府补助收入等。

“购买商品、接受劳务支付的现金”反映企业购买材料、商品、接受劳务实际支付的现金，包括支付的货款以及与货款一并支付的增值税进项税额，具体包括：本期购买商品、接受劳务支付的现金，本期支付前期购买商品、接受劳务的未付款项，本期预付款项，减去本期发生的购货退回收到的现金。为购置存货而发生的借款利息资本化部分，应在“分配股利、利润或偿付利息支付的现金”项目中反映。“支付给职工以及为职工支付的现金”反映企业实际支付给职工的现金以及为职工支付的现金，包括企业为获得职工提供的服务，本期实际给予各种形式的报酬以及其他相关支出，如支付给职工的工资、奖金、各种津贴和补贴等，企业为职工支付的医疗、养老、失业、工伤、生育等社会保险基金、补充养老保险、住房公积金，企业为职工交纳的商业保险金，因解除与职工劳动关系给予的补偿，现金结算的股份支付，企业支付给职工或为职工支付的其他费用等，但不包括支付给在建工程人员的工资。“支付的各项税费”反映企业按规定支付的各项税费，包括本期发生并支付的税费，本期支付以前各期发生的税费和预交的税金，如支付的增值税、消费税、所得税、教育费附加、印花税、房产税、土地增值税、车船使用税等。“支付其他与经营活动有关的现金”反映支付的其他与经营活动有关的现金，如罚款支出、支付的差旅费、业务招待费、保险费、经营租赁支付的现金等。

2）投资活动产生的现金流量

“收回投资收到的现金”反映企业出售、转让或到期收回除现金等价物以外的交易性金融资产、持有至到期投资、可供出售金融资产、长期股权投资等而收到的现金。“取得投资收益收到的现金”反映企业因股权性投资而分得的现金股利，因债权性投资而取得的现金利息收入，不包括股票股利。“处置固定资产、无形资产和其他长期资产收回的现金净额”反映企业出售固定资产、无形资产和其他长期资产所取得的现金，减去为处置这些资产而支付的有关税费用后的净额，包括由于自然灾害等原因所造成的固定资产等长期资产报废、毁损而收到的保险赔偿收入。“处置子公司及其他营业单位收到的现金净额”反映企业处置子公司及其他营业单位所取得的现金减去子公司或其他营业单位持有的现金和现金等价物以及相关处置费用后的净额。

“购建固定资产、无形资产和其他长期资产支付的现金”反映企业购买、建造固定资产，取得无形资产和其他长期资产支付的现金，包括购买机器设备所支付的现金、建造工程支付的现金、支付在建工程人员的工资等现金支出，不包括为购建固定资产、无形资产和其他长期资产而发生的借款利息资本化部分，以及融资租入固定资产所支付的租赁费。“投资支付的现金”反映企业进行权益性投资和债权性投资所支付的现金，包括企业取得的除现金等价物以外的交易性金融资产、持有至到期投资、可供出售金融资产而支付的现金，以及支付的佣金、手续费等交易费用。“取得子公司及其他营业单位支付的现金净额”反映企业取得子公司及其他营业单位购买出价中以现金支付的部分，减去子公司或其他营业单位持有的现金和现金等价物后的净额。

3）筹资活动产生的现金流量

“吸收投资收到的现金”反映企业以发行股票等方式筹集资金实际收到的款项净额（发行收入减去支付的佣金等发行费用后的净额）。“借款收到的现金”反映企业举借各种短期、长期借款而收到的现金，以及发行债券实际收到的款项净额（发行收入减去直接支付的佣金等发行费用后的净额）。

“偿还债务所支付的现金”反映企业以现金偿还债务的本金，包括：归还金融企业的借款本金、偿付企业到期的债券本金等。“分配股利、利润或偿付利息支付的现金”反映企业实际支付的现金股利、支付给其他投资单位的利润或用现金支付的借款利息、债券利息，包括资本化的利息。“支付的其他与筹资活动有关的现金”反映企业除上述各项目外支付的其他与筹资活动有关的现金，如以发行股票、债券等方式筹集资金而由企业直接支付的审计、咨询等费用，融资租赁各期支付的现金、以分期付款方式构建固定资产、无形资产等各期支付的现金。

（二）现金流量表结构分析

现金流量表结构分析包括现金流入结构、现金流出结构、现金流入流出比。通过现金流量表结构分析可以评价现金流入、流出对现金净流量的影响，现金流入、流出的合理性。

1. 现金流入结构

反映各项业务活动现金流入在全部现金流入中所占的比重，明确了企业现金的主要来源。常用的指标如下所示：

$$\text{经营活动现金流入比重}=\frac{\text{经营活动现金流入}}{\text{现金总流入}}\times 100\%=\frac{1\ 144\ 984}{1\ 462\ 598}\times 100\%=78.28\%$$

$$\text{投资活动现金流入比重}=\frac{\text{投资活动现金流入}}{\text{现金总流入}}\times 100\%=\frac{65\ 905}{1\ 462\ 598}\times 100\%=4.51\%$$

$$\text{筹资活动现金流入比重}=\frac{\text{筹资活动现金流入}}{\text{现金总流入}}\times 100\%=\frac{251\ 709}{1\ 462\ 598}\times 100\%=17.21\%$$

2. 现金流出结构

反映各项业务活动现金流出在全部现金流出中所占的比重，明确了企业现金的主要运用。常用的指标如下所示：

$$\text{经营活动现金流出比重}=\frac{\text{经营活动现金流出}}{\text{现金总流出}}\times 100\%=\frac{1\ 008\ 816}{1\ 404\ 837}\times 100\%=71.81\%$$

$$\text{投资活动现金流出比重}=\frac{\text{投资活动现金流出}}{\text{现金总流出}}\times 100\%=\frac{207\ 261}{1\ 404\ 837}\times 100\%=14.75\%$$

$$\text{筹资活动现金流出比重}=\frac{\text{筹资活动现金流出}}{\text{现金总流出}}\times 100\%=\frac{188\ 760}{1\ 404\ 837}\times 100\%=13.44\%$$

3. 现金流入流出比

包括经营活动现金流入流出比、投资活动现金流入流出比、筹资活动现金流入流出比。

$$\text{经营活动现金流入流出比}=\frac{\text{经营活动现金流入}}{\text{经营活动现金流出}}=\frac{1\ 144\ 984}{1\ 008\ 837}=1.13$$

$$\text{投资活动现金流入流出比}=\frac{\text{投资活动现金流入}}{\text{投资活动现金流出}}=\frac{65\ 905}{207\ 261}=0.32$$

$$筹资活动现金流入流出比=\frac{筹资活动现金流入}{筹资活动现金流出}=\frac{251\ 709}{188\ 760}=1.33$$

一般而言，对于一个正常发展的企业来说，经营活动现金流入流出比应该远大于1，其他两项活动现金流入流出比视情况而定。

（三）现金流量的质量分析

由于经营活动现金流量、投资活动现金流量、筹资活动现金流量在企业的资金周转过程中发挥的作用不同，体现的质量也不相同。

1. 经营活动现金流量质量分析

从长远来看，对于经营型企业来说，经营活动现金净流量是企业现金的主要来源，它可以维护企业经营活动正常的周转，补偿经营性长期资产的折旧与摊销、支付利息和现金股利，为扩大再生产、股权债权投资提供额外资金，是企业最有希望的现金创造活动，也是企业发展的原动力，所以通过经营活动产生现金净流量的能力常常被视为企业的“造血”功能。一般情况下企业都会尽可能多地创造经营活动现金净流量，但这个净流量往往又会受到宏观经济环境、行业特征、竞争实力和企业的信用政策、款项结算方式等因素的影响。经营活动现金流量质量是指经营活动产生的现金流量是否能够按照企业预期目标进行流畅、合理、稳定地运转。

企业经营活动现金净流量可能会出现以下三种结果，每一种结果对企业的影响不同。

(1) 经营活动现金净流量小于零。小于零意味着企业通过正常的销售商品、提供劳务等经营活动产生的现金流入量不足以支付购买商品、接受劳务、职工薪酬及税金等经营活动中的现金流出，非付现成本得不到补偿。在这种情况下企业想要维持正常的生产经营，可能会通过消耗企业现有的货币资金积累、挤占打算用于投资活动的现金从而推迟投资、进行额外贷款融资、拖延债务支付等方式来解决。如果长此以往，企业不仅不能维持简单再生产，还会陷入财务困境。

(2) 经营活动现金净流量等于零。等于零意味着企业通过正常的销售商品、提供劳务等经营活动产生的现金流入量恰恰能够支付购买商品、接受劳务、职工薪酬及税金等经营活动中的现金流出，经营活动现金流量处于收支平衡。在这种情况下企业短期内能够维持正常的经营活动，但非付现成本得不到补偿，不能为支付利息和分配股利提供现金，长此以往，企业依然维持不了简单再生产。

(3) 经营活动现金净流量大于零。大于零意味着企业通过正常的销售商品、提供劳务等经营活动产生的现金流入量不仅能够支付购买商品、接受劳务、职工薪酬及税金等经营活动中的现金流出，还会产生剩余现金，意味着企业具有创造现金的能力。但经营活动现金净流量仅仅大于零是不够的，因为当期非付现成本需要得到补偿，维持企业简单再生产。除此之外，企业需要使用剩余现金支付利息和股利维持现有的筹资规模。另外企业要想发展，必须有足够多的剩余现金用于投资，进行扩大规模的再生产。

从以上三种情况的分析不难看出，只有当企业的经营活动现金净流量远远大于零时，才可以说经营活动现金流量具有较高的质量。例如，[例 9-3]中 A 公司 20×1 年经营活动现金净流量为136 168万元，支付的现金股利和利息为7 689万元，现金流量表补充资料（略）中列示该公司当年计提的折旧额为2 050万元，摊销额为 160 万元，则：

136 168－7 689－2 050－160＝126 269(万元)

A公司经营活动创造的现金净流量在补偿了非付现成本以及支付了股利和利息之后，远远大于零，说明该公司的经营活动现金流量质量较好。

2. 投资活动现金流量质量分析

现金流量表中的投资活动既包括对内投资也包括对外投资，既包括长期投资也包括短期投资，对外投资尤其是长期投资并不像经营活动那样在现金流出当期能够收回绝大部分回报，因此对于投资活动来说考察两者之间的匹配意义不是很大。企业进行投资活动的主要目的有三个：一是为了进行经营活动，如购建固定资产、无形资产等长期资产；二是为了实现对外扩张等发展性目的，如购入的长期股权投资等；三是为了提高闲置资金的盈利性，如购入的交易性金融资产、债权投资等，其中前两类活动将为企业未来的发展奠定基础，实现未来的盈利性，应该体现企业长期发展战略。因此投资活动现金流量质量是指战略吻合性和盈利性。

(1) 对内投资。若“购建固定资产、无形资产和其他长期资产支付的现金”金额相对较大，通常表明企业长期经营性资产处于大规模置换或更新换代阶段；也有可能是扩大现有的生产经营规模，通过对内扩张战略来进一步提升市场占有率，夯实竞争力。具体属于哪种情况需要结合市场情况、企业的战略、资产规模和营业收入的变化等因素进行分析。若“购建固定资产、无形资产和其他长期资产支付的现金”明显小于“处置固定资产、无形资产和其他长期资产收回的现金净额”，通常表明企业主动或被动地收缩主营业务战线和规模战略的意图。

由于对内投资的规模大、时间长，考察其盈利性需要关注企业未来利润的增长性及稳定性。

(2) 对外投资。通过比较“投资支付的现金”与“收回投资所收到的现金”，结合资产负债表中“长期股权投资”等长期投资项目，可以分析企业对外投资发展战略的实施和调整情况。若两者均具有较大金额且彼此相当，通常表明企业正处于对外投资的结构调整阶段；若前者远大于后者，通常表明企业处于对外扩张阶段；若前者远小于后者，通常表明企业对外投资处于收缩阶段。

对外投资的盈利由两部分构成：第一部分是收回投资赚取的差价，通过比较“收回投资所收到的现金”与投资成本进行分析；第二部分是取得的股利或利息，结合“取得投资收益收到的现金”与“投资收益”进行分析。

3. 筹资活动现金流量质量分析

筹资活动可以为企业的经营活动和投资活动筹措所需要的资金，维持其正常运转，而筹措的资金都是有成本的，所以筹资活动现金流量质量是指筹资的适应性与盈利性，即满足企业经营活动和投资活动的现金需求，同时降低融资成本和财务风险。

筹资活动现金净流量大于零，意味着企业吸收投资、取得借款等收到的现金大于偿还债务、支付股利及利息支付的现金，进行分析时需要判断这种外部筹资是不是企业经营活动及投资活动所引起的，筹资渠道与方式是否合适。在企业的成长期，筹集活动现金净流量往往大于零。

筹资活动现金净流量小于零，意味着企业吸收投资、取得借款等收到的现金小于偿还债务、支付股利及利息支付的现金，通常表明企业经营活动和投资活动运转较好，有剩余资金用于归还债务和支付股利，但也不尽然，有可能是因为企业丧失融资信誉造成的，所以分析时还要结合企业的综合情况进行判断。

第五节 财务比率分析

在对财务报表进行了总体分析之后，还需要对企业的财务能力进行分析，财务能力分析一般包括偿债能力分析、盈利能力分析、营运能力分析和成长能力分析。本节财务比率的计算以[例 9-1]至[例 9-4]中 A 公司 20×1 年的会计报表为例。

一、偿债能力比率

偿债能力比率

偿债能力比率是反映企业用现有资产偿还债务能力的比率，也就是分析企业目前是否存在不能偿还债务的风险。偿债能力比率包括短期偿债能力比率和长期偿债能力比率，其中短期偿债能力比率主要有流动比率和速动比率。

（一）流动比率

流动比率是流动资产与流动负债的比率。其计算公式是：

$$流动比率=\frac{流动资产}{流动负债}=\frac{1\ 748\ 777}{1\ 453\ 513}=1.20$$

流动比率反映企业运用流动资产偿还流动负债的能力。实践当中，将其保持在 2∶1 左右是比较适宜的，但这只是一个经验数据。由于所处行业及季节性因素，或者企业处在不同的发展阶段，这一数据会有很大的差别。通常是将这个数据与往年同期该数据进行比较，或者和行业数据进行比较，排除这些因素的干扰。

（二）速动比率

为了更精确地评价企业短期偿债能力，需要剔除流动资产中可用性差的项目，因而出现了速动比率，也称酸性测试比率。其计算公式是：

$$速动比率=\frac{速动资产}{流动负债}=\frac{1\ 748\ 777-85\ 292}{1\ 453\ 513}=1.14$$

速动资产是指可以及时、不贬值地转换为可以直接偿债的资产形式的流动资产。在实践中一般是将存货从流动资产中剔除得到速动资产。一个企业的速动比率为 1∶1 通常是恰当的。

流动比率和速动比率是用来衡量一个企业的短期偿债能力的，一般来说，比率越高，对流动负债的偿还能力越强。但这两个比率也不是越高越好，因为流动资产流动性比较强，但通常收益性差，或者根本没有收益。所以这两个比率在某种程度上反映了企业的经营能力和经营风格，将这两个比率与企业往年的该比率进行比较或者与行业的正常水平进行比较，看是否有较大的变动，并分析这一变动是如何产生的，将有利于了解企业的战略和经营风格。

（三）杠杆比率

杠杆比率反映的是企业的负债与所有者权益之间的对比关系，是用来评价企业长期偿债能力和继续举借债务能力的指标。一般来说，企业股东权益与企业负债的比率越大，企业进一步举债的能力就越大。常用的杠杆比率有：

(1) 资产负债率。资产负债率是对企业负债状况的一个总体反映,表示企业全部资金来源中有多少来源于举借债务。这个指标也是衡量企业财务风险的主要指标,其计算公式是:

$$资产负债率=\frac{负债总额}{资产总额}\times 100\%=\frac{1\ 458\ 242}{2\ 033\ 101}\times 100\%=71.73\%$$

(2) 产权比率。产权比率是负债总额与所有者权益总额的比率,其计算公式是:

$$产权比率=\frac{负债总额}{所有者权益总额}=\frac{1\ 458\ 242}{574\ 859}=2.54$$

反映由债权人提供资本与股东提供资本的比率关系。一般说来,股东资本大于借入资本较好。产权比率高,是高风险、高报酬的财务结构;产权比率低,是低风险、低报酬的财务结构,但也不能一概而论。

(3) 权益乘数。权益乘数是资产总额与所有者权益总额的比率,反映企业由于举债而产生财务杠杆效应的程度。其计算公式是:

$$权益乘数=\frac{资产总额}{股东权益总额}=\frac{2\ 033\ 101}{574\ 859}=3.54$$

这三个比率应该多大,通常没有定论。一般认为,比较高的权益乘数(也就是比较高的资产负债率和比较高的产权比率)的企业财务风险比较大,反之亦然。这三个比率的大小除了受企业所在行业、所处经营周期等经营因素的影响,还与企业管理层的经营方针有关,不同企业之间会存在很大的差异。

(四) 其他相关比率

(1) 已获利息倍数。这个指标用来说明是否有足够的利润支付到期的利息,一般应大于1。其计算公式是:

$$已获利息倍数=\frac{息税前利润}{利息费用}=\frac{221\ 908+10\ 329}{10\ 329}=22.48$$

其中,息税前利润是指扣除利息和所得税费用之前的利润,可以用利润总额加利息费用求得。一般认为,利息保障倍数越大,表明企业还息能力越强。其作用在于,从股东角度评价企业当前的举债政策是否有利。

(2) 现金流动负债比率。现金流动负债比率反映了企业经营活动产生的现金净流量是否能够偿还一年内到期的债务。其计算公式是:

$$现金流动负债比率=\frac{经营活动现金净流量}{流动负债}=\frac{136\ 168}{1\ 453\ 513}=0.09$$

一般而言,该比率越高,企业偿还短期债务的能力越强;该比率越低,企业偿还短期债务的能力越弱。

A公司20×1年偿债能力比率及行业均值如表10-8所示。

表10-8　　A公司20×1年偿债能力比率及行业均值

项目	流动比率	速动比率	资产负债率	产权比率	权益乘数	已获利息倍数	现金流动负债比率
20×1年	1.20	1.14	71.73%	2.54	3.54	22.48	0.09
行业均值	1.00	0.77	60%	1.5	2.5	5	0.05

二、盈利能力比率

盈利能力比率是反映企业赚取利润能力的比率。评价企业盈利能力的指标主要有两类：一类是经营活动赚取利润的能力指标，一类是企业的资产对企业利润的贡献指标。

盈利能力比率

1. 毛利率

毛利率表示每一元销售收入扣除销售成本后，有多少钱可以用于补偿各项费用和形成盈利，是用来衡量管理者根据产品成本进行产品定价的能力，也就是企业的产品还有多大的降价空间。使用该指标时要注意，由于各个企业所处行业和会计处理方式的不同，产品成本的组成有很大的差异，所以在比较时要注意分析企业具体情况。其计算公式是：

$$毛利率=\frac{毛利}{营业收入}\times 100\%=\frac{1\ 617\ 538-1\ 191\ 389}{1\ 617\ 538}\times 100\%=26.35\%$$

其中：

$$毛利=营业收入-营业成本$$

2. 营业利润率

营业利润率衡量企业经营效率的指标，反映了企业管理者通过经营获取利润的能力。可用来评价管理层的管理经营能力，是对企业经营能力的直接评价。其计算公式是：

$$营业利润率=\frac{营业利润}{营业收入}\times 100\%=\frac{221\ 567}{1\ 617\ 538}\times 100\%=13.70\%$$

注意：营业利润构成比较复杂、内容比较多，如果投资收益、公允价值变动损益等项目占营业利润比重较大时，使用该比率对企业经营管理能力及水平进行单一评价，有失其客观性。

3. 销售净利率

销售净利率用来衡量企业营业收入给企业带来利润的能力和企业总的经营管理水平。其计算公式是：

$$销售净利率=\frac{净利润}{营业收入}\times 100\%=\frac{193\ 797}{1\ 617\ 538}\times 100\%=11.98\%$$

该比率低，表明企业经营管理者未能创造出足够多的净利润或者没有成功地控制成本，可以用来衡量企业总的经营管理水平。但要注意，只有在企业的净利润中自身经营活动占比较大的条件下，计算此比率才有较大意义。

4. 成本费用利润率

成本费用利润率反映了企业为取得利润而付出的代价，体现了经营耗费所带来的经营成果和成本费用的管理水平。该项指标越高，利润就越大。其计算公式是：

$$\begin{aligned}成本费用利润率&=\frac{利润总额}{成本费用总额}\times 100\%\\&=\frac{221\ 908}{1\ 191\ 389+7\ 950+196\ 902+9\ 402+51\ 205-21\ 903}\times 100\%\\&=15.46\%\end{aligned}$$

其中成本费用总额包括营业成本、税金及附加、三项期间费用、研发费用等。

5. 总资产报酬率

总资产报酬率反映企业管理层利用现有资源创造价值的能力。其计算公式是：

$$总资产报酬率=\frac{息税前利润}{平均总资产}\times100\%=\frac{232\ 237}{(2\ 033\ 101+1\ 802\ 052)\div2}\times100\%$$

$$=\frac{232\ 237}{1\ 917\ 577}\times100\%=12.11\%$$

总资产报酬率是对企业资产经营能力进行衡量的财务比率，应排除企业的财务结构和税收等非经营因素的影响。

其中平均总资产=(期初总资产+期末总资产)÷2

6. 净资产收益率

净资产收益率(ROE)又称为股东权益报酬率、净资产利润率，该指标反映了股东权益的收益水平，用以衡量公司运用自有资本的效率。指标值越高，说明投资带来的收益越高。

企业资金的来源包括了两部分，一部分是股东的投资，即所有者权益，另一部分是债权人投入的资金即负债。企业适当的运用财务杠杆可以提高资金的使用效率。通常情况下借入的资金过多会增大企业的财务风险，但可以提高企业的盈利水平。净资产收益率和平均净资产的计算公式是：

$$净资产收益率=\frac{净利润}{平均净资产}\times100\%=\frac{193\ 797}{(574\ 859+383\ 780)\div2}\times100\%$$

$$=\frac{193\ 797}{479\ 320}\times100\%=40.43\%$$

平均净资产=(年初所有者权益+年末所有者权益)÷2

7. 盈余现金保障倍数

盈余现金保障倍数反映了企业当期收益的质量。其计算公式是：

$$盈余现金保障倍数=\frac{经营活动现金净流量}{净利润}=\frac{136\ 168}{193\ 797}=0.70$$

一般来说，该比率越大，企业的收益质量越高；反之则越低。如果该比率过小，即使利润表上反映企业盈利，也应该注意企业现金流量是否存在问题，是否会影响到企业的发展乃至生存。该指标适用于以经营活动为主的企业。

A公司20×1年盈利能力比率及行业均值如表10-9所示。

表10-9　A公司20×1年盈利能力比率及行业均值

项目	毛利率	营业利润率	销售净利率	成本费用利润率	总资产报酬率	净资产收益率	盈余现金保障倍数
20×1年	26.35%	13.70%	11.98%	15.46%	12.11%	40.43%	0.70
行业均值	20%	15.3%	13.3%	5.1%	5.4%	9%	1

三、营运能力比率

营运能力比率

营运能力又称为活力比率，是指企业利用现有资产创造社会财富的能力。常用的指标有存货周转率、应收账款周转率、总资产周转率。

(1) 存货周转率。存货周转率反映了存货的周转速度和管理效率，即存货的流动性及存货资金占用量是否合理。其计算公式是：

$$存货周转率=\frac{营业成本}{平均存货}=\frac{1\ 191\ 389}{(85\ 292+108\ 034)\div 2}=\frac{1\ 191\ 389}{96\ 663}=12.33(次)$$

其中：平均存货可以是年平均存货、季平均存货或者月平均存货；营业成本是对应的年营业成本、季营业成本或者月营业成本。

实践中，很多企业的存货存在季节性，常用的另一个指标是存货周转天数，它实际是存货周转率的另一种表达方式。其计算公式是：

$$存货周转天数=\frac{平均存货}{平均日营业成本}=\frac{360}{存货周转率}=\frac{360}{12.33}=29.21(天)$$

利用上述公式进行分析时应注意：公式中“平均存货”应该用没有扣除“存货跌价准备”以前的原值金额，其数据可以在企业年度财务报告中找到。这样做能够尽量客观地评价企业存货经营管理能力及水平。

(2) 应收账款周转率。应收账款周转率反映了应收账款的周转速度及管理效率。其计算公式是：

$$应收账款周转率=\frac{赊销净额}{平均应收账款}=\frac{1\ 617\ 538}{332\ 253}=4.87(次)$$

外部报表使用者很难取得“赊销净额”这个数据，所以实践中常用营业收入代替赊销净额来计算这个比率。实践中常用的数据是平均收账期，是应收账款周转率的另一种表达方式。其计算公式是：

$$平均收账期=\frac{平均应收账款}{平均日赊销额}=\frac{360}{应收账款周转率}=\frac{360}{4.87}=73.95(天)$$

利用上述公式进行分析时应注意：第一，在应收票据规模较大时，应该用商业债权周转率(分母部分使用“平均应收账款＋平均应收票据”)；第二，应收账款应该用没有减除坏账准备以前的原值金额，在企业的年度财务报告中可以找到坏账准备的数据。本例 A 公司中因为应收票据规模较大，所以在计算应收账款周转率时分母使用的是“应收账款＋应收票据”的金额。

$$\begin{aligned}平均应收账款&=[(204\ 000+146\ 474+10\ 737)+(170\ 700+123\ 611+8\ 984)]\div 2\\&=332\ 253(万元)\end{aligned}$$

(3) 总资产周转率。总资产周转率反映了总资产的周转速度，反映了企业管理层管理企业资产的能力，可以粗略地衡量企业资产创造收入的能力。其计算公式是：

$$总资产周转率=\frac{营业收入}{平均总资产}=\frac{1\ 617\ 538}{1\ 917\ 577}=0.84(次)$$

需要注意的是：在企业对外投资规模较大时，平均总资产应该剔除并不引起营业收入增加的各项投资性资产。

A 公司 20×1 年营运能力比率及行业均值如表 10-10 所示。

表 10-10　　A 公司 20×1 年营运能力比率及行业均值

项目	存货周转率	存货周转天数	应收账款周转率	平均收账期	总资产周转率
20×1 年	12.33	29.21	4.87	73.95	0.84
行业均值	18.6	19.35	12	30	1.5

成长能力比率

四、成长能力比率

成长能力，也称为发展能力、成长性，它是指企业通过自身的生产经营活动，不断扩大积累而形成的发展潜能。常用的指标有总资产增长率、净利润增长率、销售增长率、资本保值增值率。

（1）总资产增长率。总资产增长率是企业总资产增长额同期初总资产的比率，反映了企业本期资产规模的增长情况。其计算公式如下：

$$\begin{aligned}\text{总资产增长率} &= \frac{\text{期末总资产}-\text{期初总资产}}{\text{期初总资产}}\times 100\% = \frac{2\ 033\ 101-1\ 802\ 052}{1\ 802\ 052}\times 100\% \\ &= 12.82\%\end{aligned}$$

总资产增长率越高，表明企业一定时期内资产经营规模扩张的速度越快。但在分析该指标时，需关注资产规模扩张的质和量的关系，以及企业的后续发展能力，避免盲目扩张。

（2）销售增长率。销售增长率是企业销售收入增长额同上期销售收入的比率，反映了企业本期销售收入的增长情况，它是分析企业成长状况和发展能力的基本指标。其计算公式是：

$$\begin{aligned}\text{销售增长率} &= \frac{\text{本期销售额}-\text{上期销售额}}{\text{上期销售额}}\times 100\% = \frac{1\ 617\ 538-1\ 333\ 420}{1\ 333\ 420}\times 100\% \\ &= 21.31\%\end{aligned}$$

该指标越高，说明企业产品或劳务销售增长得越快，销售情况越好，企业生存和发展能力越好；反之，该指标越低，则说明企业产品或劳务销售增长得越慢，销售情况越差。

（3）净利润增长率。净利润增长率反映了企业本期净利润的增长情况。净利润增长率越高，说明企业的收益增长越快，资产营运与管理业绩越好，市场竞争能力越强。其计算公式是：

$$\begin{aligned}\text{净利润增长率} &= \frac{\text{本期净利润}-\text{上期净利润}}{\text{上期净利润}}\times 100\% = \frac{193\ 797-239\ 340}{239\ 340}\times 100\% \\ &= -19.03\%\end{aligned}$$

分析该指标时需结合销售增长率一起来分析，如果企业的净利润增长率高于销售增长率，表明企业产品获利能力在不断提高，企业正处于高速成长阶段，具有良好的增长能力。

（4）资本保值增值率。资本保值增值率是期末所有者权益与期初所有者权益的比率，反映了企业资本的运营效益与安全状况。其计算公式是：

$$\begin{aligned}\text{资本保值增值率} &= \frac{\text{扣除客观增减因素的期末所有者权益}}{\text{期初所有者权益}}\times 100\% \\ &= \frac{574\ 859}{383\ 780}\times 100\% = 149.79\%\end{aligned}$$

客观增减因素是指企业非主观因素造成的所有者权益增减变动，主要包括股东投入资本、股本溢价等。

如果资本保值增值率大于100%，说明所有者权益增加，并且该指标越高，表明企业的资本保全状况越好，所有者权益增长越快。

A公司20×1年成长能力比率及行业均值如表10-11所示。

表 10-11 A公司 20×1 年成长能力比率及行业均值

项目	总资产增长率	销售增长率	净利润增长率	资本保值增值率
20×1 年	12.82%	21.31%	−19.03%	149.79%
行业均值	8.9%	15%	22.8%	106.2%

五、上市公司的特殊比率

(1) 每股收益。每股收益也称每股盈余或每股盈利，反映企业一定时期平均对外发行的股份所享有的净利润。计算公式是：

$$每股收益 = \frac{可供普通股股东分配的净收益}{发行在外的普通股加权平均数}$$

一般来说，每股收益指标值越高，在利润质量较好的情况下，表明股东的投资效益越好，股东获取较高股利的可能性也就越大。这个指标是普通股股东最关心的指标之一，而且这个数值直接影响企业支付普通股股利的多少，如果没有足够的收益就不能支付股利。当然，股利的实际支付还要受企业现金状况的影响。

(2) 股票收益率。股票收益率是指企业普通股每股股利与普通股每股市价间的比率。其计算公式是：

$$股票收益率 = \frac{普通股每股股利}{普通股每股市价}$$

股票价格的波动和股利水平的任何变化均会导致股票收益率的变化，该比率粗略地衡量了当年投资当年回收的情况下收益的比率。

(3) 市盈率。市盈率也就是市价与每股收益的比例，其计算公式是：

$$市盈率 = \frac{普通股每股市价}{普通股每股收益}$$

市盈率是反映市场对企业的期望的指标，比率越高，表明市场对企业的未来越看好。但是，这个比率不能用于不同行业间企业的比较，因为市盈率与企业的增长率相关，不同行业的增长率不同。

(4) 股利支付率。股利支付率反映普通股股东从全部获利中实际可获取的股利份额。其计算公式是：

$$股利支付率 = \frac{每股股利}{每股收益}$$

单纯从股东角度的眼前利益讲，此比率越高，股东所获取的回报越高。可以通过该数据分析企业的股利政策，因为股票价格会受股利的影响，企业为了稳定股票价格可能采取不同的股利政策。

(5) 每股净资产。每股净资产在理论上提供了企业普通股每股的最低价格。其计算公式是：

$$每股净资产 = \frac{净资产}{普通股股数}$$

综合分析

六、综合分析

以上是针对企业财务报表进行的财务比率方面的分析，通常这种分析只反映这个企业怎么样，有什么问题，而很难进一步反映为什么是这样，应该怎样改进。

美国杜邦公司提出了一套分析方法，称为杜邦分析法。从图 10-7 可以看出，杜邦分析法从净资产收益率(股东权益报酬率)出发，将其分解成更为具体的财务比率及至最小的财务指标，进而分析影响净资产收益率的因素，最后根据财务报表分析的目标，探析问题根源并提出改进建议或对策等。通过图 10-7 可以看出杜邦分析法的总体思路——层层分解，即从一个财务比率出发，通过一个关系体系将不同的财务比率和数据联系在一起进行分析，这是从一个综合性数据出发分解到细节的过程。

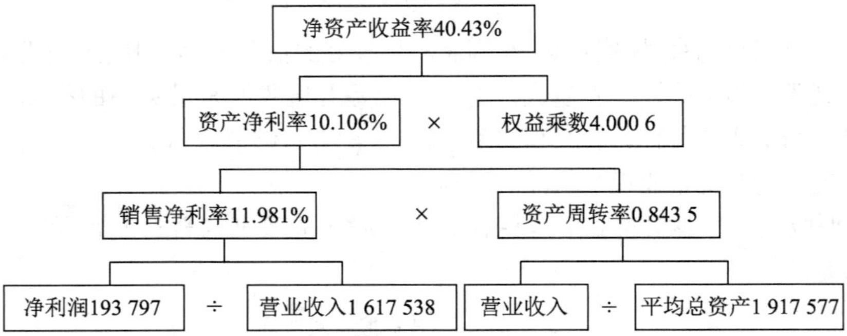

图 10-7　杜邦分析原理

注：权益乘数＝平均总资产÷平均净资产

杜邦分析法的用途主要有两个：一是分析造成过去财务结果的原因；二是分析提高未来财务成果的方法。例如，某企业原来的净资产收益率是 12%，将其分解为“净资产收益率 12%＝销售净利率 3%×资产周转率 2×权益乘数 2”。由于经济形势稳定、产业发展状况良好、企业有一定的财务实力，企业要求下一年的净资产收益率提升 2 个百分点，变为 14%。通过分解的公式可知，企业可以从三个方面提高净资产收益率，即提高销售净利率、加快资产周转和提高企业的财务杠杆。还可以进一步从影响这三个比率的具体因素进行分析，确定需要具体提高哪些方面。

本章小结

1. 财务报表分析

企业财务报表分析的概念有狭义与广义之分。

2. 财务报表分析的作用

(1) 财务报表分析可以为投资者和债权人进行投资和信贷决策提供有用的信息。

(2) 财务报表分析可以为企业管理者进行经营决策提供有用的信息。

(3) 财务报表分析可以为投资者评价企业管理层受托责任的履行情况提供重要的信息。

3. 财务报表分析的内容

不同的财务报表分析主体由于利益倾向的差异，决定了在对企业进行财务报表分析时，必然有共同的要求和不同的侧重点。

4. 财务报表分析的方法

财务报表分析方法主要包括结构分析法、趋势分析法、比率分析法、比较分析法、项目质量分析法等。

5. 财务报表分析的路径

背景分析→会计分析→财务报表分析→企业发展前景预测。

6. 财务报表分析的基础

财务报表分析基础主要包括：基本财务报表、报表附注、审计报告、制约企业报表编制的法规体系、上市公司的信息披露制度等。

7. 财务比率分析

财务比率分析主要包括偿债能力比率分析、盈利能力比率分、营运能力比率分析、杜邦分析等。

复习思考题

1. 财务报表分析的作用主要体现在哪些方面？
2. 财务报表分析的方法主要有哪些？
3. 简述财务报表分析的路径。
4. 财务报表分析的基础包括哪些方面内容？
5. 偿债能力比率、盈利能力比率、营运能力比率包含哪些比率？
6. 简述杜邦分析体系中主要财务比率的关系。

练 习 题

一、单项选择题

1. (　　)又称为垂直分析法、纵向分析法或者共同比分析法。它是以财务报表中的某个总体指标作为100%，再计算出其各组成项目占该总体指标的百分比，揭示各个项目的相对地位和总体结构关系。

A. 结构分析法　B. 趋势分析法　C. 比率分析法　D. 比较分析法

2. (　　)又称为水平析法或者横向分析法。它是将两期或连续数期的财务报表中相同指标进行对比，确定其增减变动的方向、数额和幅度，以说明企业财务状况和经营成果的变动趋势的一种方法。

A. 结构分析法　B. 趋势分析法　C. 比率分析法　D. 比较分析法

3. 公司应当在每个会计年度结束之日起(　　)内将年度报告全文刊登在中国证监会指定网站上。

A. 1个月　B. 2个月　C. 3个月　D. 4个月

4. 权益乘数是(　　)。

A. 负债总额与资产总额的比率

B. 股东权益总额与资产总额的比率

C. 资产总额与所有者权益总额的比率

D. 股东权益总额与负债总额的比率

5. (　　)是息税前利润与平均总资产的比率。

A. 总资产周转率　　B. 资产权益比率

C. 总资产净利率　　D. 总资产报酬率

6. 杜邦分析法从(　　)出发,分析造成这个结果的因素,最终可以推广到企业各方面的分析。

A. 资产负债率　B. 股东权益报酬率　C. 应收账款周转率　D. 毛利率

二、多项选择题

1. 注册会计师根据审计结果和被审计单位对有关问题的处理情况,出具不同类型审计意见的审计报告,“审计意见”基本类型包括(　　)。

A. 无保留意见　　B. 保留意见

C. 否定意见　　D. 无法(拒绝)表示意见

2. 下列各项中,常被用来评价企业营运能力的比率有(　　)。

A. 资产负债率　B. 存货周转率　C. 应收账款周转率　D. 毛利率

3. 在计算速动比率时,要把存货从流动资产中剔除出去的主要原因有(　　)。

A. 存货估价存在成本与合理市价的差异

B. 存货有可能部分抵押给了债权人

C. 在流动资产中存货的变现速度最慢

D. 在流动资产中存货的占的比重最大

4. 成本费用利润率公式中的成本费用,主要包括(　　)等。

A. 营业成本　B. 税金及附加　C. 管理费用　D. 销售费用

5. 下列指标中,比值越高说明企业获利能力越强的有(　　)。

A. 资产负债率　B. 成本费用利润率　C. 流动比率　D. 总资产报酬率

三、判断题

1. 货币资金属于非营利性资产,因而企业持有量越少越好。　(　　)

2. 资产负债率较低,说明企业的财务风险较小。　(　　)

3. 现金流量表中偿付利息支付的现金属于投资活动现金流量。　(　　)

4. 净资产收益率的决定因素有三个,分别为销售毛利率、资产周转率和权益乘数。(　　)

5. 每股收益越高,意味着股东从公司分得的股利越多。　(　　)

参 考 文 献

1. 李美菊，夏庆福，李明. 基础会计学(第二版)[M]. 上海：立信会计出版社，2013.
2. 李美菊，夏庆福，李明. 会计学原理[M]. 北京：清华大学出版社，2012.
3. 李海波，蒋瑛. 新编会计学原理——基础会计(第 18 版)[M]. 上海：立信会计出版社，2017.
4. 徐晔，张文贤，祁新娥. 会计学原理(第六版)[M]. 上海：复旦大学出版社，2018.
5. 张新民，钱爱民. 财务报表分析(第三版)[M]. 北京：中国人民大学出版社，2015.
6. 张新民，钱爱民. 财务报表分析(第五版)[M]. 北京：中国人民大学出版社，2019.
7. 池国华，等. 财务分析[M]. 北京：中国人民大学出版社，2015.